KB065064

목판본 〈피난행록〉의 누락 부문, 초서본 〈용사일기〉를 통해 확인
보물 제494-3호 초서본 〈용사일기〉와 이본 대조
광해군의 분조 활동을 보좌한 宰臣의 기록

약포 정탁 피난행록

藥圃 鄭琢 避難行錄

鄭琢 원저·申海鎭 역주

머리말

이 책은 약포(藥圃) 정탁(鄭琢, 1526~1605)이 임진왜란 당시 왕을 호종하고 6월 14일 이후로 왕세자를 호종하여 왕세자의 분조 활동을 보좌하며 겪었던 전란의 상황 등을 1592년 4월 30일부터 8월 29일까지 기록한 일기를 번역하였다. 이 일기는 정탁의 문집《약포선생문집(藥圃先生文集)》의 권4에 묶어져 있는 〈피난행록(避難行錄)〉(상)이다. 날짜로는 118일간이지만 내용이 없거나 날씨만 기록된 것을 제외하면 101일간 기록한 것이다.

정탁의 본관은 청주(淸州), 자는 자정(子精), 호는 약포이다. 현감 정원로(鄭元老, 생몰년 미상)의 증손자, 생원 정교(鄭僑, 생몰년 미상)의 손자이다. 부친 정이충(鄭以忠, ?~1546)과 모친 한종걸(韓終傑)의 딸 평산한씨(平山韓氏, ?~1534) 사이에서 둘째 아들로 태어났다. 1552년 사마시에 합격하여 생원이 되고, 1558년 식년 문과에 급제하여 교서관 정자가 되어 벼슬길에 들어섰다. 그 뒤로 이조정랑·홍문관 수찬·예조정랑·사헌부장령·이조 좌랑·동부승지·도승지·대사성·강원도 관찰사·대사헌, 공조·예조·형조·이조·병조의 판서, 우찬성 등을 역임했다. 또한 1582년 진하사(進賀使)로서, 1589년 사은사(謝恩使)로서 2차례 명나라를 다녀오기도 하였다.

1592년 임진왜란 당시 약방(藥房) 부제조(副提調)로 왕을 호종하였고, 6월 14일 영변(寧邊)에 이르러 세자이사(世子貳師)로 세자를 따라 이천(伊川)으로 호종한 후에 좌찬성(左贊成)이 되었다. 이 시기에 왕과 세자를 호종하며 보고 들은 것을 기록한 일기가 바로 〈피난행록〉이다. 이후의 전란 중에도 대신으로서 언론 활동을 펼쳤으니, 1595년 1월에는 기축옥사(己丑獄事)의 억울함을 논하였고 4월에는 황정욱(黃廷彧, 1532~1607)의 옥사를 구하려 했으며, 1596년 2월에 김덕령(金德齡, 1567~1596)이 죄가 없음을 밝혀 구원하기 위해 노력했으며, 1597년 3월에는 상소로 투옥된 이순신(李舜臣, 1545~1598)의 목숨을 구하여 백의종군할 수 있도록 하였다. 그리하여 호성공신(扈聖功臣)과 위성공신(衛聖功臣)에 녹훈되고 서원부원군(西原府院君)에 봉해졌다. 1599년 예천(醴泉)으로 낙향하여 1605년 80세로 졸하였다.

〈피난행록〉은 《약포선생문집》의 권4와 권5에 수록되어 있는데, 이 문집은 정탁 사후 150여 년이 지난 후에 간행된 목판본이다. 정탁의 5세손 정옥(鄭玉, 1694~1760)이 황해도 관찰사로 재직 중 1760년 해주에서 간행하였으니, 원집(原集) 7권 4책이다. 이어서 속집(續集)이 1818년 도정서원(道正書院)에서 목판으로 간행되었으니, 정탁의 후손 정광익(鄭光翊)·정필규(鄭必奎) 등이 원집에서 누락된 원고를 수집하여 간행한 4권 2책이다. 이 책에서는 초간본으로 서울대학교 규장각한국학연구원에 소장된 목판본 《약포선생문집》의 〈피난행록〉을 텍스트로 삼아 번역하였다.

〈피난행록〉은 1592년 임진왜란 당시 선조(宣祖)와 왕세자 광해군(光海君)을 호종하면서 쓴 일기로, 1592년 4월 30일 대가(大駕: 선조)

가 궁을 나와 도성을 떠나 의주로 피난 가던 시기부터 1593년 1월 20일 분조(分朝)했던 왕세자가 대가와 합류한 직후까지의 일들이 기록되어 있다. 상편은 1592년 4월 30일부터 8월 29일까지의 일기인데, 날짜로는 118일간이지만 내용이 없거나 날씨만 기록된 것을 제외하면 101일간 기록한 것이다. 또한 하편은 1592년 9월 1일부터 1593년 1월 28일까지의 일기인데, 날짜로는 146일간이지만 내용이 없거나 날씨만 기록된 것을 제외하면 123일간 기록한 것이다. 따라서 〈피난행록〉은 224일간의 일기인 셈이다.

정탁이 선조(宣祖)를 호종한 행로는 4월 30일 돈화문을 나온 뒤 벽제→임진→개성→평산→봉산→황주→평양→숙천→안주→영변 등을 지나갔다. 선조는 분조한 뒤에 의주(義州)로 향하고 왕세자는 강계(江界)로 향했는데, 정탁이 왕세자를 호종한 행로는 성천→숙천→안주→영유→증산→용강(산성)→증산→영유→안주→영변 등지이다. 이러한 행로 가운데 정탁의 시선으로 본 전쟁의 실상과 왕실의 생활, 백성들 삶이 매우 간략하게 기록되었지만, 분조에서 이루어진 관리의 임명 및 체직과 전직, 행재소와 분조 사이에 주고받은 문서와 정탁이 썼던 보고서, 의병들의 격문 등이 원문 그대로 갈무리해 놓았다는 점에서 무엇보다 광해군의 분조 활동을 연구하는 데에 중요한 역사적 자료이다.

한편, 보물 제494-3으로 지정된 정탁의 초서본 〈용사일기(龍蛇日記)〉가 있다. 현전 〈용사일기〉는 앞부분과 뒷부분의 일부가 떨어져 나간 채로 1592년 7월 18일 후반부터 1593년 1월 12일까지 약 170일간의 기록만 남아있는 이본이다. 청주정씨 고평 종중에서 소장하고 있던 자료라 한다. 상편은 119면이고 하편은 111면이어서 합계 230면의 필사본이다. 단, 상편이 1592년 9월 29일까지 묶여 있는데, 피난행록의 상편이 8월 29일까지 묶인 것과는 다른 체제이다.

필사의 서체가 처음에는 해서체로 시작하여 뒤에서는 초서체로 쓰여 있는데, 전쟁 중에 계속 이동하면서 썼기 때문이었을 것이라 한다. 이러한 추론은 정탁의 친필 수고본(手稿本)이라고 전제하는 것인데, 이 책에서 이본 대조를 한 결과로 보면 목판본을 간행하기 위한 '정리본'이었을 가능성이 농후하다. 1592년 7월 28일과 8월 9일의 내용 가운데 394자가 일치하고 있는바, 이는 아마도 정탁의 친필 기록본을 옮기는 과정에서 나온 실수일 것이기 때문이다. 초서의 탈초는 한국국학진흥원에서 제공하는 학술 DB를 활용하였는데, 나로서는 알 수 없는 분의 공 덕분으로 이렇게 대조할 수 있었으니 고마운 마음을 표한다. 목판본에서는 초서 정리본의 내용을 변개한 곳은 없이 글자의 대체나 어순의 변화 정도의 출입만 있었으며, 초서 정리본의 많은 곳에서 있던 것을 누락시키고 있었다는 점이다. 따라서 초서 정리본은 적어도 1760년 목판본 간행 시에 존재했었음을 확인할 수 있었다.

실상이 이러하다면 초서 정리본도 정탁의 '친필 기록본'에서 누락시키고 정리되었을 가능성이 농후하다. 하여 작가론을 비롯해 당대의 실상을 논할 때 상당히 조심스럽게 접근해야 함을 알 수 있다.

한결같이 하는 말이지만 나름대로 최선을 다하고자 했다. 그러함에도 불구하고 여전히 부족할 터이니 대방가의 질정을 청한다. 이 책과 같은 실기 문헌은 인물과 시간, 그리고 장소에 대해 정밀하게

주석 작업을 해야 하는데 아직도 채우지 못한 곳이 많아 아쉽기만
하다. 끝으로 편집을 맡아 수고해 주신 보고사 가족들의 노고와 따
뜻한 마음에 심심한 고마움을 표한다.

2022년 11월 빛고을 용봉골에서
무등산을 바라보며 신해진

차례

머리말 / 3
일러두기 / 11

만력 임진년(1592)

알림 : 일기가 없는 날짜에 *표를 붙임.

일러두기

이 책은 다음과 같은 요령으로 엮었다.

01. 번역은 직역을 원칙으로 하되, 가급적 원전의 뜻을 해치지 않는 범위 내에서 호흡을 간결하게 하고, 더러는 의역을 통해 자연스럽게 풀고자 했다. 다음의 자료가 참고되었다.
    • 「피난행록」(상·하), 『약포집』 02, 황만기·이기훈 역, 안동대학교 퇴계학연구소, 성심출판사, 2013.

02. 원문은 저본을 충실히 옮기는 것을 위주로 하였으나, 활자로 옮길 수 없는 古體字는 今體字로 바꾸었다.

03. 원문표기는 띄어쓰기를 하고 句讀를 달되, 그 구두에는 쉼표, 마침표, 느낌표, 물음표, 작은따옴표, 큰따옴표, 가운뎃점 등을 사용했다.

04. 주석은 원문에 번호를 붙이고 하단에 각주함을 원칙으로 했다. 독자들이 사전을 찾지 않고도 읽을 수 있도록 비교적 상세한 註를 달았다.

05. 주석 작업을 하면서 많은 문헌과 자료들을 참고하였으나 지면관계상 일일이 밝히지 않음을 양해바라며, 관계된 기관과 여러분께 진심으로 감사드린다.

06. 이 책에 사용한 주요 부호는 다음과 같다.
    ( ) : 同音同義 한자를 표기함.
    [ ] : 異音同義, 出典, 교정 등을 표기함.
    " " : 직접적인 대화를 나타냄.
    ' ' : 간단한 인용이나 재인용, 또는 강조나 간접화법을 나타냄.
    〈 〉 : 편명, 작품명, 누락 부분의 보충 등을 나타냄.
    「 」 : 시, 제문, 서간, 관문, 논문명 등을 나타냄.
    《 》 : 문집, 작품집 등을 나타냄.
    『 』 : 단행본, 논문집 등을 나타냄.
    ◇   : 초서본에는 있으나 목판본에는 없을 때.

07. 이 책과 관련된 안내 사항과 논문은 다음과 같다.
    • 서울대학교 규장각한국학연구원 소장 1760년 간행 목판본 〈피난행록〉을 주 텍스트로 하되, 한국국학진흥원 소장 보물 제494-3호 초서본 〈용사일기〉와 대조하여 문헌 변주 양상을 밝혀두었다.
    • 특히, 〈용사일기〉의 초서 탈초는 한국국학진흥원에서 제공하는 학술 DB를 활용한바, 그 공로에 고마움을 표한다.

피난행록 상
避難行錄 上

관서 · 해서 · 관북 · 경기 · 강원

만력 임진년
(1592)

4월 30일(기미)

축시(丑時: 새벽 2시 전후)에 대가(大駕)가 돈화문(敦化門)을 거쳐 돈의문(敦義門: 서대문)으로 나와 벽제관(碧蹄館)에 머물렀다가 동파관(東坡館)에 묵었다.

서울의 4대문 4소문

이날 큰비가 내리자, 궁녀들 가운데 비를 무릅쓰고 도보로 흰 적삼을 머리에 쓰고서 가는 사람도 있었다. 당초에 주상이 도성을 떠나올 때 길가의 마을마다 곡하는 소리가 많이 흘러나왔다.

나는 이때 약방(藥房: 內醫院)에 있다가 그대로 주상을 호종하여 임진강(臨津江)에 이르렀다. 날이 저물자 바람과 물결이 매우 거세어서 강을 건너가지 못하였다. 의관(醫官) 남응명(南應命)이 강나루 주막으로 안내하여 묵었다.

萬曆壬辰 四月三十日(己未).

丑時大駕, 由敦化門[1], 敦義門[2]出, 駐碧蹄館[3], 宿東坡館[4]. 是日大雨, 宮媛[5]或有冒雨徒步, 以白衫蓋頭而行者. 當初上出城時, 一路坊坊, 多出哭聲. 琢[6]時在藥房[7], 仍扈從至臨津. 日暮,

---

1 敦化門(돈화문): 조선 昌德宮의 남쪽 정문. 1412년에 건립되었으나 임진왜란 때 소실된 것을 1608년에 창덕궁과 함께 복구하였다.

2 敦義門(돈의문): 조선시대에 건립된 四大門의 하나. 도성의 서쪽에 있는 성문으로 일명 서대문이라 일컫는다.

3 碧蹄館(벽제관): 조선시대 경기도 고양군 碧蹄驛에 설치된 客館. 벽제역은 고양군 동쪽 15리 지점에 있는데, 우리나라 사신이 중국으로 갈 때나 중국의 사신이 우리나라에 와서 서울로 들어가기 하루 전에 반드시 머물렀던 곳이다.

4 東坡館(동파관): 경기도 板門店 부근의 임진강 강변 동파역 곁에 있던 客館.

5 宮媛(궁혜): 궁녀를 지칭하는 말.

6 琢(탁): 鄭琢(1526~1605). 본관은 淸州, 자는 子精, 호는 藥圃·栢谷. 예천 출신이다. 1552년 생원시를 거쳐 1558년 식년문과에 급제하였다. 1565년 정언을 거쳐 예조정랑·헌납 등을 지냈다. 1572년 이조 좌랑이 되고, 이어 도승지·대사성·강원도 관찰사 등을 역임하였다. 1581년 대사헌에 올랐으나, 장령 鄭仁弘·지평 朴光玉과 의견이 맞지 않아 사간원의 계청으로 이조 참판에 전임되었다. 1582년 進賀使로 명나라에 갔다가 이듬해 돌아와서 다시 대사헌에 재임되었다.

風濤甚惡, 不及渡。醫官南應命, 引宿江店。

5월 1일(경신)

임진강에서 뒤쫓아 동파관으로 갔다. 이날 주상은 개성부(開城府)에서 묵었다.

○사간원(司諫院)이 영상(領相) 이산해(李山海)를 논박하자, 주상이 관직을 삭탈하도록 명하였다.

五月初一日(庚申)。

自臨津, 追至東坡館。是日, 上宿開城府[8]。○司諫院, 駁領相李山海[9], 命削官。

5월 2일(신유)

최흥원(崔興源)을 우상(右相)으로 삼았다. 주상이 남성(南城)의 문루(門樓)에 올라 부로(父老)들을 위로하고 타일렀다. 주상이 좌상(左

그 뒤 예조·형조·이조의 판서를 역임하고, 1589년 謝恩使로 명나라에 다시 다녀왔다. 1592년 임진왜란이 일어나자 좌찬성으로 왕을 의주까지 호종하였다. 1594년에는 郭再祐·金德齡 등의 명장을 천거하여 전란 중에 공을 세우게 했으며, 이듬해 우의정이 되었다. 1597년 정유재란이 일어나자 3월에는 옥중의 李舜臣을 伸救하여 죽음을 면하게 하였으며, 水陸倂進挾攻策을 건의하였다.

7 藥房(약방): 대궐 안에서 의약에 관한 일을 맡아보는 관아. 정탁은 이때 內醫院提調이었다.

8 開城府(개성부): 조선시대에 고려의 수도였던 개성을 관장한 관청.

9 李山海(이산해, 1539~1609): 본관은 韓山, 자는 汝受, 호는 鵝溪·終南睡翁. 영의정을 지낸 조선 중기의 문신, 정치인, 시인이며 성리학자, 교육자, 화가이다. 당적은 동인, 북인에 속했으며 당의 주요 수뇌부이자 전략가였다.

相) 류성룡(柳成龍)을 파직하도록 명하였다. 이보다 앞서 이미 정철
(鄭澈) 등 몇 사람들을 모두 서용(敍用)하도록 명하였다.

初二日(辛酉)。

崔興源[10]爲右相。上御南城樓, 慰諭父老。上命罷左相柳成龍[11]。
先是, 已命鄭澈[12]等若干人, 皆敍用。

---

10 崔興源(최흥원, 1529~1603): 본관은 朔寧, 자는 復初, 호는 松泉. 1555년 소과
를 거쳐 1568년 증광문과에 급제하여, 장령·정언·집의·사간을 역임하였으며,
이어 동래와 부평의 부사를 지냈다. 1578년 승지로 기용되고, 1588년 평안도
관찰사가 되었다. 이후 지중추부사를 거쳐 1592년 임진왜란이 일어나자 경기도
와 황해도 순찰사, 우의정·좌의정을 거쳐 柳成龍의 파직에 따라 영의정에 기용
되었다. 임진왜란 당시 왕을 의주까지 호종했던 공으로 1604년 扈聖功臣에 追
錄되었다.

11 柳成龍(류성룡, 1529~1603): 본관은 豊山, 자는 而見, 호는 西厓. 李滉의 제자
이다. 1566년 별시 문과에 급제하였다. 1569년 聖節使 서장관으로 명나라에 다
녀왔다. 1583년 부제학이 되어 〈備邊五策〉을 지어 올렸으며, 1589년에는 왕명
으로 〈孝經大義跋〉을 지어 올리기도 하였다. 왜란이 있을 것을 대비해 형조정
랑 權慄과 정읍현감 李舜臣을 각각 의주 목사와 전라도 좌수사에 천거하고 1592
년 4월 판윤 申砬과 軍事에 대하여 논의하여 일본침입에 대한 대비책을 강구하
였다. 4월 13일 왜적의 내침이 있자 도체찰사로 군무를 총괄하고, 영의정이 되어
왕을 扈從하였다. 1593년 명나라 장수 이여송과 힘을 합해 평양성을 수복하고
4도의 도체찰사가 되어 군사를 총지휘하여, 이여송이 碧蹄館에서 대패하여 西
路로 퇴각하자 권율 등으로 하여금 파주 산성을 방어케 하였다. 1604년 扈聖功
臣 2등에 책록되고 다시 豊山府院君에 봉해졌다. 영남 유생의 추앙을 받았다.

12 鄭澈(정철, 1536~1593): 본관은 延日, 자는 季涵, 호는 松江. 어려서 仁宗의
淑儀인 맏누이와 桂林君 李瑠의 부인이 된 둘째누이로 인하여 궁중에 출입하였
는데, 이때 어린 慶原大君(明宗)과 친숙해졌다. 1545년 을사사화에 계림군이
관련되자 부친이 유배당하여 配所를 따라다녔다. 1551년 특사되어 온 가족이
고향인 전라도 담양 昌平으로 이주하였고, 그곳에서 金允悌의 문하가 되어 星山
기슭의 松江 가에서 10년 동안 수학하였다. 1561년 진사시에, 이듬해의 별시
문과에 각각 장원하여 典籍 등을 역임하였고, 1566년 함경도 암행어사를 지낸

5월 3일(임술)

머물렀다.

初三日(壬戌)。

留。

5월 4일(계해)

주상이 오시(午時)에는 흥의관(興義館)에 머물렀다가 평산부(平山府)를 지나 보산관(寶山館)에서 묵었다.

初四日(癸亥)。

上午駐興義館[13], 過平山府[14], 宿寶山館[15]。

뒤 李珥와 함께 賜暇讀書하였다. 1578년 掌樂院正에 기용되고, 곧 이어 승지에 올랐으나 珍島 군수 李銖의 뇌물 사건으로 東人의 공격을 받아 사직하고 고향으로 돌아왔다. 1580년 강원도 관찰사로 등용되었고, 3년 동안 강원·전라·함경도 관찰사를 지냈다. 1589년 우의정에 발탁되어 鄭汝立의 모반사건을 다스리게 되자 西人의 영수로서 철저하게 동인 세력을 추방했고, 이듬해 좌의정에 올랐으나 1591년 建儲문제를 제기하여 동인인 영의정 李山海와 함께 光海君의 책봉을 건의하기로 했다가 이산해의 계략에 빠져 혼자 광해군의 책봉을 건의했다. 이때 信城君을 책봉하려던 왕의 노여움을 사 파직되었고, 晉州로 유배되었다가 이어 江界로 移配되었다. 1592년 임진왜란 때 부름을 받아 왕을 의주까지 호종, 이듬해 謝恩使로 명나라에 다녀왔다. 얼마 후 동인들의 모함으로 사직하고 강화의 松亭村에 寓居하면서 만년을 보냈다.

13 興義館(흥의관): 조선시대 황해도 牛峯縣에 있던 興義驛 곁에 있던 客館. 우봉은 황해도 金川郡에 있다.

14 平山府(평산부): 황해도 남동쪽에 있던 관아. 동쪽은 금천군·신계군, 서쪽은 벽성군·재령군, 남쪽은 연백군, 북쪽은 봉산군·서흥군과 접한다.

15 寶山館(보산관): 조선시대 황해도 평산에 있던 寶山驛 곁에 있던 客館. 平山都護府의 북쪽 20리에 있었다.

5월 5일(갑자)

주상이 오시(午時)에는 용천관(龍泉館)에 머물렀다가 검수참(劍水站)을 지나 봉산 객사(鳳山客舍)에서 묵었다.

初五日(甲子)。

上午駐龍泉[16], 過劍水[17], 宿鳳山[18]。

5월 6일(을축)

주상이 동선령(銅仙嶺)을 넘어 황주(黃州)에서 묵었다.

初六日(乙丑)。

上踰銅仙峴[19], 宿黃州[20]。

5월 7일(병인)

주상이 오시(午時)에는 중화(中和)에 머물렀다가 평양(平壤)에서 묵고, 그대로 계속 머물렀다.

初七月(丙寅)。

上午駐中和[21], 宿平壤[22], 仍留。

---

16 龍泉(용천): 龍泉館. 황해도 瑞興都護府 용천역 곁에 있던 客館.

17 劍水(검수): 劍水站. 황해도 봉산군에 있던 검수참 곁에 있던 鳳陽館을 일컫는 듯. 황해도 鳳山과 瑞興 사이에 있었다.

18 鳳山(봉산): 황해도 봉선군 동선면 조양리 鳳山客舍인 洞仙館을 일컫는 듯.

19 銅仙峴(동선현): 銅仙嶺. 황해도 본산군에 있는 고개. 관서와 황해도의 경계인데, 성을 쌓아 관문을 설치하였다.

20 黃州(황주): 황해도 황주군 황주읍성 내에 있던 齊安館을 일컫는 듯.

21 中和(중화): 生陽館. 조선시대 평안도 중화의 생양역 곁에 있던 客館. 남쪽은 황주 방면, 북쪽은 평양 방면을 연결하는 한양~의주간 간선 교통로상에 있었다.

5월 8일(정묘)

정언지(鄭彦智) · 김우옹(金宇顒) · 홍종록(洪宗祿) 등을 서용하라
는 명이 내려졌다.

初八日(丁卯)。

鄭彦智[23] · 金宇顒[24] · 洪宗祿[25]等, 敍命下。

생양역에서는 남쪽으로 황주 敬天驛, 북쪽으로 평양 大同驛과 연결되었다.

22 平壤(평양): 大同館. 조선시대 평양에 중국 사신을 접대하기 위하여 만들었던
    客館. 1592년 임진왜란 때 宣祖가 평양에 체류하는 동안 이곳에서 명나라 장수
    李如松을 자주 접견하였다.

23 鄭彦智(정언지, 1520~?): 본관은 東萊, 자는 淵夫, 호는 東谷. 鄭彦信의 형이
    다. 1554년 仁政殿 庭試에서 으뜸을 차지하여 直赴殿試의 자격을 받았고, 1558
    년 식년문과에 급제하였다. 1561년 전적을 시작으로 형조좌랑 · 정언 · 지평을 거
    쳐, 선조 때에 교리 · 의주 목사 · 승지 · 대사헌 · 대사간을 역임하였으며, 1589년
    에는 이조 참판에 올랐다. 鄭汝立의 역모 사건이 일어나자 무고로 역적과 친족
    으로 교분이 두터웠던 인사로 지목되었으며, 양사의 탄핵으로 정언신은 中途付
    處되고, 정언지는 강계로 귀양 갔다. 1592년 임진왜란이 일어나자, 선조는 1594
    년 그를 한성부 좌윤으로 임명하여 복관시켰다.

24 金宇顒(김우옹, 1540~1603): 본관은 義城, 자는 肅夫, 호는 東岡 · 直峰布衣.
    1582년 홍문관 직제학이 되고, 이어서 대사성 · 대사간을 거쳤으며, 1584년 부제
    학이 된 뒤 전라도 관찰사 · 안동부사를 역임하였다. 1589년 기축옥사가 일어나
    자 鄭汝立과 함께 조식의 문하에서 수학했다는 이유로 회령에 유배되었다가,
    1592년 임진왜란으로 사면되어 의주 行在所로 가서 승문원 제조로 기용되고,
    이어서 병조참판을 역임하였다. 이듬해 명나라 贊劃 袁黃의 接伴使가 되고, 이
    어서 동지중추부사로 명나라의 經略 宋應昌을 위한 問慰使가 되었으며, 왕의
    편지를 명나라 장수 李如松에게 전하였다. 그 해 상호군을 거쳐 동지 의금부사
    가 되어 왕을 호종하고 서울로 환도하였으며, 한성부 좌윤 · 혜민서 제조 등을
    역임하였다. 1594년 대사성이 되고, 이어서 대사헌 · 이조 참판을 거쳤다. 1597
    년 다시 대사성이 되었으며, 이어서 예조참판을 역임하였다.

25 洪宗祿(홍종록, 1546~1593): 본관은 南陽, 자는 延吉, 호는 柳村. 1567년 사마
    시에 합격하여 생원이 되고, 1572년 별시 문과에 급제한 뒤 예문관검열이 되었

5월 9일(무인)

주상이 우의정 이양원(李陽元)을 체직(遞職)하고, 최흥원(崔興源)
을 영상으로, 윤두수(尹斗壽)를 좌상으로, 유홍(兪泓)을 우상으로,
이항복(李恒福)을 형조 판서로, 신잡(申磼)을 이조 참판으로 삼도록
명하였다.

나는 애당초 평양 서윤(平壤庶尹)의 관사에 있다가 이때야 융흥부
(隆興府: 隆興部의 오기인 듯)의 동쪽에 사는 지인(知印: 향리) 김억룡
(金億龍)의 집으로 옮겨 임시로 지내게 되었는데, 이날 비바람이 몰
아쳤다.

初九日(戊寅)。

上命遞右相李陽元²⁶, 崔興源爲領相, 尹斗壽²⁷爲左相, 兪泓²⁸

다. 이어 三司의 여러 관직을 거쳐, 1583년 병조정랑이 되었다. 1589년 鄭汝立
의 모반 사건 때 정여립의 조카 鄭緝의 문초에서 그의 이름도 거론되어 국문을
받고 구성으로 귀양 갔다. 뒤에 풀려나와 濟用監正이 되었다. 1592년 임진왜란
이 일어나자 이조정랑 辛慶晉과 함께 도체찰사 柳成龍의 종사관으로 각 진영의
연락과 군수품 공급의 일을 맡았다.

26 李陽元(이양원, 1526~1592): 본관은 全州, 자는 伯春, 호는 鷺渚. 1555년 알성
문과에 급제, 檢閱·著作을 거쳐 1563년 호조참의가 되었다. 그해에 宗系辨誣
使의 서장관으로 명나라에 들어가 객사한 正使 金澍를 대신해, 명나라의 《太祖
實錄》과 《大明會典》에 태조 李成桂의 아버지가 고려의 李仁任으로 잘못 기재
된 것을 李子春으로 바로잡고 돌아와 그 공으로 加資되었다. 그 뒤 평안도·충
청도·경기도의 관찰사, 형조판서·대제학·대사헌 등을 역임하고, 1590년 종
계변무의 공으로 光國功臣 3등에 책록되고 漢山府院君에 봉해졌으며, 이듬해
우의정에 승진하였다. 1592년 임진왜란이 일어나자 留都大將으로 수도의 수비
를 맡았으나 한강 방어의 실패로 楊州로 철수, 分軍의 부원수 申恪과 함경도병
마절도사 李渾의 군사와 합세해 蟹踰嶺에 주둔, 일본군과 싸워 승리한 뒤 영의
정에 올랐다. 이때 의주에 피난해 있던 선조가 遼東으로 건너가 內附(딴 나라에

爲右相, 李恒福²⁹爲刑曹判書, 申礎³⁰爲吏曹參判。琢初寓庶尹³¹

들어가 붙음)한다는 소식을 전해 듣고, 탄식하며 8일간 단식하다가 피를 토하고 죽었다 한다.

27 尹斗壽(윤두수, 1533~1601): 본관은 海平, 자는 子仰, 호는 梧陰. 1592년 임진 왜란이 일어나자 기용되어 선조를 호종, 어영대장이 되고 우의정·좌의정에 올 랐다. 1594년 三道體察使로 세자를 시종 남하하였다. 1595년 중추부 판사로 왕비를 海州에 시종하였다. 1598년 다시 좌의정이 되고, 1599년 영의정에 올랐 으나 곧 사직하였다.

28 兪泓(유홍, 1524~1594): 본관은 杞溪, 자는 止叔, 호는 松塘. 1587년 명나라에 사신으로 가서 이성계가 고려의 권신 李仁任의 아들로 잘못된 것을 바로잡았으 며, 1589년 좌찬성으로서 판의금부사를 겸해 鄭汝立의 逆獄을 다스렸다. 이러 한 공으로 1590년 宗系辨誣 1등, 討逆 2등에 策勳되어, 平難功臣 호를 하사받 고 輔國崇祿大夫·杞城府院君에 봉해졌으며, 이조판서·우의정에 올랐다. 1592년 임진왜란 때 선조를 호종했고, 평양에서 세자(뒤의 광해군)와 함께 종묘 사직의 신위를 모시고 동북 방면으로 가 도체찰사를 겸임하였다. 그리고 伊川에 서 격문을 여러 도로 보내 각 도의 의병들을 격려, 지휘해 방어태세를 갖추었다. 이듬해 왜적이 서울에서 물러나자, 먼저 서울에 들어와서 불탄 도성을 정리하고 전재민을 구호하는 데 힘을 기울였다. 1594년 좌의정으로서 해주에 있는 왕비를 호종하다가 객사하였다.

29 李恒福(이항복, 1556~1618): 본관은 慶州, 자는 子常, 호는 白沙·弼雲·東岡. 1592년 임진왜란이 일어나자 도승지로서 왕비를 개성까지 무사히 호위하고, 또 왕자를 평양으로, 선조를 의주까지 호종하였다. 그동안 이조 참판으로 오성군에 봉해졌고, 이어 형조판서로 오위도총부 도총관을 겸하였다. 이 동안 이덕형과 함께 명나라에 원병을 청할 것을 건의했고 尹承勳을 해로로 호남지방에 보내 근왕병을 일으켰다. 宣祖가 의주에 머무르면서 명나라에 구원병을 요청하자, 명나라에서는 조선이 왜병을 끌어들여 명나라를 침공하려 한다며 병부상서 石星 이 黃應陽을 조사차 보냈다. 이에 그가 일본이 보내온 문서를 내보여 의혹이 풀려 마침내 구원병이 파견되었다. 그리하여 만주 주둔군 祖承訓·史儒의 3,000 병력이 왔으나 패전하자, 다시 중국에 사신을 보내 대병력으로 구원해줄 것을 청하자고 건의하였다. 그리하여 李如松의 대병력이 들어와 평양을 탈환하고, 이어 서울을 탈환, 환도하였다. 다음 해 선조가 세자를 남쪽에 보내 分朝를 설치해 경상도와 전라도의 군무를 맡아보게 했을 때 大司馬로서 세자를 받들어 보필하였

衙舍, 至是, 移寓于隆興府東知印³²金億龍家, 是日風雨。

5월 10일(기사)

아침에 가랑비가 내렸다.

종묘와 사직의 신주(神主)와 위패(位牌)를 (개성에서 받들고 와서) 영숭전(永崇殿)에 봉안하였다. 주상이 이날 존호(尊號)를 없애도록 명하였다.

初十日(己巳)。

朝微雨。奉安廟社主位版于永崇殿³³。上是日, 命去尊號。

다. 1594년 봄 전라도에서 宋儒眞의 반란이 일어나자 여러 관료가 세자와 함께 환도를 주장하였다. 그러나 그는 반란군 진압에 도움이 되지 못한다고 상소해 이를 중단시키고 반란을 곧 진압하였다.

30 申磼(신잡, 1541~1609): 본관은 平山, 자는 伯俊, 호는 獨松. 1583년 정시 문과에 급제하여 정언·지평·우부승지를 거쳐 이조 참판·형조 참판을 지냈다. 1592년 임진왜란 때에는 비변사 당상으로 활동하였고, 이듬해에는 병조참판을 거쳐 평안도 병마절도사로 부임하였으나, 관내 철산군에 탈옥 사건이 발생하여 그 책임으로 파직되었다. 1593년 다시 기용되어 밀양 부사·형조 판서를 거쳐 特進官·동지중추부사가 되었다. 1600년에는 호조 판서를 거쳐 병조판서 겸 세자 빈객이 되었다.

31 庶尹(서윤): 平壤庶尹 南復興(1553~?). 본관은 宜寧, 자는 起夫.

32 知印(지인): 조선시대 함경도와 평안도의 큰 고을에 둔 향리. 지방관의 官印을 맡아보았다.

33 永崇殿(영숭전): 조선시대 평양에 있던 태조 진전. 태조의 어진을 봉안하고 제사 지내던 외방 진전 중의 하나이다. 평양 영숭전은 지역에서 자발적으로 세워지고, 국가에서 추인하여 태조 진전으로 기능하다가 임진왜란 때 소실되었다.

5월 11일(경오)

비가 내렸다.

十一日(庚午)。

雨。

5월 12일(신미)

큰비가 내렸다.

사시(巳時: 오전 10시 전후) 정삼각(正三刻: 45분)에 왕세자의 빈궁
(嬪宮: 文城郡夫人 文化柳氏)이 아이를 낳았다.

○신종수(申從壽)가 영변(寧邊)에서 찾아와 만나니 모시로 지은
융의(戎衣: 군복)와 속옷 1벌씩을 주었으며, 병사(兵使) 이윤덕(李潤
德)이 하얀 모시로 지은 융의(戎衣) 1벌을 부쳐왔다.

十二日(辛未)。

大雨。巳正三刻, 王世子嬪宮³⁴解産。○申從壽, 自寧邊³⁵來見,
與苧戎衣裏衣一襲, 兵使李潤德³⁶, 寄白苧戎衣一襲。

---

34 嬪宮(빈궁): 광해군의 빈 文化柳氏 柳自新의 딸(1576~1623). 1587년 광해군의
신붓감으로 간택되어 가례를 올리고 文城郡夫人으로 봉작되었다. 1592년 광해
군이 세자에 책봉되자 왕세자빈이 되었고, 1608년 광해군의 왕비로 진봉되었으
나, 1623년 인조반정으로 인하여 郡夫人으로 격하되어 강화도에 위리안치되었
다가 그곳에서 사망하였다.

35 寧邊(영변): 평안북도 영변군과 안주군의 일부 지역에 있는 지명.

36 李潤德(이윤덕, 1529~1611): 본관은 廣州, 자는 得夫. 무과에 급제하고 선전관
을 거쳐 전라도 병사를 지냈으며, 1564년 함경도병마절도사에 제수되었다. 이어
경상도와 평안도의 병마절도사를 역임하고 訓練院都正, 關西副元帥 등을 지냈
으며, 1594년 同知敦寧府事에 이르렀다.

5월 13일(임신)

비가 왔다.

정곤수(鄭崑壽)를 대사간(大司諫)으로 삼았다.

十三日(壬申)。

雨。鄭崑壽[37]爲大諫。

5월 14일(계유)

영숭전(永崇殿)에 나아갔다.

○이성임(李聖任)이 순변부사(巡邊副使)로서 군사들을 이끌고 임진강(臨津江)으로 향하였다.

가산 군수(嘉山郡守) 심신겸(沈信謙)이 세 가지 물품(物品)을 부쳐 왔다.

十四日(癸酉)。

進永崇殿。○李聖任[38]以巡邊副使, 領兵向臨津。嘉山郡守沈

---

37 鄭崑壽(정곤수, 1538~1602): 본관은 清州, 초명은 逵, 자는 汝仁, 호는 栢谷·慶陰·朝隱. 곤수는 선조가 내린 이름이다. 鄭琢과 청주정씨 같은 항렬이다. 1555년 別擧初試를 거쳐 1567년 진사시에 합격하였다. 1572년 성균관의 천거를 받아 의금부도사로 벼슬길에 들어섰다. 1576년 중시 문과에 급제했고, 1577년에 공주 목사로 승진했다가 곧 상주 목사로 옮겼다. 1587년 여러 해 동안 흉년을 겪은 황해도의 관찰사로 특별히 임명되어 진휼 사업에 큰 성과를 거두었다. 1588년 첨지 중추부사가 되고 西川君에 봉해졌다. 1592년 병조참판이 되었다가 형조참판으로 옮겼다. 그때 임진왜란이 일어나자 의주로 선조를 호종하였다. 대사간이 되어서는 명나라에 원병을 청하도록 건의했으며, 請兵陳奏使로 중국에 파견되었다. 1593년 迎慰使·接伴使를 맡아 명나라 장수와의 교섭을 담당하였다. 1595년 도총관·예조판서, 1596년 좌찬성을 역임하고, 1597년 판의금부사·도총관 등을 겸하고 謝恩兼辨誣陳奏使로 명나라에 다녀왔다.

信謙³⁹, 寄三色物品。

5월 15일(갑술)

영숭전(永崇殿)에 나아갔다.

十五日(甲戌)。

進永崇殿。

5월 16일(을해)

김억룡(金億龍)의 집에서 토관(土官) 이인수(李仁壽)의 집으로 옮겨 임시로 지내게 되었다.

이날 정여인(鄭汝仁: 鄭崑壽)과 함께 포충표절사(褒忠表節祠)와 이현당(二賢堂)을 찾아가 뵈었다.

十六日乙亥。

---

38 李聖任(이성임, 1555~?): 본관은 全州, 자는 君重, 호는 月村. 太祖의 7대손이며, 아버지는 李潤이다. 1583년 聖節使의 書狀官으로 명나라에 다녀왔고, 이듬해 암행어사로 파견되어 안산 군수 洪可臣과 삭녕 군수 曹大乾이 선치가 있음을 아뢰어 승진하도록 하였다. 1590년 담양 부사가 되었으며, 1592년 임진왜란이 일어나자 자청하여 경상도 관찰사가 되어, 몸소 군사를 모집하여 왜적을 토벌하려 하였으나 전선이 막혀 뜻을 이루지 못하고 돌아왔다. 곧 순찰부사가 되어 민병 800여 명을 거느리고 전선으로 나아가 참찬 韓應寅의 군무를 도왔으나, 임진강의 방어선이 무너져 사태가 급박하여지자 패주하였다. 패주한 죄로 사헌부의 탄핵을 받아 한때 파직당하였으나, 1594년 강원 감사·길주 목사·황해도 관찰사가 되었다.

39 沈信謙(심신겸, 1542~1596): 본관은 靑松. 沈義謙의 동생이다. 明宗의 비 仁順王后의 동생이다. 가산 군수 재직 중 임진왜란을 맞아 군대 식량 공급에 공을 세웠다. 1600년 부평 도호부사를 지냈다.

自金億龍家, 移寓土官[40]李仁壽家。是日, 與鄭汝仁, 謁褒忠表
節祠[41]·二賢堂。

5월 17일(병자)

서생(書生) 강인립(康仁立)이 찾아와 만났다.

주상이 이산해(李山海)를 중도부처(中道付處)하되 삼척(三陟)으로
정하여 유배를 보내도록 명하였다.

十七日(丙子)。

書生康仁立[42]來見。命李山海中道付處[43], 三陟[44]定配。

5월 18일(정축)

十八日(丁丑)。

5월 19일(무인)

비가 내렸다.

류조인(柳祖訒)이 세자익위사 익위(世子翊衛司翊衛)가 되어 내의

---

40 土官(토관): 조선시대 함경도·평안도 등 변방 토착민에게 주었던 특수한 관직.

41 褒忠表節祠(포충표절사): 고려 때 神虎衛大將軍 청주정씨 鄭顗가 1217년 崔光
秀의 반란을 진압하고 평정하였으며, 1233년 畢賢甫의 반란 때는 선유사로서
순절하여 세운 忠烈祠가 있었는데, 조선 宣祖 때 왕의 특명으로 평안도 성천에
새로 사당을 세우고 하사받은 額號.

42 康仁立(강인립, 생몰년 미상): 본관은 谷山. 평양 출신이다.

43 中道付處(중도부처): 벼슬아치에게 어느 곳을 지정하여 머물러 있게 하던 형벌.

44 三陟(삼척): 강원도 남동부에 있는 고을. 동쪽은 동해안 해안선, 북쪽은 동해시,
서쪽은 정선군과 태백시, 남쪽은 경상북도 울진군과 접한다.

원(內醫院)의 약물 등 여러 가지를 검사하며 감독하였다.

十九日(戊寅)。

雨。柳祖訒[45]爲世子翊衛司[46]翊衛, 監檢內醫院藥物各種。

5월 20일(기묘)

비가 내렸다.

二十日(己卯)。

雨。

5월 21일(경진)

가랑비가 내렸다.

신할(申硈)의 군대가 임진강(臨津江)에서 패하여 많은 군사가 동시에 죄다 무너지고, 유극량(劉克良)은 그곳에서 전사하였다.

二十一日(庚辰)。

微雨。申硈[47]兵敗於臨津, 大衆一時盡潰, 劉克良[48]死之。

---

45 柳祖訒(류조인, 1522~1599): 본관은 晉州, 자는 認之, 호는 泛愛. 1583년 충효
   와 절의로 천거되어 牛峰・伊川 현감을 역임하였다. 1592년 임진왜란이 일어나
   자 집에 머무르다가 자진해서 평양까지 호종하였으며, 世子翊衛司의 익위로 제
   수되어 세자를 모시고 영변까지 갔다. 이듬해 司宰監正에 제수되고, 서울에 돌
   아와서는 형조참의에 제수되었다.

46 世子翊衛司(세조익위사): 조선시대 왕세자를 모시고 호위하는 임무를 맡기 위
   하여 설치되었던 관서.

47 申硈(신할, 1548~1592): 본관은 平山. 申砬의 동생. 1589년 경상도 좌병사가
   되어 활동하였다. 임진왜란이 일어나자 함경도 병사가 되어 선조의 몽진을 호위
   함으로써 그 공을 인정받아 좌승지 閔濬, 병조판서 金應南, 대사헌 尹斗壽 등의

5월 22일(신사)

二十二日(辛巳)。

5월 23일(임오)

二十三日(壬午)。

5월 24일(계미)

이날 전 좌상(前左相) 정철(鄭澈)이 강계(江界)의 유배지에서 행재소로 찾아와서 주상을 뵈었다.

二十四日(癸未)。

是日, 前左相鄭澈, 自江界[49]謫所, 來謁行在所。

추천으로 경기 수어사 겸 남병사에 임명되었다. 이후 막하의 劉克良, 李贄, 李薦, 邊璣를 亞將으로 삼고 도원수 金命元과 병사를 이끌고서 임진강을 지키며 적과 대치하였다. 9일 동안 적과 대치하던 신할과 그의 병사들은 당시 도순찰사였던 韓應寅의 병력을 지원받아 작전을 세우고 심야에 적진을 기습하였으나 복병이 나타나 그 자리에서 순절하였다.

48 劉克良(유극량, ?~1592): 본관은 延安, 자는 仲武. 당시의 신분제도에서는 과거에 응시할 수 없는 노비 출신이었으나, 洪暹의 깊은 배려로 노비 신분을 면제받았다. 여러 무관직을 거친 뒤 1591년 전라 좌수사가 되었다. 1592년 임진왜란이 일어나자 申砬의 助防將이 되어 전임하였다. 竹嶺을 방어하다가 패배하자, 군사를 영솔해 방어사 申硈의 밑에 들어가 그 부장이 되었다. 대장 신할과, 마침 1,000명의 군졸을 이끌고 그곳에 달려온 도순찰사 韓應寅 등과 함께 임진강을 방어하다가 전사하였다.

49 江界(강계): 평안북도 북동부에 있는 고을. 동쪽은 낭림산맥을 경계로 함경남도의 장진군, 서쪽은 위원군과 초산군, 남쪽은 희천군, 북쪽은 자성군과 후창군, 그리고 압록강을 사이에 두고 중국의 만주 지방과 접한다.

5월 25일(갑신)

二十五日(甲申)。

5월 26일(을유)

비가 내렸다.

二十六日(乙酉)。

雨。

5월 27일(병술)

비가 내렸다.

二十七日(丙戌)。

雨。

5월 28일(정해)

어떤 승려가 와서 아들 정윤목(鄭允穆)의 편지를 전하였다.

二十八日(丁亥)。

有僧來傳子允穆[50]書。

5월 29일(무자)

비가 내렸다.

二十九日(戊子)。

---

50 允穆(윤목): 鄭允穆(1571~1629). 본관은 淸州, 자는 穆如, 호는 淸風子·蘆谷·
竹窗居士. 아버지는 西原府院君 鄭琢이다.

雨。

6월 1일(기축)

임진강 방어에 실패했다는 도순찰사(都巡察使) 김명원(金命元)의
장계(狀啓)가 이르자, 행재소에서는 경계가 삼엄해졌다. 전 영상(前
領相) 류성룡(柳成龍)이 다시 서용(敍用)되어서 풍원부원군(豐原府院
君)이 되었다.

六月初一日(己丑)。

臨津失守, 都巡察使金命元[51]狀啓至, 行在所戒嚴。前領相柳
成龍, 復敍爲豐原府院君。

6월 2일(경인)

初二日(庚寅)。

---

51 金命元(김명원, 1534~1602): 본관은 慶州, 자는 應順, 호는 酒隱. 1568년 종성
부사가 되었고, 그 뒤 동래부사 · 판결사 · 형조참의 · 나주 목사 · 정주 목사를 지
냈다. 1579년 의주 목사가 되고 이어 평안 병사 · 호조 참판 · 전라 감사 · 한성부
좌윤 · 경기 감사 · 병조참판을 거쳐, 1584년 함경감사 · 형조 판서 · 도총관을 지
냈다. 1587년 우참찬으로 승진했고, 이어 형조 판서 · 경기 감사를 거쳐 좌참찬
으로 지의금부사를 겸했다. 1589년 鄭汝立의 난을 수습하는 데 공을 세워 平難
功臣 3등에 책록되고 慶林君에 봉해졌다. 1592년 임진왜란이 일어나자, 순검사
에 이어 팔도도원수가 되어 한강 및 임진강을 방어했으나, 중과부적으로 적을
막지 못하고 적의 침공만을 지연시켰다. 평양이 함락된 뒤 순안에 주둔해 行在
所 경비에 힘썼다. 이듬해 명나라 원병이 오자 명나라 장수들의 자문에 응했고,
그 뒤 호조 · 예조 · 공조의 판서를 지냈다. 1597년 정유재란 때는 병조판서로 留
都大將을 겸임했다.

6월 3일(신묘)

큰비가 내렸다.

역관(譯官) 박인상(朴仁祥)이 중국으로부터 떠나와서 《초씨역림 (焦氏易林)》4책·《복서전서(卜筮全書)》6책·《연원자평(淵源子平)》 5책을 주었다.

初三日(辛卯)。

大雨。譯官朴仁祥[52]自中朝出來, 與《焦氏易林[53]》四冊·《卜筮 全書[54]》六冊·《淵源子平》五冊。

6월 4일(임진)

주상이 대동관(大同館)의 바깥문에 나와서 부로(父老)들을 불러 타이르고, 이어 연광정(練光亭)으로 가서 재주가 있는 강변의 선비 와 백성들을 뽑으려고 곧장 직부전시(直赴殿試)를 하도록 명하였다.

---

52 朴仁祥(박인상, 생몰년 미상): 본관은 陰竹, 자는 景瑞. 1592년 임진왜란 때 差備譯官으로 조선과 명나라, 명나라와 일본의 외교담판에 많은 활약을 하였고, 1604년 遼東의 주민인 孫得春 등이 의주의 蘭子島·替子島를 무단으로 경작하자 3차에 걸쳐 명나라를 내왕하면서 사건의 마무리를 지었다. 1609년 都提調 李德馨 에 의하여 사역원 담당 역관인 訓上으로 임용되어 당상관이 되었다. 1617년 知中 樞府事가 되었다.

53 焦氏易林(초씨역림): 漢나라 초기 焦延壽가 周易의 점서적 기능과 의미를 확장 하여 문학적으로 승화시킨 것.

54 卜筮全書(복서전서): 명나라 易卜老人이 저술한 六爻에 관한 책.

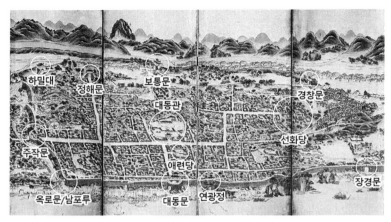

평양성

○노복(奴僕) 막동(莫同)이 정주(定州)로부터 돌아왔고 연복(連福) 또한 돌아왔다. 연복이 탔던 말은 숙천(肅川) 관아에 빼앗겼다고 하였다.

初四日(壬辰)。

上御大同館外門, 招諭父老, 仍御練光亭[55], 試才江邊土民等, 卽命直赴殿試[56]。○奴莫同, 自定州[57]還, 連福亦來。連福馬, 見奪于肅川[58]官云。

---

55 練光亭(연광정): 평안남도 평양의 大同江 가에 있는 정자. 임진왜란 때 일본의 小西行長과 명나라의 沈惟敬이 강화 담판을 하던 곳이다.

56 直赴殿試(직부전시): 조선시대 과거의 최종시험인 殿試에 곧바로 응할 수 있는 자격을 주던 일. 예비시험인 초시와 본시험인 복시를 면제하였다.

57 定州(정주): 평안북도 남서 해안에 있던 고을. 동쪽은 박천군·태천군, 서쪽은 선천군, 남쪽은 황해, 북쪽은 구성군과 접한다.

58 肅川(숙천): 평안남도 서부에 있는 고을. 동쪽은 안주군·순천군, 서쪽은 서해, 남쪽은 평원군, 북쪽은 문덕군과 접한다.

6월 5일(계사)

명나라 관료가 왔다. 큰비가 내리는데도 주상이 명나라 관료를 서각(西閣)에서 맞아들여 만나보았다.

五日(癸巳)。

唐官[59]來。大雨, 上迎見唐官於西閣。

6월 6일(갑오)

말을 찾아오기 위해 연복(連福)을 숙천(肅川)으로 보냈다.

이날 내전(內殿: 의인왕후)이 길을 떠나서 함흥부(咸興府)로 향했는데, 유홍(兪泓)과 최황(崔滉)이 모시고 갔다.

명나라 관원이 돌아갔다.

○이인수(李仁壽)의 집에서 관노(官奴) 응길(應吉)의 집으로 옮겨 임시로 지냈다. 이날 밤에 이질을 앓았는데, 거의 죽다가 살아났다.

初六日(甲午)。

以推馬事, 送連福於肅川。是日, 內殿[60]發行, 向咸興府, 兪泓 · 崔滉[61]陪行。唐官還。○自李仁壽家, 移寓于官奴應吉家。是夜患

59　唐官(당관): 명나라로부터 조선에 파견된 관원.

60　內殿(내전): 왕비를 높여서 부르는 말. 宣祖의 妃 懿仁王后(1555~1600)로 潘城府院君 朴應順의 딸이다.

61　崔滉(최황, 1529~1603): 본관은 海州, 자는 彥明, 호는 月潭. 1566년 별시 문과에 급제하여, 1572년 검열이 되었다. 그 뒤 공조 · 형조의 좌랑, 정언, 해운판관을 지내고, 경상도 도사가 되었다. 1576년 수안 군수, 1577년 함경도 암행어사로 나갔다. 예조참판 · 대사간 · 이조 참판 · 한성판윤 · 대사헌 등을 거쳐 1590년 이조판서가 되었다. 그간에 1583년에는 성절사로, 1589년에는 사은부사로 명나

痢, 幾絶而蘇。

6월 7일(을미)

홍혼원(洪渾元: 洪渾)이 나를 만나러 찾아왔다.

初七日(乙未)。

洪渾元[62]來訪。

6월 8일(병신)

왜적들이 대동강(大同江) 건너편에 나타났다.

初八日(丙申)。

倭賊來現大同江越邊。

6월 9일(정유)

대가(大駕)가 출발해 영변부(寧邊府)로 향하려 했는데, 본부(本府: 평양부)의 군민(軍民)들이 무리를 지어 길을 막고 떠나지 말도록 힘

라에 다녀오기도 하였다. 1592년 임진왜란 때에는 평양까지 선조를 호종하였으며, 왕비와 세자빈을 陪從, 희천에 피난하였고, 이듬해 檢察使가 되어 왕과 함께 환도하여 좌찬성 · 世子貳師로 지경연사를 겸하였다.

62　渾元(혼원): 洪渾(1541~1593)의 字. 본관은 南陽, 호는 時雨堂. 1566년 별시 문과에 급제하여 승문원 정자가 되고, 1568년 주서와 검열을 거쳐 전적에 올랐으며, 곧 공조 좌랑이 되었다. 1573년 정언과 1578년 지평을 거쳐 1579년 집의가 되고, 이듬해 동부승지가 되었다. 1583년 대사간 · 이조 참의를 거쳐, 뒤에 병조와 형조의 참의를 두루 역임하였다. 또한, 판결사와 강원도 관찰사 및 성주 · 양주의 목사를 지냈다. 1592년 임진왜란 때는 부제학이 되어 왕의 몽진에 호종하였으나, 과로로 병을 얻었다.

껏 청하니, 결행하지 못하였다.

初九日(丁酉).

大駕將發, 向寧邊府, 本府軍民, 成羣遮道, 力請不發, 未果行.

6월 10일(무술)

승정원(承政院)에 나아가 대가가 머물 것을 청하며 아뢰기를, "국운이 불행하여 왜구들이 침략해와 대가(大駕)가 서쪽으로 피난하여 구차하게 한 모퉁이만을 보전하고 있으니, 신(臣)은 통곡함을 견디지 못하겠습니다. 그러하오나 주상이 본부(本府: 평양부)에 머물면서 굳건히 성을 지켜 나라의 회복을 도모하면 이것이 진실로 좋은 계책인데도, 조정의 의논이 일치하지 않아서 왜적의 선봉이 이미 바싹 다가와 피하지 않을 수 없다고 여기고, 주상 또한 그것을 옳게 여겨 비록 대신의 말이 있을망정 받아들이지 않으며 오늘이라도 길을 떠나려 하니, 신(臣)은 밥이 목에 넘어가지 않습니다. 경성(京城)을 지키지 못한 것은 이미 어찌할 수 없으나, 다만 다행히도 이 평양부(平壤府)만은 성곽이 대강 완비되어 있고 백성들이 많으며, 창고의 군량이 그래도 지탱할 수 있는 데다 대동강의 한 물줄기가 이른바 중국의 장강(長江)처럼 천연의 요새입니다. 또 보건대 백성들이 성상(聖上)의 수레가 떠나지 못하도록 애써 만류하며 모두 적개심을 품고 성안의 남녀노소 가리지 않고 죄다 나와 성을 지키고 있습니다. 인심이 이와 같으니, 이러한 실상이 크게 길한 징조입니다. 게다가 지금 이일(李鎰)이 군사들을 이끌고 이미 이르렀고 당병(唐兵: 명나라 군대) 또한 장차 구원하러 올 것이니, 이러한 군사들로 깊이 쳐들어

온 왜적을 격파하면 중흥(中興)의 공을 서서 기다릴 수 있게 되겠지만, 이곳을 버리고서 다른 곳으로 간다면 대사(大事)를 그르치게 됩니다. 이뿐만이 아닙니다. 대가(大駕)가 일단 움직이면 본부(本府: 평양부)의 군대와 백성들이 한꺼번에 무너지고 뿔뿔이 흩어져서 성은 반드시 함락될 것입니다. 흉적이 추격해오며 휘두르는 칼끝을 행여 막지 못하기라도 하여서 도중에 생각지 못한 변고가 반드시 없으리라 보장하기 어려우니, 어찌 한심하지 않겠습니까? 주상에게 대가(大駕)를 옮기자고 청하는 것은 아마 깊이 생각하지 못한 탓인 듯합니다. 삼가 바라건대 성상(聖上)의 판단으로 반드시 부디 행차를 멈추소서. 신(臣)은 더위로 인하여 토사곽란(吐瀉癨亂)을 며칠 앓아서 지금에서야 와서 아뢰니 황공하기 그지없나이다."라고 하니, 답하기를, "왜적의 칼날을 피하지 않을 수 없다."라고 하였다.

初十日(戊戌).

詣政院, 請留, 啓曰: "國運不幸, 海寇憑凌, 大駕西幸, 苟保一隅, 臣不勝痛哭. 然而, 駐蹕[63]本府, 固守城池, 以圖恢復, 此實得計, 而朝議不一, 或以爲賊鋒已逼, 不可不避, 自上亦以爲然, 雖有大臣之言, 不見聽納, 將以今日啓行[64], 臣食不下咽. 京都不守, 已矣無及, 唯幸此府, 城郭粗完, 人民衆庶[65], 府庫糧餉, 猶可支持, 而浿江一水, 所謂長江天塹[66]. 且觀人民勉留聖蹕, 咸懷敵

---

63 駐蹕(주필): 임금이 나들이하는 도중에 車駕를 잠시 멈추고 머무르거나 묵는 일.
64 啓行(계행): 여정에 오름. 여행에 나섬.
65 衆庶(중서): 뭇사람. 많은 사람.

懼之心, 城中男女老幼, 盡出守城. 人心如此, 此實大吉之兆. 況今李鎰[67]引兵已至, 唐兵亦將來援, 以此破深入之賊, 而中興之功, 可立而待, 舍此之他, 大事去矣. 不特此也. 大駕一動, 則本府軍民, 一時潰散, 城陷必矣. 兇賊追鋒, 恐或莫遏, 而中路不測之變, 難保其必無. 豈不寒心? 其所以請上移蹕者, 恐或不思之甚也. 伏惟聖裁[68], 必須停行. 臣患暑癨[69]累日, 今始來啓, 惶恐不已." 答曰 : "賊鋒不得不避."

6월 11일(기해)

대가(大駕)가 길을 떠나 숙천부(肅川府)에서 묵었다.

十一日(己亥).

---

66 長江天塹(장강천참): 南朝 陳나라의 도관상서 孔範이 "장강은 천연의 참호로 옛날부터 남북을 가로막고 있으니, 오늘 北軍이 어찌 날아서 건너올 수 있겠습니까?(都官尙書孔範曰: '長江天塹, 古以爲限隔南北, 今日北軍, 豈能飛度耶?')"라고 한데서 유래.

67 李鎰(이일, 1538~1601): 본관은 龍仁, 자는 重卿. 1558년 무과에 급제하여, 전라도 수군절도사로 있다가, 1583년 尼湯介가 慶源과 鐘城에 침입하자 慶源府使가 되어 이를 격퇴하였다. 임진왜란 때 巡邊使로 尙州에서 왜군과 싸우다가 크게 패배하고 충주로 후퇴하였다. 충주에서 도순변사 申砬의 진영에 들어가 재차 왜적과 싸웠으나 패하고 황해로 도망하였다. 그 후 임진강·평양 등을 방어하고 東邊防禦使가 되었다. 이듬해 평안도 병마절도사 때 명나라 원병과 평양을 수복하였다. 서울 탈환 후 訓鍊都監이 설치되자 左知事로 군대를 훈련했고, 후에 함북 순변사와 충청도·전라도·경상도 등 3도 순변사를 거쳐 武勇大將을 지냈다. 1600년 함경남도병마절도사가 되었다가 병으로 사직하고, 1601년 부하를 죽였다는 살인죄의 혐의를 받고 붙잡혀 호송되다가 定平에서 병사했다.

68 聖裁(성재): 임금의 재가나 판단을 높여 이르는 말.

69 暑癨(서곽): 더위로 인하여 일어나는 吐瀉癨亂을 일컫는 말.

大駕發行, 宿肅川府。

6월 12일(경자)

주상이 안주(安州)에서 묵었다.

○연복(連福)이 모습을 나타냈다.

十二日(庚子)。

上宿安州[70]。○連福來現。

6월 13일(신축)

대가(大駕)가 영변(寧邊)에 이르렀는데, 이날 저녁에 비가 내렸다.

十三日(辛丑)。

大駕至寧邊, 是夕雨。

6월 14일(임인)

김응남(金應南)에게 모친상을 당했음에도 관직을 맡아보도록 명하였다. 대가(大駕)가 의주(義州)를 향해 가려는 길에서 왕세자에게 강계(江界)로 가라고 명하였다. 영의정 최흥원(崔興源), 형조 판서 이헌국(李憲國), 부제학 심충겸(沈忠謙), 형조 참판 윤자신(尹自新), 동지 류자신(柳自新), 병조 참의 정사위(鄭士偉), 승지 류희림(柳希霖)과 나는 주상의 하교(下敎)를 받들고 분조(分朝)하여 동궁을 호종하였다. 익위(翊衛) 류조인(柳祖訒) 또한 이르렀다.

---

70 安州(안주): 평안북도 兵營의 소재지.

이때부터 마침내 분사(分司: 임시 조정)를 만들었다. 이날 저녁 동
궁은 운산군(雲山郡)에서 묵었다.

十四日(壬寅)。

命金應南[71]起復[72]。大駕發向義州了路, 命王世子向江界。領議
政崔興源 · 刑曹判書李憲國[73] · 副提學沈忠謙[74] · 刑曹參判尹自

---

71 金應南(김응남, 1546~1598): 본관은 原州, 자는 重叔, 호는 斗巖. 1585년 우승
    지로 기용되고 이어 대사헌 · 대사간 · 부제학 · 이조 참판 등을 역임하였다. 1591
    년 성절사로서 명나라에 갔다. 마침 명나라에서는 일본의 국서를 받고 조선이
    일본과 내통한다고 의심하는 자가 많았는데 이를 힘써 해명해 의구심을 풀어주
    었다. 귀국 후 한성판윤이 되었고, 다음 해 1592년 임진왜란으로 왕이 피난길에
    오르자 柳成龍의 천거로 兵曹判書兼副體察使가 되었다. 이듬해 1593년 이조판
    서로서 왕을 따라 환도, 1594년 우의정, 1595년 좌의정이 되어 영의정 유성룡과
    함께 임진왜란 후의 혼란한 정국을 안정시켰다.

72 起復(기복): 喪中에는 벼슬을 하지 않는 것이 관례로 되어 있으나 국가의 필요에
    의해 상제의 몸으로 상복을 벗고 벼슬자리에 나오게 하는 일.

73 李憲國(이헌국, 1525~1602): 본관은 全州, 자는 欽哉, 호는 柳谷. 1551년 사마
    시에 합격하고 그해 별시 문과에 급제, 예문관검열 · 사간원정언 · 경기도사 · 사
    헌부장령 등을 역임했으나 권신 尹元衡의 異姓近族이라 하여 오해를 받기도
    하였다. 1589년 기축옥사의 처리에 공을 세워 平難功臣등에 책록되었다. 1592
    년 임진왜란이 일어나자 형조 판서로서 세자 광해군을 호종, 보필하여 扈聖功臣
    에 책록되었고, 정유재란 때는 좌참찬으로 역임하면서 討敵復讐軍을 모집하여
    활약하였다. 1598년부터 이듬해까지 이조판서를 제수받았으나 끝내 사양하여
    취임하지 않았다.

74 沈忠謙(심충겸, 1545~1594): 본관은 靑松, 자는 公直, 호는 四養堂. 서인의
    영수인 沈義謙의 동생이며 明宗妃 仁順王后의 동생이다. 1564년 사마시에 합격하
    고, 1572년 친시문과에 장원으로 급제하였다. 1578년에 獻納이 되고 이어서 僉正 ·
    司藝 · 禮賓寺副正이 되었다. 1582년에 춘천 부사, 1584년에 軍資寺 · 內贍寺의
    正, 1588년에 여주 목사 · 호조참의 · 병조 참지, 1590년에 대사간 · 형조참의, 이듬
    해 형조참판을 거쳐 부제학이 되었다. 1592년에 임진왜란이 일어나자 병조참판
    겸 備邊司提調가 되어 선조를 호종했고, 세자 호위의 명을 받아 왜적 방비에

新[75] · 同知柳自新[76] · 兵曹參議鄭士偉[77] · 承旨柳希霖[78]及琢,　承

힘썼다. 1593년에 호조와 병조의 참판으로 군량미 조달에 공헌했으며, 이듬해 병조판서에 특진되었다.

75　尹自新(윤자신, 1529~1601): 본관은 南原, 자는 敬修. 1546년에 진사가 되었고, 1562년 별시 문과에 급제하여 성균관에 보임, 여러 벼슬을 거친 뒤 회양 부사를 역임하고 1585년 호조 참판이 되었다. 1586년 성절사로 명나라에 다녀왔으며, 1589년 기축옥사 때 전주 부윤이 되어, 역적 鄭緝을 잡아 加資되었다. 1592년 임진왜란 당시에는 우승지로서 왕을 호종하여, 피난할 때 寶山驛에 이르러 宗廟署提調가 되어 종묘의 신주를 임시로 송도에 묻었다. 1594년 지돈녕부사 · 형조참판을 역임하고, 이듬해 지의금부사 · 遠接使를 지내고, 1597년 정유재란 때는 宗廟를 지키고 중전과 세자를 보필하였다. 이 해 한성부판윤 · 공조판서를 거쳐 이듬해 지중추부사 · 호조판서를 지냈다.

76　柳自新(류자신, 1541~1612): 본관은 文化, 자는 止彦. 광해군의 장인이다. 1564년 진사시에 합격, 태릉 참봉을 거쳐 敦寧府直長 · 內資寺主簿 · 평강 현감 · 호조 좌랑 · 김포 현령 등을 역임하였다. 1587년 셋째 딸이 군부인으로 간택되었으니, 뒷날 광해군의 비가 되었다. 1589년 鄭汝立의 옥사가 일어나자 특명으로 안악 현감에 임명되어 역도들을 잡아 처리하고, 廣州牧使에 제수되었다. 1592년 임진왜란이 일어나자 大駕를 호종하고, 평양에서 廟社主를 모시고 광해군을 따라 강원도 방면으로 나갔다가 그해 겨울 성천으로 나왔는데 특명으로 동지돈녕부사에 제수되었다. 그 뒤 성천 부사 · 개성 유수에 이어 한성부 우윤으로 있을 때인 1598년 명군을 구타한 사건으로 파직되었다.

77　鄭士偉(정사위, 1536~1592): 본관은 光州, 자는 弘遠, 호는 病隱. 1564년 사마시에 합격하고, 1566년 별시 문과에 급제, 검열이 되었다. 1588년 도승지가 되고, 전주 부윤을 거쳐 1591년 冬至使로 명나라에 다녀왔다. 이듬해 임진왜란이 일어나자 병조 참의로서 임금을 평양에 호종, 다시 세자를 따라 강계로 가던 도중 맹산에서 죽었다.

78　柳希霖(류희림, 1520~1601): 본관은 文化, 자는 景說. 1561년 식년 문과에 급제하여 文翰官이 되었다. 이어 검열 · 박사 · 정언 등을 차례로 역임하고, 1570년 지평이 되었다. 1581년 형조참판으로 동지사(冬至使)가 되어 명나라에 다녀왔다. 1592년 임진왜란이 일어나자 첨지중추부사로서 왕을 호종하여 좌승지로 발탁되었다. 이듬해 동지중추부사, 그 이듬해에 예조참판이 되었다.

上敎, 分扈東宮。翊衛柳祖訒亦至。自此遂爲分司[79]。是夕, 東宮宿雲山郡[80]。

6월 15일(계묘)

동궁이 개평원(開平院)에 묵었는데, 이날 흐리고 비가 내렸다.

十五日(癸卯)。

東宮, 宿開平院[81], 是日陰雨。

6월 16일(갑진)

동궁이 희천군(熙川郡)에서 묵었다.

十六日(甲辰)。

東宮, 宿熙川郡[82]。

6월 17일(을사)

그대로 머물렀다.

최황(崔滉)이 영변(寧邊)에서 중전(中殿)을 모시라는 명을 받들어 함흥(咸興)으로 향하다가 도착하기도 전에 도중에 빈궁(嬪宮)을 모

---

79 分司(분사): 나라에 특별한 일이 있을 때 중앙 관아의 사무를 분담하여 처리하기 위해 도성 이외의 다른 지방에 특별히 설치하는 관아.

80 雲山郡(운산군): 평안북도 중앙에 있는 고을. 동쪽은 희천군, 서쪽은 태천군, 서북쪽은 창성군, 남쪽은 영변군, 북쪽은 초산군과 접한다.

81 開平院(개평원): 평안북도 영변에 있었던 驛院.

82 熙川郡(희천군): 평안북도 남동부에 있는 고을. 동쪽은 강계군, 서쪽은 운산군·영변군, 남쪽은 평안남도 덕천군·영원군, 북쪽은 초산군·강계군과 접한다.

시게 되었는데, 이날 와서 동궁의 행차를 따랐다.

十七日(乙巳)。

留。崔滉自寧邊, 承命陪中殿, 向咸興[83], 未至而中路, 陪嬪宮,
是日來, 從東宮之行。

6월 18일(병오)

동궁이 길을 떠났는데, 이날 유홍(兪泓)이 와서 동궁을 호종(扈從)
하였다. 유홍은 명을 받들어 처음에 중전(中殿)을 모시고 함흥(咸興)
으로 갔으나, 도중에 행차를 정지하라는 명을 받들어 중전은 도로
대가(大駕)를 따랐다. 유홍이 이에 이르러서 주상에게 아뢰어 동궁
의 일행을 따르겠다고 청하고 명을 받들어 응당 곧바로 강계(江界)
로 향하는데, 끝내 유홍의 의논을 좇아서 곧장 지름길을 취하여 장
동역(長洞驛)에서 묵었으니, 이어 설한령(雪寒嶺)으로 가는 길로 향
하고자 한 것이다.

十八日(丙午)。

東宮發行, 是日兪泓, 來扈東宮。泓承命, 初從中殿, 向咸興,
中路承命停行, 中殿還從大駕。泓至是, 啓請從東宮一行, 承命
當直向江界, 而卒從泓議, 便途取捷, 宿于長洞[84], 仍欲向雪寒
嶺[85]了路。

83　咸興(함흥): 함경남도 함흥만 연안에 있는 고을. 함주군에 둘러싸여 있으며, 남
　　쪽은 흥남시와 접한다.

84　長洞(장동): 長洞驛. 조선시대 평안도 熙川에 있던 驛으로, 魚川道의 屬驛 중
　　하나.

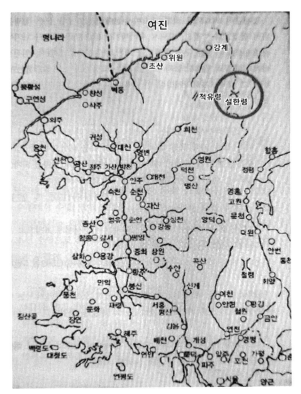

영변 · 희천 · 영원 · 설한령 · 강계

6월 19일(정미)

동궁이 길을 떠나 고개 아래의 민가(民家)에 묵었고, 호종하던 신

---

85 雪寒嶺(설한령): 薛罕嶺. 평안북도 江界郡 용림면의 동북단과 함경남도 長津郡
서한면의 경계에 있는 고개.

료(臣僚)들이 모두 노숙했는데, 이날 저녁에 가랑비가 내렸다.

十九日(丁未)。

東宮發行, 宿嶺下人家, 扈從臣僚, 皆露宿, 是夕微雨。

6월 20일(무신)

동궁이 영원(寧遠) 지역의 민가에서 묵었다. 이날 길을 떠나 천단현(天壇縣)에 이르렀을 때 왜적의 많은 군사가 곧장 함경도(咸鏡道)로 향하고 있다는 소식을 들었는데, 의논하는 자들 가운데 혹은 "다시 강계(江界) 땅으로 가서 한결같이 대조(大朝: 행재소)의 명을 따라야 한다."라고 하거나, 혹은 "관동(關東: 강원도)의 춘천(春川)·원주(原州) 등지로 향해 나아가 인심을 수습하고 회복을 도모해야 한다."라고 하여서 여러 사람의 논의가 통일되지 않아 시간을 끌며 결정짓지 못하다가 끝내 유홍(兪泓)의 주장을 따라 동로(東路: 東界)를 향해 가기로 결정지었다. 당초에 조정의 의논이 강계로 가도록 요구한 것은 형편을 보아 설한령(雪寒嶺)을 넘어서 북도의 험한 곳에 웅거하려는 것이었으나, 이미 왜적들이 관북에 들어왔다는 소식을 듣고는 마침내 관북으로 가는 행차를 정지하였으니, 진실로 강계를 보전하려는 것은 누군가 좋은 계책이 아니라고 했기 때문에 유홍의 주장을 따른 것이다.

二十日(戊申)。

東宮宿寧遠[86]地人家。是日發行, 至天壇縣, 聞賊大衆, 直向咸

---

86 寧遠(영원): 평안남도 북동부에 있는 고을. 동쪽은 함경남도 장진군·함주군·

鏡道, 議者或言:"還向江界地, 一如大朝[87]之命." 或言:"進向關東春川[88]·原州[89]等地, 收合人心, 以圖恢復。羣議不一, 留時莫決, 卒從泓議, 決向東路[90]。蓋當初朝議之要往江界者, 欲令觀便, 踰雪寒嶺, 北據險, 而旣聞賊入關北, 遂停關北之行, 則苟保江界, 或云非計, 故從泓議。

6월 21일(기유)

영원(寧遠) 땅의 민가에서 묵었다.

二十一日(己酉)。

宿寧遠地民家。

6월 22일(경술)

그대로 머물렀다.

二十二日(庚戌)。

留。

정평군, 서쪽은 덕천군·평안북도 영변군, 남쪽은 맹산군·함경남도 영흥군, 북쪽은 평안북도 강계군·희천군과 접한다.

87 大朝(대조): 왕세자가 섭정하고 있을 때의 임금을 일컫는 말. 또는 행재소를 지칭하기도 한다.

88 春川(춘천): 강원도 중서부에 있는 고을. 북쪽은 화천군·양구군, 동쪽은 인제군·홍천군, 서쪽은 화천군·경기도 가평군, 남쪽은 홍천군과 접한다.

89 原州(원주): 강원도 남서부에 있는 고을. 동쪽은 영월군·횡성군, 서쪽은 경기도 양평군·여주시, 남쪽은 충청북도 충주시·제천시, 북쪽은 횡성군과 접한다.

90 東路(동로): 東界. 함경도 이남으로부터 강원도 삼척 이북의 지역.

6월 23일(신해)

박종남(朴宗男)을 병조 참지(兵曹參知)에 제수하였다.

동궁이 길을 떠나 원파(院坡: 坡院站의 오기인 듯)에서 묵었으며, 신료(臣僚)들은 모두 노숙하였다.

二十三日(辛亥)。

以朴宗男⁹¹, 拜兵曹參知。東宮發行, 宿院坡⁹², 臣僚皆露宿。

6월 24일(임자)

동궁이 오후에 길을 떠나 큰 고개를 넘고 영원군(寧遠郡)에서 묵었다.

二十四日(壬子)。

東宮, 午後發行, 踰大嶺, 宿寧遠郡。

6월 25일(계축)

그대로 머물렀다.

二十五日(癸丑)。

---

91 朴宗男(박종남, 1549~1601): 본관은 密陽, 자는 子胤. 무과에 급제하였으며 重試에 다시 급제하여 선전관이 되었다. 1583년 북쪽 오랑캐 尼湯介를 칠 때 공을 세워 折衝將軍에 승진하였고, 비변사의 천거로 富寧府使가 되고 이어서 길주·온성 부사를 지냈다. 1592년 임진왜란 때는 春川府防禦使로서 적의 북진을 막아 여러 차례 공을 세웠다. 세자 광해군이 함경도에서 군사와 백성들을 위무할 때 호위대장으로 광해군을 호위하였으며, 그 뒤 分朝의 동부승지·병조 참의로 임명되었다. 1593년에는 진주목사로서 부산에 주둔해 있던 왜군의 북상 기도를 저지하였고, 도원수의 휘하에서 鷹揚都別將을 지냈다.

92 院坡(원파): 坡院站의 오기인 듯.

留。

6월 26일(갑인)

동궁이 길을 떠나 맹산현(孟山縣)에서 묵었다.

二十六日(甲寅)。

東宮發行, 宿孟山縣[93]。

평안남도[맹산군]

93　孟山縣(맹산현): 평안남도 맹산군. 평안남도 동부에 있는 고을. 동쪽은 함경남
　　도 영흥군, 서쪽은 덕천군, 서남쪽은 순천군, 북동쪽은 영원군과 접한다.

6월 27일(을묘)

동궁이 길을 떠나 양덕현(陽德縣) 마희산원(麻希山院)의 민가(民家)에서 묵었고, 나는 현리(縣吏) 이수광(李秀光)의 집에서 묵었다.

二十七日(乙卯)。

東宮發行, 宿陽德縣[94]地麻希山院人家, 琢宿縣吏李秀光家。

6월 28일(병진)

비가 내렸다.

二十八日(丙辰)。

雨。

6월 29일(정사)

동궁이 길을 떠나 초천역(楚川驛: 草川驛의 오기)에서 묵었는데, 이날 밤에 큰비가 내렸다.

二十九日(丁巳)。

東宮發行, 宿楚川驛[95], 是夜大雨。

7월 1일(무오)

그대로 머물렀다.

---

94 陽德縣(양덕현): 평안남도 동부에 있는 고을. 동쪽은 함경남도 영흥군·고원군, 서쪽은 성천군, 남쪽은 황해도 곡산군, 북쪽은 맹산군과 접한다.

95 楚川驛(초천역): 草川驛의 오기. 조선시대 평안도 陽德에 있던 驛으로, 魚川道에 屬驛 중 하나.

七月初一日(戊午)。

留。

7월 2일(기미)

동궁이 길을 떠나, 중대원(中大院)에서 묵었다.

初二日(己未)。

東宮發行, 宿中大院。

7월 3일(경신)

동궁이 길을 떠나 양덕현(陽德縣)에서 묵었다.

初三日(庚申)。

東宮發行, 宿陽德縣。

7월 4일(신유)

동궁이 길을 떠나 곡산(谷山)의 반암방(盤巖坊) 민가에서 묵었다.

初四日(辛酉)。

東宮發行, 宿谷山[96]盤巖坊人家。

7월 5일(임술)

그대로 머물렀는데, 비가 내렸다.

初五日(壬戌)。

96　谷山(곡산): 황해도 북동부에 있는 고을. 북쪽은 신평군, 동쪽은 강원도 이천군, 남쪽은 신계군, 서쪽은 수안군과 접한다.

留雨。

7월 6일(계해)

그대로 머물렀는데, 비가 내렸다.

初六日(癸亥)。

留雨。

7월 7일(갑자)

동궁이 길을 떠나 곡산(谷山)의 민가에서 묵었다.

初七日(甲子)。

東宮發行, 宿谷山人家。

7월 8일(을축)

동궁이 길을 떠나 수다령(水多嶺)을 넘어 곡산(谷山) 땅의 민가에서 묵었다. 산길이 험악하여 열 걸음에 아홉 번 넘어져서 일행 모두가 매우 고생하였다.

初八日(乙丑)。東宮發行, 踰水多嶺, 宿谷山地人家。山路險惡, 十步九顚, 一行大小, 皆甚苦之。

7월 9일(병인)

동궁이 길을 떠나 또 고개 하나를 넘고 이천(伊川) 땅의 민가에서 묵었는데, 이천 현감(伊川縣監) 유대정(兪大禎)이 (황해도와 강원도) 경계에 나와 맞이하였다.

初九日(丙寅)。東宮發行, 又踰一峴, 宿伊川[97]地人家, 伊川縣監兪大禎⁹⁸, 出迎于境上。

7월 10일(정묘)

그대로 머물렀는데, 비가 왔다.

初十日(丁卯)。留雨。

7월 11일(무진)

동궁이 길을 떠났는데 유동천(楡洞川)을 건너 통행 금지된 한밤중
에서야 이천현(伊川縣)에 이르렀다. 이날 하삼도(下三道: 충청·전라·
경상) 감사(監司)들의 장계(狀啓)가 처음으로 왔다.

十一日(戊辰)。

東宮發行, 涉楡洞川, 犯夜⁹⁹, 始至伊川縣。是日, 下三道監司,
狀啓始至。

---

97 伊川(이천): 강원도 서북부에 있는 고을. 동쪽은 평강군, 동남쪽은 철원군, 서쪽
은 황해도 신계군·곡산군, 서남쪽은 황해도 금천군, 서북쪽은 곡산군, 북쪽은
함경남도 문천군과 접한다.

98 兪大禎(유대정, 1552~1616): 본관은 杞溪, 자는 景休. 1582년 사마 양시에 합
격하고, 1588년 식년문과에 급제하여 예문관검열과 대교를 지냈다. 1589년 기
축옥사에 관련되어, 北評事에 좌천되어 가던 도중 파직당하였다. 1591년에 伊川
縣監으로 다시 등용되었다. 그 뒤 여러 고을을 다스리고 1609년 충청도 관찰사
로 승진하였으며, 1612년 동지중추부사로 오위도총부 부총관을 겸임하였다.

99 犯夜(범야): 예전에, 야간 통행금지 시간인 초경과 오경 사이에 함부로 나돌아다
니던 일.

7월 12일(기사)

그대로 머물렀는데, 오후에 비가 내렸다.

○강계(江界)를 향해 가지 못한 일의 사유(事由)를 갖추어 행재소 (行在所)에 장계를 올렸다.

○6월 27일 장계를 가지고 갔다가 다시 돌아온 사람이 가지고 온 유지(有旨: 임금의 분부를 전하는 문서)를 공손히 받든 뒤로 대가(大 駕)가 머물러 있는 곳에 대한 소식을 더 들은 것이 없어서 밤낮으로 서쪽을 바라보고 가슴을 치며 지극히 슬퍼합니다.

동궁의 행차를 모시고 온 인원은 그 수가 본디 적었는데, 늙고 병든 사람이 다수를 차지하여 낙오자 또한 있었던데다 골짜기와 고 개를 치달리느라 마부와 말이 몹시 지쳤고, 역참의 길도 끊기고 도 로마저 막혀 행재소에 문안하기가 절로 뜻대로 되지 않았습니다. 이전에 행재소로 간 세 사람 또한 모두가 돌아오지 않아서 더욱 근 심하여 눈물이 나옵니다.

강계(江界)와 함흥(咸興)으로 가기 어려웠던 사정은 이미 오래전 에 장계를 올려 아뢰었지만, 평안도(平安道)와 황해도(黃海道) 양도 (兩道) 가운데서 머무르기에 편리한 곳을 택하고 대가(大駕)의 소식 을 자주 들으려 하였으나 이 양도(兩道)에는 적병이 가득하여 발을 붙일 곳이 전혀 없었습니다. 험한 길에 자빠지고 엎어지며 지금 이 천(伊川)에 도착하여 관동(關東)의 온당한 곳을 향하고자 하나, 얼핏 전해 듣건대 경성(京城)의 적이 철원(鐵原)을 경유하는 길로 김화(金 化) 등지로 향하고 수안(遂安) · 곡산(谷山) 등 여러 곳에도 또한 적에 관한 소문이 있다고 하니, 다시 정탐하여 향할 곳을 정하고자 잠시

본현(本縣: 이천)에 머무르며 군량미를 모으고 있습니다.

다만 인재를 거두어 쓰는 일을 생각하니 오직 작록(爵祿)과 포상(褒賞)에 달려 있으나, 이처럼 나라가 결딴난 때를 당하여서는 한 자의 베도 한 되의 곡식도 나누어줄 수가 없었습니다. 심지어 관직을 내리는 일은 비록 형편에 따라 적절히 일을 처리하라는 명이 있었지만, 동궁이 아주 온당치 않다고 여겨 자신을 배행(陪行)한 하찮은 벼슬아치를 승진시키거나 보임하는 일 외에는 일체를 감히 하지 않으려 합니다. 만약 이처럼 한갓 겸양함만 고집한다면 인심이 안정되기 어렵고 나라의 형세가 날로 고립되어 다시는 회복할 가망이 없어질 것인데도 일일이 우러러 대조(大朝: 宣祖)에게 아뢰려 하면 길이 막히고 멀어서 오가는 사이에만 걸핏하면 몇 개월이 걸릴 것이니, 앉아서 중요한 기회를 놓쳐 지극히 황공하고 답답할 것입니다.

어쩔 수 없이 제때 응당 보충해야 할 관원은 우선 임시로 임명하여 한편으로 일을 맡기고 다른 한편으로 장계로 아뢰겠습니다. 비록 몹시 혼란하고 어수선한 와중에 있더라도 강학관(講學官)의 인원을 갖추지 않아서는 안 되므로 본도(本道: 강원도)의 소모어사(召募御使) 허성(許筬)과 겸문학(兼文學) 전 현감(前縣監) 황신(黃愼)을 임시로 사서(司書)에 임명하였으며, 전 승지(前承旨) 강신(姜紳) 또한 상중(喪中)이더라도 벼슬에 나올 수 있게 하는 관례에 따라 관직을 주고 거두어 썼습니다. 그리고 각 도의 수령으로 현재 살아있는데도 숨어 피한 자 및 전장에서 교전하던 자와 더불어 죽은 사람 또한 미처 보충하지 않아 그 도(道)의 일을 수습할 사람이 없었는데, 오래도록 어떻게 되었는지 듣거나 보지 못한 고을을 수습할 만한 사람을 제수하려고 해도 그 일이 심히 중대하여 감히 형편에 따라 행할 수가 없으니 또한 답답할 것입니다.

각 도의 장계가 이곳을 지날 때 변경의 위급한 소식을 알고자 하는 데에 급급하여 동궁에게 아뢰고 열어본 후 다시 봉하여 올린 것은 지극히 온당치 않은 것입니다. 앞서 각 항목의 일은 온당치 못한 바가 있어도 길이 멀고 일이 다급하여 일에 따라 장계를 올려 아뢰지 못한 것은 지극히 황공할 뿐입니다.

十二日(己巳)。

留, 午後雨。○以不向江界事, 具由狀啓于行在所。○六月二十七日, 狀啓回還人, 持來有旨[100], 祗受後, 大駕留駐處, 更未得聞, 日夜西望, 拊膺罔極。行次陪來人員, 厥數本少, 而老病居多, 落後者亦有之, 驅馳峽嶺, 人馬疲頓, 驛路又絶, 道路梗塞, 行在問安, 自不能如意。前往三人, 亦皆不返, 尤爲憫泣。江界·咸興, 難往辭緣, 曾已啓聞[101], 而平·黃兩道中, 欲擇駐形便之地, 頻聞大駕消息, 而兩道賊兵充斥, 頓無寄足之處。間關顚仆, 今到伊川, 欲向關東安便之地, 而側聞京賊由鐵原[102]路, 向金化[103]等處, 遂安[104]·谷山諸處, 亦有聲息, 欲更體探, 以定所向,

---

100 有旨(유지): 임금의 분부를 전하는 문서.

101 啓聞(계문): 글로 임금에게 아뢰는 것.

102 鐵原(철원): 강원도 북서부에 있는 고을. 동쪽은 화천군, 서쪽은 연천군·포천시, 남쪽은 포천시, 북쪽은 평강군·김화군과 접한다.

103 金化(김화): 강원도 철원군에 있는 고을.

104 遂安(수안): 황해도 동북부에 있는 고을. 동쪽은 곡산군, 서쪽은 서흥군과 평안

姑留本縣, 召集兵糧。第念收攬人才, 唯在爵賞, 而當此板蕩之時, 無尺布斗粟[105], 可以俵給[106]。至於除拜一事, 雖有便宜從事[107]之命, 而東宮深以爲未安, 陪行微官陞補外, 一切不敢。若如是徒執謙讓, 則人心難定, 國勢日孤, 更無恢復之望, 欲一一仰稟大朝, 則道里阻敻, 往復之間, 動經數月, 坐失事機, 極爲惶憫。不得已及時應補之官, 姑爲權差[108], 一邊任事, 一邊啓稟。雖在搶攘[109]之中, 講官[110]不可不備員, 故以本道召募御使許筬[111],

───────

남도 중화군, 남쪽은 신계군, 북쪽은 평안남도 강동군·성천군과 접한다.

105 尺布斗粟(척포두속): 漢나라 文帝가 역모를 꾀한 아우 淮南王 劉長을 蜀에 귀양 보내 죽게 하자, 백성들이 천하를 소유하고도 아우 하나를 용납하지 못한 文帝를 두고 "한 자의 베도 바느질하여 함께 옷을 해 입을 수 있고, 한 말의 곡식도 절구질하여 함께 밥을 지어 먹을 수 있건만, 형제가 서로 용납하지 못하는구나.(一斗布尙可縫, 一斗粟尙可舂, 兄弟二人不能相容.)"라고 비난한 노래에서 나오는 말.

106 俵給(표급): 나누어 줌.

107 便宜從事(편의종사): 임금이 신하를 외방에 파견하면서, 형편에 따라 적절하게 일을 처리할 수 있게 하는 특권을 일컫는 말.

108 權差(권차): 임시로 벼슬을 임명함.

109 搶攘(창양): 몹시 혼란하고 어수선함.

110 講官(강관): 講學官. 元子나 元孫에게 학문을 가르치는 일을 맡은 벼슬아치. 堂上官으로 임명한다.

111 許筬(허성, 1548~1612): 본관은 陽川, 자는 功彦, 호는 岳麓·山前. 許篈·許筠의 형이고, 許蘭雪軒의 오빠이다. 1583년 별시문과에 급제하였다. 1590년 典籍으로서 通信使의 從事官이 되어 일본에 다녀왔다. 1592년 임진왜란이 일어나자 이조좌랑으로 강원도 소모어사를 자청하여 군병 모집에 진력하였다. 이어 응교·사인·집의를 거쳐, 1594년 이조 참의로 승진되었으며, 이듬해 대사성·대사간·부제학을 역임하였다. 이어 이조 참판을 지내고 전라도 안찰사로 나갔다가 예조와 병조의 판서에 제수되었으며, 그 뒤 이조판서에까지 이르렀다. 1607년 宣祖의 遺敎를 받게 되어 세인들이 顧命七臣이라 칭하게 되었다.

兼文學前縣監黃愼¹¹², 權差司書, 前承旨姜紳¹¹³, 亦依起復人例,
付職收用。而各道守令, 時存隱避者及身死與陣亡之人, 亦未塡
差¹¹⁴, 一道之事, 無人收拾, 欲爲聞見久曠之邑, 除授可堪之人,
而事涉重大, 不敢便行, 亦爲可憫。各道狀啓過此, 急於欲知邊
報, 稟于東宮, 開見後, 還爲封送, 極爲未安。向前各項之事, 有
所未安, 路遠事急, 不得隨事啓稟, 至爲惶恐。

7월 13일(경오)

비가 내려서 이날은 그대로 머물렀는데, 평강 현감(平康縣監) 남

---

112 黃愼(황신, 1560~1617): 본관은 昌原, 자는 思叔, 호는 秋浦. 1588년 문과에
    장원 급제하였다. 사헌부 감찰, 음죽 현감, 호조 좌랑, 병조 좌랑, 사간원정언을
    역임하였고, 1589년 鄭汝立의 옥사에 대해 논박했다가 고산 현감으로 좌천당했
    다. 1591년 왕세자 책봉을 건의하였다가 벼슬을 강등당한 鄭澈의 일파로 몰려
    파직되었다. 1592년 다시 기용되어 세자시강원 사서, 병조 좌랑, 사간원정언,
    사헌부 지평을 역임하였다. 1594년 명나라 장수 沈惟敬의 접반사로 부산에 머물
    렀고, 강화 회담을 위해 일본에 가는 심유경·楊邦亨 일행을 따라 통신사로서
    일본에 다녀왔다. 1602년 鄭仁弘의 탄핵으로 삭탈 관직되었으나 1605년 임진왜
    란 때의 공을 인정받아 扈聖宣武原從功臣에 책록되었다. 1609년 陳奏副使로
    명나라에 다녀온 이후 호조 참판, 공조판서·호조판서를 역임하였다. 1613년 계
    축옥사 때 옹진에 유배되어 1617년 세상을 떠났다.
113 姜紳(강신, 1543~1615): 본관은 晉州, 자는 勉卿, 호는 東皐. 1567년 수석으로
    진사가 되고, 1577년 별시 문과에 장원으로 급제하였다. 1589년 問事郞으로 鄭
    汝立獄事의 처리에 참여하여 공을 세우고 晉興君에 봉해졌다. 이조낭관·홍문
    관직을 역임하고, 1592년 승지로 있다가 임진왜란이 일어난 뒤 강원도 관찰사로
    임명되었고, 다시 강원도 순찰사를 거쳐 1594년 도승지, 1596년 西北面巡檢使
    와 대사간을 역임하였다. 정유재란 때 명나라 군사와 함께 왜군을 격퇴한 뒤에
    1602년 경기도 관찰사, 1609년 우참찬, 이듬해 좌참찬을 역임했다.
114 塡差(전차): 벼슬자리에 벼슬아치를 임명하고 보충함.

즙(南楫)이 찾아와서 동궁을 뵈었다.

十三日(庚午)。

雨, 是日留, 平康[115]縣監南楫[116], 來謁東宮。

7월 14일(신미)

비가 내려서 그대로 머물렀는데, 순찰사(巡察使) 이일(李鎰)이 찾아와서 동궁을 뵈었다.

十四日(辛未)。

雨留, 巡察使李鎰, 來謁東宮。

7월 15일(임신)

아침에 흐리고 비가 내렸지만, 왕세자가 자못 장사(將士)들을 모아 놓고 직접 회복의 뜻을 알렸다.

○장흥고(長興庫) 정 첨정(鄭僉正)의 계집종 언개(彦介)가 이곳 현리(縣吏)의 집으로 시집왔는데, 찾아와서 문안하고 때마다 밥상을 차려 보내는 것이 매우 정갈하였으며, 옷을 빠는 등의 일에 자못 부지런하였다.

十五日(壬申)。

朝陰雨, 王世子, 稍集將士, 面告恢復之意。○長興庫[117]鄭僉正

---

115 平康(평강): 강원도 서북단에 있는 고을. 동쪽은 회양군·김화군, 서쪽은 이천군, 남쪽은 철원군, 북쪽은 함경남도 안변군과 접한다.

116 南楫(남즙, 생몰년 미상): 본관은 宜寧, 자는 濟伯. 아버지는 南彦純이다.

117 長興庫(장흥고): 조선시대 돗자리·油紙·지물 등을 관리하던 호조에 속한 관청.

婢子彦介, 嫁來此縣吏家, 來見問安, 時時饋饌極精, 澣濯衣衫,
執勞頗勤。

7월 16일(계유)

초무관(招撫官) 이귀(李貴)가 군사를 모집하는 일로 떠난다는 것
을 고하고 떠나갔는데, 밤에 비가 내렸다.

十六日(癸酉)。

招撫官李貴[118], 以招募事, 告行出去, 夜雨。

7월 17일(갑술)

아침부터 비가 내리더니 저녁에야 개었다.

이날 빈청(賓廳)의 재신(宰臣)들과 다시 장계 1통을 봉하여 행재소
에 올렸다.

○지난번 돌아가는 의금부 도사(義禁府都事) 한응례(韓應禮)의 인
편에 장계를 지어 보냈으나, 도로가 막히고 멀어 소식을 오랫동안
전하지 못하고 대가(大駕)의 평안하다는 소식을 듣지 못하니 밤낮으
로 근심하여 웁니다.

---

118 李貴(이귀, 1557~1633): 본관은 延安, 자는 玉汝, 호는 默齋. 1592년 임진왜란
   이 일어나자 의병을 일으키고, 평양으로 피난한 선조를 찾아가 방어대책을 올렸
   다. 이어 삼도소모관·삼도선유관으로 임명되어 군사·군량·군마 등의 모집과
   수송을 맡았다. 특히 도체찰사 유성룡을 도와 모집한 군졸과 양곡을 개성으로
   운반하여 한성을 탈환하는 데 크게 기여했다. 1626년 병조·이조의 판서에 올랐
   으나 같은 해 김장생과 함께 인헌왕후의 상을 만 2년으로 할 것을 주장하다가
   대간의 탄핵을 받고 벼슬에서 물러났다.

  동궁의 행차가 가파르고 험한 산속의 골짜기를 지나며 따르던 관원들이 뒤떨어져 흩어지니, 온갖 어려움과 고생을 겪고서 이천(伊川)과 가까운 고을에 이르렀습니다. 피란했던 조정의 신하들이 차츰차츰 모여들었는데, 동지(同知) 정윤복(丁胤福), 이조 참의(吏曹參議) 홍혼(洪渾), 전 주서(前注書) 박문서(朴文叙), 전 대교(前待敎) 황극중(黃克中), 직장(直長) 최준(崔浚), 봉사(奉事) 구곤원(具坤源), 전 군수 김은휘(金殷輝) 등 및 종실(宗室) 원천군(原川君: 李徽), 서흥 도정(西興都正: 李鶴貞인 듯) 등이 잇달아 오고, 호조 판서(戶曹判書) 한준(韓準)이 영변(寧邊)에서 뒤쫓아 온 데다 정언(正言) 윤형(尹涧) 또한 와서 인사(人士)들이 조금씩 모이게 되자 겨우 체모(體貌)를 갖추었습니다.

  대저 서경(西京: 평양)을 지키지 못한 이후부터 온 나라의 인민(人民)이 대가(大駕)가 있는 곳을 미처 알지 못하여 간절한 마음으로 슬피 사모하고 있었는데, 동궁이 왔다는 소식을 듣고서는 민심이 매우 기뻐하여 마치 다시 살아난 듯하였으니, 도망쳐 숨었던 수령들도 점차 자신의 관직으로 되돌아오고 호령 또한 시행되어 회복의 기회를 조금 기대할 만합니다. 이일(李鎰)이 군사를 모집하여 현재 토산(兎山) 땅에 머물러 있는데, 처음에는 곧장 평양(平壤) 근처로 진군하게 해 도원수(都元帥)와 양쪽에서 협공할 수 있는 기각지세(掎角之勢)를 이루도록 하여 적의 예봉을 견제하고자 하였습니다. 그러나 임시로 모인 취약한 군대가 대적(大敵)을 공격하기 어려울 뿐만 아니라, 동궁의 행차가 도적 무리의 포위망 속에 있으면서도 일려(一旅: 500명)의 병졸조차도 없어서 지극히 염려되었으므로 이곳에 오도록 불렀습니다. 그 뒤 이귀(李貴) 및 명성도정(明城都正: 李緈)이 모집한 병사 수백여 명에 본도(本道: 강원도)의 병사들을 아울러 합치니 천여 명이나 되어 군대의 위세가 전보다 조금 진작되었으나, 여러 고을이 모두 쑥밭이 되어 관아에는 1되의 곡식조차 없어서 일행에 대한 지공(支供: 음식물 제공)과 허다한 군량을 아무리 생각해도 마련할 계책이 없으니 장차 저절로 무너질 화(禍)가 있을 것입니다. 마지못한 상황에서 가까운 고을에 보병(步兵)들의 가포(價布: 군역 대신 바치던 포목)를 절반으로 낮추어 대신 쌀로 바치게 하고, 올해의 공목(貢木: 貢物로 바치던 疋木) 또한 대신 쌀로 내게 하되 바치는 것을 줄여 가볍게 하라는 뜻으로 이미 공문을 보냈습니다.

심지어 군사가 번(番)을 들게 하는 것도 이전에 비록 잠시 멈추라는 명이 있었습니다만, 지금 병사를 모으기가 극히 어려운 데다 또 생각해 보면 난리를 겪으면서 무지한 백성들이 나라가 있는 것은 알지 못하고 점차 뿔뿔이 흩어져서 기강이 없는 것도 염려스럽습니다. 까닭에 인근의 도(道)에서 병화(兵禍)를 입지 않은 곳의 군사는 법규대로 번을 들게 하였으나, 황해도(黃海道)는 관서(關西)와 가까워서 행재소로 보내도록 아울러 명을 내려 알려주었습니다.

이일(李鎰)의 출정 군사들은 여러 번 전투를 치렀지만 도망가거나 흩어지지 않았을 뿐만 아니라 나라를 위해 수고스러움이 가여우나, 더러는 이미 상으로 품직(品職)을 받았을지언정 아직 고신(告身: 임명장)을 받지 못한 자도 있고, 더러는 군공(軍功)을 장계로 아뢰었을지언정 중도에서 진달(進達)되지 못한 자도 있습니다. 호소사(呼召使: 號召使) 황정욱(黃廷彧)이 군사를 모집할 때 평민은 금군(禁軍)에 제수하고 공사천(公私賤: 공사노비)은 신역(身役)을 면제하도록 하겠다며 약속하면서 향을 피워 맹세하였는데, 지금 만약 신의를 잃으면 군사들의 마음이 해이해져서 장차 뿔뿔이 흩어지기에 이를 것이므로 포상을 조금 하였습니다. 그러나 병조(兵曹)에게 임금을 곁에서 호위하는 중대한 일뿐만 아니라 군사를 점점 많이 모으는 것까지 전적으로 맡길 수가 없습니다. 박종남(朴宗男)·강신(姜紳)은 참지(參知: 병조 참지)에 임시로 임명하였고, 정희현(鄭希賢: 鄭希玄의 오기)은 일찍이 군공(軍功)을 세워 부정(副正)에 제수하였으나, 모두 관교(官敎: 임금의 임명장)가 없습니다. 박종남·강신·정희현 세 사람의 관교를 만들어 보내는 것이 어떠하겠습니까?

김화(金化)와 금성(金城)의 두 고을 수령은 변란 초기부터 멀리 도망쳤고, 평강 현감(平康縣監) 또한 달아나 숨었으며, 마전 군수(麻田郡守: 朴致弘)는 간 곳을 알 수 없었고, 곡산 군수(谷山郡守)는 행차가 지나오는 때에도 전혀 나와서 대기하지도 않아서 이미 대간(臺諫)의 탄핵을 받았습니다. 영흥(永興)·덕원(德原: 德源의 오기)에서 진(陣)이 없어진 지 이미 오래되었고, 회양 부사(淮陽府使) 또한 왜적에게 죽임을 당했습니다. 그 밖의 충주(忠州)·안동(安東) 등과 같은 도회지 또한 오래도록 비어 있습니다. 이처럼 허다한 고을들이 왜적의 수중에 넘겨졌는데 수습할 사람이 없어서 지극히 염려가 됩니다. 행차가 주둔한 곳이라고 아주 가까운 군현(郡縣) 외에는 차출하기가 온당치 못하여 우선 조정의 명령을 기다리고 있습니다.

대개 병화(兵禍)를 입은 각 고을의 수령들은 소문만 듣고도 도망쳐 숨지 않는 이가 없었으나, 토산 현감(兎山縣監) 이희원(李希愿)과

철원 부사(鐵原府使) 김협(金俠)은 고을의 일에 마음을 다하며 백성
과 군사들을 불러 모아 의연히 굳게 지킬 계획을 세우니 온 고을의
사람들이 수령을 믿고 흩어지지 않았으며, 이천 현감(伊川縣監) 유
대정(兪大禎)은 관직에 있으며 정사를 처리할 때 잘 처리하는 재간
이 자못 있어서 지공(支供: 음식물 제공)과 궤향(饋餉: 군량 제공)에 갖
은 힘을 다하여 조금도 모자라지 않게 하였으니 아울러 가상히 여길
만합니다.

남쪽의 군대가 올라온 후로부터 연달아 승리를 거두어 적의 기세
가 갑자기 꺾여서 성안에 잔류한 왜적이 매우 적다고 하였으나, 떠
도는 말들이 거짓말인지 참말인지 알 수 없어서 이제 막 정탐하려
합니다. 그런데 해서(海西: 황해도)의 적들이 각 고을에 머물러 진을
치고 거리낌 없이 제멋대로 노략질하는데, 그 세력이 대단히 커서
동궁의 행차가 머무는 곳마저 편하고 편리한 곳으로 되지 못할까
몹시 답답하고 걱정스럽습니다. 우선 이곳에 머물며 멀리멀리 정탐
하여 적의 기세가 굳건한지를 살펴서 거취를 정할 것인지 헤아려
보겠습니다.

十七日(甲戌)。

朝雨夕晴。是日, 與賓廳[119]諸宰, 又封狀啓一道于行在所。○
頃因義禁府都事韓應禮之歸, 憑修狀啓, 道路阻夐, 音聞久曠, 未
審大駕平安消息, 日夜憫泣。東宮行次, 崎嶇[120]山峽, 從官散落,

---

119 賓廳(빈청): 조선시대 궁중에 설치한 회의실. 영의정·좌의정·우의정의 3정승
   과, 정2품 이상 고위관직자가 모여 국사에 관한 중요한 안건을 협의하였다.

艱苦萬狀, 及到伊川近邑。避亂朝士, 稍稍來會, 同知丁胤福¹²¹·
吏曹參議洪渾·前注書朴文叙¹²²·前待敎黃克中¹²³·直長崔浚¹²⁴·
奉事具坤源¹²⁵·前郡守金殷輝¹²⁶等及宗室原川君¹²⁷·西興都

---

120 崎嶇(기구): 산이 가파르고 험함.

121 丁胤福(정윤복, 1544~1592): 본관은 羅州, 자는 介錫. 1567년 사마시에 합격
하고, 그 해 식년 문과에 급제, 승문원에 등용되고, 이어 예조 좌랑·우승지·대
사성·부제학·도승지·병조판서·동지중추부사 등을 지냈다. 1589년 鄭汝立
의 난이 일어나자 정여립과 친하였다는 이유로 사간원의 탄핵을 받아 파직되었
다가 다시 행호군으로 보직되었다. 1592년 임진왜란 때 東西路號召使로 기용되
고, 이어 右統禦使가 되었다. 宣祖가 북쪽으로 피란할 때 다리가 불편하여 따라
가지 못하고, 分朝인 伊川으로 가서 병조참판을 제수받고 가산군에 이르렀을
때 병이 심해져 죽었다.

122 朴文叙(박문서, 1561~1621): 본관은 密陽, 개명은 朴彝叙, 자는 錫吾, 호는 泌
川·東皐. 1588년 알성 문과에 급제, 成均館學諭·軍資監參奉 거쳐 承文院注
書가 되어 사관을 겸임하였다. 1592년 임진왜란이 일어나자, 병조 좌랑으로 分
朝를 陪從하고, 순찰사 종사관이 되어 해서의 군량을 담당하였다. 그 뒤 司諫院
正言·예조 좌랑을 지내고, 1596년 海西督運御史로 나갔다가 돌아와 홍문관교
리가 되었다. 1599년 李爾瞻·洪汝諄 등의 세력이 강대해지자 탄핵했다가, 도
리어 南以恭·金藎國과 붕당을 만든다고 탄핵받아 관작을 빼앗기고 여주에서
8년간 은둔하였다.

123 黃克中(황극중, 1552~1603): 본관은 昌原, 자는 和甫. 1576년 사마시에 합격
하여 생원이 되었고, 이어 1585년 별시문과에 급제하여 승정원 주서와 예문관
봉교를 역임하였다. 그 뒤 사간원정언이 되었는데, 1592년 임진왜란이 발생하자
민심 수습의 중요성을 강조하였다. 1594년 경기지방의 어사가 되어 전쟁 중에
기승을 부리고 있던 도적의 심각한 폐해 상황을 조정에 보고하였고, 1598년 상
주 목사를 지냈다.

124 崔浚(최준, 1550~?): 본관은 楊州, 자는 德遠, 호는 孤山. 송강 정철의 생질이
다. 1570년 식년시에 합격하고, 그 뒤 世子翊衛司洗馬를 거쳐 호조 좌랑, 호조
정랑, 공조 좌랑, 공조 정랑, 형조좌랑, 형조정랑, 軍資監正을 지냈으며 외직으
로 新溪縣令을 지냈다. 1592년 광해군 분조에 참여하였고, 1602년 振威縣令,
장례원 판결사에 올랐다.

正¹²⁸等, 相繼來到, 戶曹判書韓準¹²⁹, 自寧邊追到, 正言尹泂¹³⁰亦

---

125 具坤源(구곤원, 1550~?): 본관은 綾城, 자는 大容. 洪翼漢의 장인이다. 1570
년 식년시에 급제하고, 1581년 東部參奉의 소임을 맡고 있을 때 가정 내에서의
행실이 나쁘다는 이유로 사헌부로부터 탄핵을 받고 파직되었다. 1598년 嘉山郡
守로 재직 중 여건에 대한 불만을 품고 부임지에 나아가지 않았다는 죄목으로
사헌부로부터 재차 탄핵을 당하였다. 1605년 江西縣令에 임명되었다.

126 金殷輝(김은휘, 1541~1611): 본관은 光山, 자는 景晦. 음보로 活人署別提·司圃
署別提·水運判官·通禮院引義·감찰·宗簿寺主簿·호조 좌랑·공조 좌랑·
형조정랑·호조정랑 등을 역임하였다. 외직으로는 교하 현감·임피 현령 및 청도·
단양 등 여러 고을의 군수를 거쳐 廣州牧使를 지냈다. 1592년 임진왜란이 일어나
자 의병을 모집, 체찰사 鄭澈의 종사관으로 종군하였다. 이듬해 관병과 의병의
연합군을 이끌고 오산의 禿城山城을 지키다가 정철이 무고를 당하자 낙향하였다.

127 原川君(원천군): 李徽(1533~1594)의 봉호. 본관은 全州, 자는 士美. 처음 原川
副尉에 봉해지고 이어서 原川君에 봉해졌다. 1592년 임진왜란이 일어나자 특명
으로 오위도총부 도총관에 임명되어 서울의 수비를 맡았다. 그 뒤 세자 광해군을
호종하여 각지를 돌면서 근왕병을 모집하여 적의 공격에 대비하였다.

128 李鶴貞(이학정, 1549~1608): 종실. 中宗의 서자인 海安君 李㟹의 둘째 서자.
西興守에 봉해졌다.

129 韓準(한준, 1542~1601): 본관은 淸州, 자는 公則, 호는 南崗. 1566년 별시 문과
에 급제하여 예문관에 등용되었다. 예조 좌랑·장령·좌승지·전라도 관찰사·
호조 참판 등을 지냈다. 1588년 우참찬이 되어 聖節使로 명나라에 다녀와 황해
도 관찰사가 되었다. 이듬해 안악 군수 李軸, 재령 군수 韓應寅 등이 연명으로
鄭汝立의 모역 사건을 알리는 告變書를 조정에 비밀 장계로 올렸다. 그 공으로
1590년 平難功臣 2등이 되고 좌참찬에 올라 淸川君에 봉해졌다. 1592년 임진왜
란 때 호조 판서로 順和君을 호종, 강원도로 피난하였고, 이듬해 한성부판윤에
전임되었으며, 進賀兼奏聞使로 다시 명나라에 다녀와 이조판서가 되고, 1595년
謝恩兼奏請使로 또다시 명나라에 다녀왔다.

130 尹泂(윤형, 1549~1614): 본관은 茂松, 자는 而遠, 호는 退村. 1576년 진사시와
생원시에 모두 합격하고, 1586년 별시 문과에 급제해 권지부정자에 임명되었다.
1592년 사간원 正言이 되어 세자시강원 司書를 겸임하였다. 그해 임진왜란 일
어나서 광해군이 분조를 이끌고 남쪽으로 내려가서 왜적과 싸우자, 윤형도 평안
도 成川에서 세자와 함께 남행하며 경솔하게 적병의 길로 들어갔다고 하여 대간

爲來到, 人士稍集, 粗成體貌。大抵自西京失守之後, 一國人民,
未知大駕所在, 顒望[131]悲慕, 及聞東宮來臨, 人心歡悅, 有若再
生, 逃竄守令, 漸復官守[132], 號令亦行, 恢復之機, 稍有可望。李
鎰募軍, 方住兔山[133]地, 初欲令直進平壤近地, 與都元帥掎角[134],
牽綴賊鋒矣。非但其烏合孤弱之兵, 難犯大敵, 行次在群盜四圍
中, 而無一旅[135]之卒, 極爲憫慮, 故召來于此。其後, 李貴及明城
都正[136], 募得兵數百餘人, 幷本道兵, 合千餘人, 軍勢比前稍振,
而列邑皆蕩殘, 官無升穀, 一行支供[137], 許多軍糧, 百計無策, 將

의 탄핵을 받았지만, 1593년 성균관 사성에 임명되어 의주의 행재소로 가서 선
조를 호종하였으며, 한양으로 환도한 뒤에는 군기시 정에 임명되었다. 1596년
사간원 獻納이 되었고, 종부시 정을 거쳐서, 사헌부 掌令에 임명되었다. 1597년
사간원 司諫을 거쳐, 승정원 同副承旨로 발탁되었고, 명나라 副摠兵 吳惟忠이
명나라 군사를 이끌고 오자, 그 接伴使가 되어, 명나라 군사를 안내하였다. 1599
년 형조 參議가 되었다가, 승정원 左副承旨를 거쳐서, 右副承旨로 옮겼다.
1600년 漢城府右尹이 되었다가, 공조 參判에 임명되어, 義禁府 同知事·五衛
都摠府 都摠管을 겸임하였다.

131 顒望(옹망): 크게 우러러 바람.

132 官守(관수): 관리로서의 직책.

133 兔山(토산): 황해도 금천 지역의 옛 지명. 조선시대에 이 지역은 임진강의 지류
인 東大川 유역의 용암지대로 산지에 둘러싸여 있는 곳이었다. 1636년 병자호란
때 아군이 큰 피해를 겪은 지역이다. 당시 동쪽으로 石峴을 넘어 平山·신계,
서쪽으로는 삭녕과 연결되는 도로가 발달하였다.

134 掎角(기각): 掎角之勢. 사슴의 뒤 발목과 뿔을 양쪽에서 잡아당기는 형세. 곧
앞뒤에서 적을 몰아칠 수 있는 양면 작전의 형세를 말한다.

135 一旅(일려): 병사 500명을 일컫던 말.

136 明城都正(명성도정): 李綧(생몰년 미상). 본관은 全州. 延昌君 李鶴壽의 서자.
〈宣武原從功臣錄券〉에 1등 공신으로 기록되어 있다.

137 支供(지공): 음식물을 이바지함.

有自潰之患。勢不獲已, 近邑步兵價布[138], 咸半作米捧上[139], 今
年貢木[140], 亦爲作米, 輕歇捧上之意, 已爲行移。至於軍士上番,
前雖有姑停之命, 而卽今聚兵極難, 且念經亂, 無知之民, 不知有
國家, 漸至渙散無統, 亦爲可慮。故近道不爲被兵處, 令依法上
番, 而黃海道, 則近於關西, 使之起送[141]行在事, 并爲知委[142]矣。
李鎰戰士, 非但屢經戰陣, 不爲逃散, 勤勞可矜。而或有已受賞
職, 而未得告身[143]者; 或有啓聞軍功, 而中路未達者。呼召使[144]
黃廷彧[145], 募軍時約, 以平民則禁軍[146]除授, 公私賤則許令免役,

---

138 價布(가포): 일정한 身役을 치러야 할 사람이 나아가지 아니하고 그 대신 바치는
   포목.

139 捧上(봉상): 물품 따위를 바침.

140 貢木(공목): 논밭의 結稅로 바치던 무명. 貢物로 받은 正木.

141 起送(기송): 사람을 보냄.

142 知委(지위): 명령을 내려 알려줌.

143 告身(고신): 조선시대 관원에게 품계와 관직을 수여할 때 발급하던 임명장. 辭令
   狀·謝帖·職牒(職帖)·官教·敎牒 등으로도 불린다.

144 呼召使(호소사): 號召使. 난리가 났을 때 임금의 명령을 받고 지방에 나가서
   군사를 불러 모으는 일을 맡은 임시 벼슬.

145 黃廷彧(황정욱, 1532~1607): 본관은 長水, 자는 景文, 호는 芝川. 1592년 임진
   왜란이 일어나자 號召使가 되어 왕자 順和君을 陪從, 강원도에서 의병을 모으
   는 격문을 8도에 돌렸고, 왜군의 진격으로 會寧에 들어갔다가 모반자 鞠景仁에
   의해 임해군·순화군 두 왕자와 함께 安邊 토굴에 감금되었다. 이때 왜장 加藤
   淸正으로부터 선조에게 항복 권유의 상소문을 쓰라고 강요받고 이를 거부하였
   으나, 왕자를 죽인다는 위협에 아들 赫이 대필하였다. 이에 그는 항복을 권유하
   는 내용이 거짓임을 밝히는 또 한 장의 글을 썼으나, 體察使의 농간으로 아들의
   글만이 보내져 뜻을 이루지 못하고 이듬해 부산에서 풀려나온 뒤 앞서의 항복
   권유문 때문에 東人들의 탄핵을 받고 吉州에 유배되고, 1597년 석방되었으나
   復官되지 못한 채 죽었다.

焚香成誓, 今若失信, 則軍情解體, 將至離散, 故略示褒賞。而兵
曹, 非但侍衛關重[147], 聚兵漸多, 不可專委。朴宗男・姜紳, 參知權
差, 鄭希賢[148]曾以軍功, 副正除授, 而幷無官敎。朴宗男・姜紳・鄭
希賢, 三人官敎, 成送何如? 金化・金城[149], 兩邑守令, 自變初遠
遁; 平康縣監, 亦爲逃竄; 麻田[150]郡守[151], 不知去處; 谷山郡守,
行次過來之時, 全不出待, 已被臺劾。永興[152]・德原[153], 陣亡已
久, 淮陽府使, 亦爲倭賊所殺。其他如忠州[154]・安東[155]等大處, 亦
爲久曠。如此許多郡邑, 委之賊手, 無人收拾, 極爲可慮。而行次
所駐處, 切近郡縣外, 差出未安, 姑待朝廷命令。大槪被兵處, 各

---

146 禁軍(금군): 궁중을 수비하고 임금을 호위하던 군사.

147 關重(관중): 중대한 관계가 있음.

148 鄭希賢(정희현): 鄭希玄(1555~?)의 오기(이하 동일). 본관은 河東, 자는 德容.
  1583년 무과에 급제하였다. 1592년 平山府使, 1596년 北道虞候, 1607년 加里
  浦僉使를 역임했으나 매번 파직당하기도 하였다.

149 金城(금성): 강원도 김화군 금성면. 동쪽과 북쪽은 회양, 서쪽은 평강, 남쪽은
  낭천・김화와 접한다.

150 麻田(마전): 경기도 연천군 미산면에 있는 고을.

151 麻田郡守(마전군수): 朴致弘(생몰년 미상)을 가리킴. 본관은 尙州. 朴忠侃의
  서자이다.

152 永興(영흥): 함경남도 남부에 있는 고을. 동쪽은 동해, 동북쪽은 정평군, 서쪽은
  낭림산맥으로 평안남도 맹산군・양덕군, 북쪽은 영원군, 남쪽은 고원군・문천군
  과 접한다.

153 德原(덕원): 德源의 오기.(이하 동일) 함경남도 문천・원산 지역의 옛 지명.

154 忠州(충주): 충청북도 북부에 있는 고을. 동쪽은 제천시, 서쪽은 음성군, 남쪽은
  괴산군, 북쪽은 강원도 원주시・경기도 여주시와 접한다.

155 安東(안동): 경상북도 북부 중심에 있는 고을. 동쪽은 영양군・청송군, 서쪽은
  예천군, 남쪽은 의성군, 북쪽은 영주시・봉화군과 접한다.

邑守宰, 莫不望風逃竄, 而兎山縣監李希愿[156]·鐵原府使金俠,
盡心官事, 召聚民兵, 毅然有固守之計, 一邑之人, 恃以不散, 伊
川縣監兪大禎, 居官處事, 頗有幹辦之才, 支供饋餉, 盡力無欠,
幷爲可嘉。自南兵上來之後, 連得捷獲, 賊勢頓挫, 城中留倭甚
少云, 流播之言, 未知虛的, 今方偵探。而海西之賊, 留屯各邑,
傍肆[157]抄略, 其勢浩大, 行次所駐處, 未得安便之地, 至爲憫慮。
姑爲留此, 遠遠偵探, 觀賊勢緊歇, 以定去就計料。

7월 18일(을해)

맑았다.

우계(牛溪) 성혼(成渾)의 편지가 우의정(右議政: 兪泓)에게 도착하
였다.

○이때 적의 기세가 등등하였는데, 삼면(三面)이 다 그러하여 앞
으로 나아갈 수가 없어서 그대로 행차가 체류하게 되자, 모든 관원
이 당초에 건의한 사람들에게 허물을 돌렸다.

○이날 이흠재(李欽哉: 李憲國)에게 풀쌀 1되를 구하여 노비 막동
(莫同)에게 주고서 때 묻은 더러운 옷을 빨도록 하였다.

十八日(乙亥)。

晴。牛溪成渾[158]浩源[159]書來到右台[160]。○是時, 賊勢鴟張[161],

---

156 李希愿(이희원, 1538~1608): 본관은 全義, 자는 子厚·士謹. 1568년 진사시에
 합격하고 음직으로 관직에 나아가 1592년 兎山縣監을 지냈다. 1601년 여주 목
 사에 제수되었고, 1603년 司正, 1604년 홍주목사에 제수되었다.
157 傍肆(방사): 放肆의 오기. 제멋대로 행동하며 거리끼고 어려워하는 데가 없음.

三面皆然, 不得前進, 仍留滯行, 大小人員[162], 歸咎當初建議者。
〇是日, 乞膠米[163]一升於李欽哉, 付奴莫同, 澣濯[164]垢汚。

7월 19일(병자)

비가 내렸다.

이날 들건대 왜적이 이달 17일 이미 곡산(谷山)에 쳐들어갔다고 하였다.

十九日(丙子)。

雨。是日, 聞倭賊本月十七日, 已入谷山云。

158 成渾(성혼, 1535~1598): 본관은 昌寧, 자는 浩原, 호는 默庵・牛溪. 1594년 石潭精舍에서 서울로 들어와 備局堂上・좌참찬에 있으면서 〈편의시무14조〉를 올렸다. 그러나 이 건의는 시행되지 못하였다. 이 무렵 명나라는 명군을 전면 철군시키면서 대왜 강화를 강력히 요구해와 그는 영의정 柳成龍과 함께 명나라의 요청에 따르자고 건의하였다. 그리고 또 許和緩兵(군사적인 대치 상태를 풀어 강화함)을 건의한 李廷馣을 옹호하다가 선조의 미움을 받았다. 특히 왜적과 내통하며 강화를 주장한 邊蒙龍에게 왕은 비망기를 내렸는데, 여기에 有識人의 동조자가 있다고 지적하여 선조는 은근히 성혼을 암시하였다. 이에 그는 용산으로 나와 乞骸疏(나이가 많은 관원이 사직을 원하는 소)를 올린 후, 그 길로 사직하고 연안의 角山에 우거하다가 1595년 2월 파산의 고향으로 돌아왔다.
159 浩源(호원): 浩原의 오기.
160 右台(우태): 조선시대 의정부의 右議政을 달리 이르는 말.
161 鴟張(치장): 소리가 날개를 활짝 폈다는 뜻으로, 기세가 등등함을 비유하여 이르는 말.
162 大小人員(대소인원): 높은 관원과 낮은 관원을 합친 모든 관원.
163 膠米(교미): 풀쌀. 풀을 쑤려고 마련한 멥쌀.
164 澣濯(한탁): 때 묻은 옷을 빪.

7월 20일(정축)

류인지(柳訒之: 柳祖訒)가 찾아왔다. 이날 저녁에 총부(摠府: 都摠府)에서 숙직하였다.

二十日(丁丑)。

柳訒之來訪。是夕, 入直摠府。

7월 21일(무인)

왕세자가 비변사 당상(備邊司堂上)들을 불러들여 만나보았다.

二十一日(戊寅)。

王世子引見備邊堂上。

7월 22일(기묘)

비가 내렸다.

강신(姜紳)을 병조 참지(兵曹參知)로 삼고, 박종남(朴宗男)을 춘천 부사(春川府使)로 삼았다.

二十二日(己卯)。

雨。姜紳爲兵曹參知, 朴宗男爲春川府使。

7월 23일(경진)

아침에 비가 내렸다.

이날 또 장계 1통을 봉하여 행재소에 올렸다.

○근래 줄곧 행재소의 소식을 듣지 못하니 밤낮으로 근심하여 웁니다. 동궁의 행차는 여전히 이천(伊川)에 머물러 있습니다. 본현(本縣: 이천현)의 사방에는 이를테면 곡산(谷山), 우봉(牛峯), 김화(金化),

마전(麻田)이 모두 적의 침략을 받았으나, 다만 장맛비가 계속되어 강물이 넘실대는데 힘입어 이것을 믿고서 막을 수 있을 것으로 여기고 있습니다. 만약 강물이 점차 줄어든다면 매우 염려스러우니, 적의 기세가 굳건한지를 살펴서 편의에 따라 옮겨 피할 계획입니다.

근래에 각 도(道)의 형세를 보건대 여러 고을의 수령이 전장에서 죽거나 고을을 버리고 도망하거나 죽임을 당하거나 하여서 수령이 없는 고을 아닌 곳이 없어 백성들이 어지러이 흩어져서 죽이고 노략질하거나 공격하고 약탈하거나 하니, 바로 지금 급한 일은 각 고을 수령의 자리가 비는 대로 채워 임명하여 고을의 업무를 처리하며 민병(民兵)을 불러 모으게 하는 것만 한 것이 없습니다. 그러나 행재소가 아득히 멀어서 주상의 말씀과 소식이 통하기 어려워 동궁이 행차해 있는 곳에서는 근방의 수령을 임명하는 것밖에 여러 다른 고을의 수령은 감히 직접 제수하지 못하고 있는데, 이 때문에 수령의 자리가 비어 있는 고을이 매우 많아서 적을 토벌하는데 두서가 전혀 없으니 참으로 작은 걱정거리가 아닙니다.

춘천(春川)은 영서(嶺西) 지역의 큰 고을인데도 오랫동안 병화를 입지 않았는데, 본도(本道: 강원도)의 관찰사(觀察使: 柳永吉)가 이곳을 근거로 하여 방비책을 조치하였습니다. 만약 춘천을 지키지 못한다면 가평(加平)·양근(楊根) 등지와 같은 지역 또한 지키고 보존하기가 어려울 것입니다. 왜적 침략의 방비를 위한 가장 요충지인데도 경기 감사(京畿監司) 권징(權徵)의 치보(馳報: 급한 보고)에 따르면, 부사(府使: 춘천부사) 조인후(趙仁後)는 몸에 중병이 있다며 여러 차례 도망쳐 피하여 본읍(本邑: 춘천)이 장차 버려진 땅이 되게 생겼

다고 하였으므로 박종남(朴宗男)을 부사(府使)에 임시로 임명하여
고을을 지키도록 하였습니다. 여주 목사(驪州牧使) 원호(元豪)는 적
과 싸우다가 적에게 해를 당했으나, 본읍(本邑: 춘천)은 돌아가는 왜
적에게 있어서 요충지가 되니 하루라도 주력이 되는 군대가 없어서
는 안 될 것인데, 방금 경기 감사(京畿監司: 권징)의 치보(馳報)를 접
수한 것에 의하면 전 승지(前承旨) 성영(成泳)이 군사 천여 명을 모집
하여 본주(本州: 여주) 땅에 있다고 하였으므로 인하여 여주 목사에
임시로 임명하였습니다. 전 부사(前府使) 김천일(金千鎰)은 대의를
주창하여 의병을 일으켜 호남(湖南)에서 근기(近畿)에 도착하였으니
충의(忠義)가 가상하나 아직 직함이 없어서 자신이 통솔하고 군사들
을 호령할 수가 없습니다. 또한 양남(兩南: 경상도와 전라도)에서 대의
를 주창한 사람들이 서로 잇달아 일어나고 있으니, 격려하고 권면
하는 방도를 또한 생각해 보지 않을 수 없으므로 김천일을 중추부사
(中樞府事)에 품계를 올려 제수하였지만 지극히 온당치 못한 것입니
다. 춘천 부사(春川府使) 박종남과 여주 목사(驪州牧使) 성영의 관교
(官敎: 임금의 임명장)를 아울러 만들어 보내는 것이 어떠하겠습니까?

광주(廣州)에서 모은 군사들이 많게는 수천 명에까지 이르렀는
데, 변언수(邊彦琇)가 그 군사들을 거느리고 주둔하였으나 갑자기
들이닥치는 적을 만나게 되자, 변언수는 능히 진용을 갖추지 못하
고 왜적의 얼굴도 보지 않고서 먼저 달아났습니다. 경기 감사(京畿
監司: 권징)가 장계로 급히 그의 죄를 청하였는데, 백의종사(白衣從
事)를 하도록 하여 후일에 공을 세울 수 있도록 하자고 하였습니다.

남쪽의 군대가 인천(仁川)·안산(安山)에 와서 주둔하고 있다고

하는데, 군사들의 수가 많은지 적은지는 정확하게 알 수 없고, 승리
했다는 말도 때로는 간혹 들려오나 그대로 믿을 수가 없습니다. 경
성(京城)에 있는 적을 다시 정탐해 보니, 그 수가 전보다 매우 적습
니다. 당병(唐兵: 명나라 군대)이 이미 압록강(鴨綠江)을 건넜다고 하
나, 다만 전해 들었을 뿐이라서 어디에 도착했는지 알지 못하여 지
극히 답답하고 걱정스럽습니다.

二十三日(庚辰)。

朝雨。是日, 又封狀啓一道于行在所。○近日, 一向[165]未聞行
在消息, 日夜憫泣。東宮行次, 尙住伊川。本縣四面, 如谷山·牛
峯[166]·金化·麻田, 皆有賊耗, 而只賴雨水連綿, 江川漲溢, 恃以
爲防。若江灘漸縮, 則極爲可慮, 觀賊勢緊歇, 隨便移避伏計。近
觀各道形勢, 列邑守令, 或陣亡, 或棄邑, 或身死, 無非無守之邑,
民皆散亂, 殺掠攻劫, 當今急務, 莫如各邑守令, 隨闕塡差, 使之
經理邑務, 召聚民兵。而行在遙遠, 聲聞難通, 東宮行次, 傍近守
令外, 其他諸邑, 不敢除差。以此空曠之邑極多, 討賊了無頭緖,
誠非細慮。春川爲嶺西大邑, 久不被兵, 本道方伯, 據此而措置
防備。若春川失守, 則如加平[167]·楊根[168]等處, 亦難保守。最爲
關防[169]要害之地, 而京畿監司權徵[170]馳報內, 府使趙仁後[171], 身

---

165 一向(일향): 꾸준히. 줄곧.
166 牛峯(우봉): 황해도 금천군 우봉면 일대.
167 加平(가평): 경기도 동북부에 있는 고을. 동쪽은 강원도 춘천시·홍천군, 서쪽은
    경기도 남양주시·포천시, 남쪽은 경기도 양평군, 북쪽은 강원도 화천군과 접한다.
168 楊根(양근): 경기도 양평군 중앙에 있는 고을.

有重病, 累次遁避, 使本邑將爲棄地云, 故朴宗男, 府使權差, 使
之把守。驪州[172]牧使元豪[173], 與賊戰, 爲賊所害, 而本邑, 在歸
賊, 要衝之地, 不可一日無主軍, 卽接[174]京畿監司馳報, 則前承旨

---

169 關防(관방): 關門을 만들어 외적을 방어하는 곳.

170 權徵(권징, 1538~1598): 본관은 安東, 자는 而遠, 호는 松菴. 1586년 형조참판
이 되고 전후해서 충청·함경도 관찰사를 거쳐, 1589년 병조판서로 승진하였다.
그러나 서인 鄭澈이 실각할 때 그 黨與로 몰려 평안도 관찰사로 좌천되었다.
1592년 임진왜란이 일어나자 경기도 지방의 중요성을 감안해 경기도 관찰사에
특별히 임명되어 임진강을 방어해 왜병의 서쪽 지방 침략을 막으려고 최선을
다하였다. 그러나 패배하고 삭녕에 들어가 흩어진 군사를 모아 군량미 조달에
힘썼으며, 權慄 등과 함께 경기·충청·전라도의 의병을 규합해 왜병과 싸웠다.
1593년 서울 탈환 작전에 참여했으며, 명나라 제독 李如松이 추진하는 화의에
반대, 끝까지 왜병을 토벌할 것을 주장하였다. 그 뒤 공조판서가 되어 전년 9월
왜병에 의해 파헤쳐진 宣陵(성종릉)과 靖陵(중종릉)의 보수를 주관하였다.

171 趙仁後(조인후, 1540~1599): 본관은 平壤, 자는 裕甫. 金貴榮의 외숙이고, 申
鑑의 장인이다. 1567년 식년문과에 급제한 다음 일찍이 제주 판관을 지냈으나,
오랫동안 서용되지 않다가 1583년 홍문관 교리에 임명되었다. 1587년 왜구가
침입하자 宣諭御史로 오랫동안 호남지방에 머물렀다. 그 후 대사간, 도승지 등
을 거쳐 1590년 9월 춘천 부사로 부임하여 1592년 7월 왜구가 쳐들어오자 달아
났다. 1595년 병조 참의를 지냈다.

172 驪州(여주): 경기도 남동단에 있는 고을. 동쪽은 강원도 원주시·충북 충주시,
서쪽은 경기도 이천시·광주시, 남쪽은 충북 음성군, 북쪽은 경기도 양평군과
접한다.

173 元豪(원호, 1533~1592): 본관 原州, 자는 仲英. 1567년 무과에 급제, 선전관을
지냈다. 이어 경원 부사 때 尼湯介의 침입을 격퇴하였고, 1587년 전라우도 수군
절도사 때 左道에 침입한 왜구를 막지 못하여 유배되었으나 곧 풀려났다. 1592
년 임진왜란이 일어나자 助防將이 되어, 패잔병·의병을 모아 驪州 神勒寺에서
왜적을 크게 무찌르고, 龜尾浦에서 패주하는 잔적을 섬멸하였다. 이 공로로 여
주 목사 겸 경기·강원 防禦使가 되었으며, 金化에서 적의 복병을 만나 분전
끝에 전사하였다.

174 卽接(즉접): 방금 접수함.

成泳¹⁷⁵, 募兵千餘人, 在本州地云, 故仍爲權差牧使。前府使金
千鎰¹⁷⁶, 倡義起兵, 自湖南到近畿, 忠義可尙, 而尙無職名, 無以

---

175 成泳(성영, 1547~1623): 본관은 昌寧, 자는 士涵, 호는 苔庭. 1573년 식년 문
과에 급제하여 병조 좌랑·사간원 헌납, 사헌부의 장령·집의 등을 거쳐, 1592년
에 여주 목사가 되었다가 임진왜란이 일어나자 경기도 순찰사로서 3,000명의
군대를 이끌고 참전하였고, 이듬해 경기좌도관찰사가 되었다. 다시 同知中樞府
事·호조 참판에 재직 중 사헌부의 탄핵을 받아 파직되었다. 1597년 정유재란
때는 南征糧餉使로 군량미 조달을 맡아보았다. 1599년 공조참판·한성부 좌윤·
대사헌·예조참판·대사간 등을 역임하였다. 1601년 한성부판윤이 되고, 이듬
해 지중추부사로 進賀使가 되어 명나라에 다녀왔다. 1605년 좌우 참찬을 거쳐,
1607년 이조판서를 지냈다.

176 金千鎰(김천일, 1537~1593): 본관은 彦陽, 자는 士重, 호는 健齋·克念堂.
1578년 任實縣監을 지냈다. 임진왜란 때 나주에 있다가 高敬命·朴光玉·崔慶
會 등에게 글을 보내 倡義起兵할 것을 제의하는 한편, 담양에서 고경명 등과도
협의하였다. 그 뒤 나주에서 宋濟民·梁山璹·朴懽 등과 함께 의병의 기치를
들고 의병 300명을 모아 북쪽으로 출병하였다. 한편, 공주에서 趙憲과 호서지방
의병에 관해 협의하고는 곧 수원에 도착하였다. 북상할 때 수원의 연도에서 스스
로 의병에 참가한 자와 또 호서방면에서 모집한 숫자가 늘어나서 군세는 사기를
떨쳤다. 수원의 禿城山城을 거점으로 본격적인 군사 활동을 전개, 유격전으로
개가를 올렸다. 특히, 金嶺戰鬪에서는 일시에 적 15명을 참살하고 많은 전리품
을 노획하는 전과를 크게 올렸다. 8월 전라 병사에 崔遠의 관군과 함께 강화도로
진을 옮겼다. 이 무렵 조정으로부터 倡義使라는 軍號를 받고 掌禮院判決事에
임명되었다. 강화도에 진을 옮긴 뒤 강화부사·전라 병사와 협력해 연안에 防柵
을 쌓고 병선을 수리해 전투태세를 재정비하였다. 강화도는 당시 조정의 명령을
호남·호서에 전달할 수 있는 전략상의 요충지였다. 9월에는 通川·陽川 지구의
의병까지 지휘했고 매일같이 강화 연안의 적군을 공격했으며, 양천·김포 등지
의 왜군을 패주시켰다. 한편, 전라병사·경기수사·충청병사, 秋義兵將 禹性傳
등의 관군 및 의병과 합세해 楊花渡戰鬪에서 대승을 거두었다. 또한, 일본군의
圓陵 도굴 행위도 막아 이를 봉위하기도 하였다. 이듬해 1593년 정월 명나라
군대가 평양을 수복, 개성으로 진격할 때 이들의 작전을 도왔으며, 명·일간에
강화가 제기되자 반대 운동을 전개하였다. 서울이 수복되어 굶주리는 자가 속출
하자 배로 쌀 1,000석을 공급해 구휼하였다. 전투에서도 경기수사·충청수사와

號令所部[177]。且兩南倡義之人, 相繼而起, 激勸之方, 亦不可不慮, 故金千鎰, 陞授中樞府事, 至爲未安。春川府使朴宗男·驪州牧使成泳官敎, 幷爲成送, 何如? 廣州聚兵, 多至數千, 邊彦琇[178]率兵屯駐, 遇賊猝至, 彦琇不能成陣, 不見賊面而先走。京畿監司, 馳狀請罪, 使之白衣從事, 以責後效。南兵則來駐仁川[179]·安山[180]云, 而兵數多寡, 未能的知, 勝捷之言, 時或有傳, 而不可準

함께 仙遊峯 및 沙峴戰鬪에서 다수의 적을 참살, 생포하고 2월에는 權慄의 행주산성 전투에 강화도로부터 출진해 참가하였다. 이들 의병은 강화도를 중심으로 장기간의 전투에서 400여 명의 적을 참살하는 전공을 세웠다. 1593년 4월 왜군이 서울에서 철수하자 이를 추격, 상주를 거쳐 함안에 이르렀다. 이때 명·일 강화가 추진 중인데도 불구하고 남하한 적군의 주력은 경상도의 밀양 부근에 집결, 동래·김해 등지의 군사와 합세해 1차 진주 싸움의 패배를 설욕하기 위한 진주성 공격을 서두르고 있었다. 이에 6월 14일 300명의 의병을 이끌고 입성하자 여기에 다시 관군과 의병이 모여들었다. 합세한 관군·의병의 주장인 都節制가 되어 항전 태세를 갖추었다. 10만에 가까운 적의 대군이 6월 21일부터 29일까지 대공세를 감행하자 아군은 중과부적임에도 분전했으나 끝내 함락되고 말았다. 이에 아들 金象乾과 함께 촉석루에서 南江에 몸을 던져 순사하였다.

177 所部(소부): 인솔 부대.

178 邊彦琇(변언수, 1544~1592): 본관은 原州, 자는 君獻. 1592년 유도대장에 제수되어 都元帥 金命元과 副元帥 申恪을 도와 한강을 지키는 임무를 맡았다. 임진왜란이 발발하여 왕실이 긴박한 상황에 직면했을 때 먼 남쪽에 있던 崔遠이 1만 군사를 거느리고 임금을 보필하기 위해 달려온 데에 반해, 가까운 곳에 있던 邊彦琇는 적들과 더 맞서는 것은 헛수고에 불과하다며 구원 명령에 응하지 않다가 군율을 어기고 군사들마저 잃어버린 죄로 白衣從軍을 명받게 되었다. 그러나 후에 오랑캐에게 망명하고자 겨울에 얼음 언 강을 몰래 건너 새벽녘에 楸島를 엄습한 사실이 드러나 벌을 받아 죽었다.

179 仁川(인천): 경기도 중서부에 있는 고을. 동쪽은 경기도 부천시, 서쪽은 황해, 남쪽은 시흥시, 북쪽은 김포시와 접한다.

180 安山(안산): 경기도 남서부에 있는 고을. 동쪽은 군포시, 서쪽은 서해, 남쪽은

信。京中之賊, 再度偵探, 則厥數比前甚少。唐兵則已渡鴨綠云,
而只是傳聞, 未知見到何處, 至爲憫慮。

7월 24일(신사)

二十四日(辛巳)。

7월 25일(임오)

사람이 대조(大朝: 행재소)에서 왔는데, 그를 통해 들건대 대간(臺
諫)들이 당초에 동로(東路)로 가자고 청하여 건의했던 사람들을 논
핵(論劾)했다고 하였다.

二十五日(壬午)。

有人來自大朝, 因聞臺諫, 論劾當初請往東路建議之人云。

7월 26일(계미)

중숙자(仲叔子) 김명남(金命男)이 삭녕(朔寧) 땅에 피난 왔다가 찾
아와서 만나보았다.

二十六日(癸未)。

金仲叔子命男[181], 避亂于朔寧[182]地, 來見。

화성시·의왕시, 북쪽은 시흥시와 접한다.
181 命男(명남): 金命男(1554~1618). 본관은 光山. 회인 현감을 지냈다.
182 朔寧(삭녕): 경기도 연천과 강원도 철원 지역의 옛 지명.

7월 27일(갑신)

김명남(金命男)이 삭녕(朔寧)으로 돌아간다고 고하였다.

○강원 감사(江原監司) 류영길(柳永吉)이 찾아와서 동궁을 뵈었다.

○이날 저녁에 김세홍(金世弘)의 집에서 최진구(崔晉昫)의 집으로 임시거처를 옮겼다.

○이날 또 장계 2통을 봉하여 행재소에 올렸다.

○신(臣)들이 듣건대 양사(兩司: 사간원과 사헌부)가 신들이 왕세자를 호종(扈從)하면서 강계(江界)를 버리고 위험한 곳에 들어간 것이 잘못이므로 이를 앞장서서 주창한 자를 적발하여 삭탈관직(削奪官職)해야 한다고 하니, 신들은 처벌을 기다립니다. 재상(宰相) 일행의 동정(動靜)은 신들에게서 나오지 않은 것이 없었는데, 신들은 마땅히 앞장서서 주창한 처벌을 받아야 합니다만 적들이 천지에 가득하였으니 다 위태로운 땅이었습니다. 산을 넘고 물을 건너서 길을 떠나야 했을 때 널리 여러 사람의 의견을 들어 채택하여야 했는데, 더러는 스스로 계획이 용납될 것으로 여기고 어찌 앞장서서 주창한 사람이 있었겠습니까만, 앞장서서 주창한 죄는 전적으로 신들에게 있습니다. 황공하여 숨을 죽이고 석고대죄하고 있는 사이에 진실로 한마디 별다른 말도 용납될 수 없을 것이나, 바야흐로 이렇게 위급한 때에 있어서 관례(慣例)에 따라 잠자코만 있다면 국가의 형세가 점차 위태로워져서 회복의 희망을 기약할 수 없을 것이니, 감히 자초지종을 진술하는 것으로써 말을 마칠까 합니다.

당초에 왕세자에게 강계(江界)로 들어가라고 명했을 때, 주상이 종묘사직의 신주(神主)를 세자에게 맡긴 것은 성상(聖上)의 뜻이 아마도 회복시킬 책임을 세자에게 바랐던 것일진대, 강계는 한쪽 구석진 곳에 있어 조정의 명이 사방으로 통하지 않고, 사방의 사람들도 조정이 있는지 알지 못합니다. 온 나라의 백성들이 반드시 다 적의 수중에 빠질 터인데, 누구와 더불어 회복할 수 있겠습니까? 하물며 희천(熙川)에 있었을 때 일찍이 이러한 뜻을 장계로 아뢰고서 이미 나아가고 물러나는 것을 적절히 헤아려 알맞게 하라는 전지(傳旨)를 받들었음에야 말해 무엇하겠습니까?

사방을 두루 돌아보아도 적의 칼날이 없는 곳이 없었으니 오직 형세를 살펴서 있을 곳을 택하는 것에 달렸는데, 위험을 피할 수 있는 안전한 곳에 나아가서 백성들의 기대를 모을 수 있도록 하고 호령을 시행할 수 있도록 하여 만분의 일이라도 효과를 거둘 수 있다면, 이는 종묘사직의 경사이자 신민(臣民)들의 행운일 것이라서 신(臣)들이 자신을 돌보지 않은 까닭이고 세자가 신들의 계책을 따른 까닭입니다. 예로부터 천하와 국가를 다스리는 자라면 누군들 위태로운 뒤에야 편안하지 않았겠습니까? 오직 천하를 위한 계책을 다하여 국가의 급선무를 성취하는 데에 달렸을 따름입니다.

북도(北道: 함경도)는 바로 왕업(王業)을 일으킨 땅이니, 신(臣)들의 지나친 걱정으로는 차라리 북방을 먼저 떠나서 남북의 군사들을 가려 뽑아 험준한 철령(鐵嶺)을 끼고 적을 가로막으며 강원(江原)·경상(慶尙)을 호령하면서 경기(京畿)·충청(忠淸)·전라(全羅)와 연계하여 효과를 바라는 것이 낫다고 여겼지만, 불행히도 적병들이 이미 철령을 넘었다는 소식을 듣고는 하는 수 없이 여러 사람의 뜻을 따라 옛 영변(寧邊)으로 왔으나, 여러 사람의 뜻을 따른 것은 하

늘의 뜻을 따르는 것이었습니다. 사잇길로 잠행(潛行)하여 지금 이
천(伊川)에 도달하였는데, 마침 큰비를 만나 삼면(三面)은 장강(長江)
에 막히고 후면 또한 대천(大川)이 있어서 이를 믿고 주둔하게 된
것입니다.

　사람들이 왕세자가 왔다는 소식을 듣고 감격하지 않는 이가 없었
으며, 심지어 눈물을 흘리는 자까지 있었습니다. 기전(畿甸)의 의병
(義兵)들이 곳곳에서 봉기하여 서로 앞다투어 적을 잡으니, 적의 기
세가 조금 꺾이고 있습니다. 우리 병사들의 기세가 크게 진작되기
를 기다려서 전진해 유리한 형세를 차지하여 잔적(殘賊)들을 무찌르
거나 잡고 남쪽에서 온 군대와 연계할 생각입니다만, 신들이 이런
중한 죄를 짓고 삼군(三軍)을 지휘하는 것은 일의 체모를 그르치게
하니 지극히 온당치가 않습니다. 황공하여 처벌을 기다립니다.

　○신들이 대가(大駕)와 나뉘어 떨어져나온 뒤로부터 동궁을 모시
고 영원(寧遠) · 맹산(孟山) · 양덕(陽德) 등 궁벽하고 험난한 요새지
에 오래 있으니, 인부와 군졸은 도망쳐 흩어져서 호종 관원과 나인
들이 때때로 탈것 없이 걸어야 했고, 심지어 동궁의 말을 끌던 마부
조차 또한 간혹 갖추지 못하곤 했는데, 사람들과 말들이 야위고 병
들어서 계속 엎어지며 쓰러졌습니다. 이 때문에 대가(大駕)의 문안
을 또한 제때 하지 못했습니다.

　지금 이천(伊川)에 이르자 백성들과 군사들이 조금씩 모였으므로
여러 번 사람을 보냈으나 다 답신을 받지 못하여 바야흐로 지극히
답답해 울려던 차에 선전관(宣傳官) 나수근(羅守謹) · 주부(主簿) 방
사호(方士豪)가 서로 이어와서 삼가 성상(聖上)의 몸이 건강함을 들

고 감격하여 울지 않을 수 없었습니다. 동궁의 행차는 때마침 이천에 머무르며 적에 관한 정보를 자세히 알아보고서 군졸들을 수습하여 조금 더 안전한 곳으로 가려고 하는 계획입니다.

전라 의병장(全羅義兵將)의 휘하에서 전해온 곡절(曲折: 복잡한 사정)이 매우 상세하였는데, 김천일(金千鎰)의 의병 및 병사(兵使) 최원(崔遠)이 거느린 관군이 지금 강화(江華)에 있지만 접전할 시기를 아직 결정하지 못했다고 하였으며, 전 부사(前府使) 고경명(高敬命)과 전 제독(前提督) 조헌(趙憲) 또한 의병을 이끌고 올라와 먼저 호서(湖西)와 호남(湖南)의 적들을 공격하였으나 약속 시기 안에 도성까지 다다르지는 못하겠다고 하였습니다. 김천일의 출정 중인 군대에 왕세자가 친필 유시(諭示)를 내리자 군사들이 감격하였고, 심지어 눈물을 흘리는 자까지 있었습니다.

개성(開城) 및 경성(京城)을 여러 번 정탐하니 적의 기세가 전보다 조금 꺾였으나, 오고 가는 말들의 진위(眞僞)를 알 수가 없습니다. 이빈(李薲)이 평양(平壤)을 지키지 못한 뒤로 경기도 적성(積城) 땅에 와 있으면서 관군과 의병을 거두어 모았으므로 그를 왕세자의 행차에 불러들였습니다. 그런데 삼가 듣건대 온 황해도(黃海道)의 백성들이 오랫동안 적의 수중에 빠져 있어서 그들의 살육과 포학을 견디다 못해 모두 떨쳐 일어나려고 생각하였으나 의지할 만한 장수나 두령이 없어 밤낮으로 목을 빼고서 기다린다고 하였기 때문에, 이빈을 파견하여 곡산(谷山)·수안(遂安) 등지로 가서 진무(鎭撫)하되 한편으로는 해서(海西: 황해도) 일대를 수습하고 다른 한편으로는 서경(西京: 평양)의 성원에 응하도록 하였습니다. 그러나 이빈은 수하에 거느린 병졸이 없어서 도망쳐 흩어진 군사들을 거두어 모으는 것이 쉽지 않으니 지극히 염려스럽습니다.

정언(正言) 윤형(尹泂)이 책임을 지고 사퇴하였는데, 간관(諫官)은 오랫동안 비워둘 수가 없으므로 황신(黃愼)을 임시로 임명하였습니다. 그리고 양덕 현감(陽德縣監)의 치보(馳報), 김귀영(金貴榮)·황정욱(黃廷彧)의 서장(書狀) 및 타도(他道)의 서장 19장은 승정원(承政院)으로 인편에 부쳐 보냈으니, 차례차례 잘 계달(啓達)하기를 바라나이다.

二十七日(甲申).

金命男告歸朔寧。○江原監司柳永吉[183], 來謁東宮。○是夕, 自金世弘家, 移寓崔晉昫家。○是日, 又封狀啓二道于行在所。○臣等聞兩司, 以臣等扈王世子, 棄江界, 入危地爲非, 摘發首倡, 削奪官職云, 臣等待罪。宰相一行動靜, 無非出於臣等, 臣等當膺首倡之罪, 而賊滿寰區[184], 皆爲危地。當跋涉[185]之際, 博採衆議,

---

183 柳永吉(류영길, 1538~1601): 본관은 全州, 자는 德純, 호는 月峰. 柳永慶의 형이다. 1559년 별시 문과에 장원급제하였으며, 부수찬·정언·병조 좌랑·헌납 등을 거쳐 1565년에 평안도 도사가 되었다. 1589년 강원도 관찰사·승문원 제조를 지냈다. 1592년 임진왜란 때 강원도 관찰사로 춘천에 있었다. 이때 조방장 元豪가 여주 甓寺에서 왜군의 도하를 막고 있었는데, 檄書를 보내어 본도로 호출함으로써 적의 도하를 가능하게 하는 실책을 범하였다. 1593년 도총관·한성부 우윤을 역임하고, 다음해 賑恤使가 되었다. 1597년 정유재란이 일어나자 호군·연안부사가 되고, 2년 뒤 병조참판·경기도 관찰사를 역임하였으며 1600년 예조참판으로 치사하였다.

184 寰區(환구): 천하. 곧 나라.

185 跋涉(발섭): 산을 넘고 물을 건너서 길을 감.

或自計畫, 安有首倡之人? 首倡之罪, 全在臣等。惶恐喘息, 席藁
待罪, 固不敢容一辭於其間, 而方在危急之際, 循例容默[186], 則國
家之勢漸危, 恢復之望無期, 敢敷終始, 以畢其說。當初命世子
入江界時, 自上以宗社之主, 付諸世子, 聖意蓋以恢復之責, 望於
世子, 而江界一隅也, 朝廷之命, 不通於四方, 四方之人, 莫知有
朝廷。擧國人民, 必皆淪胥於賊中, 誰與爲恢復哉? 況在熙川, 曾
以此意狀聞, 已得量宜[187]進退之旨乎? 顧瞻四方, 無非賊鋒之所
在, 唯在相勢擇地, 避危就安, 使民望有所係, 號令有所施, 以成
萬一之效, 此宗社之慶, 臣民之幸, 臣等所以忘身, 世子所以從臣
計也。自古爲天下國家者, 孰不危然後安? 唯在盡天下之計, 成
國家之務而已。北道乃興王之地, 臣等過計, 莫若先出北方。抄
發南北之兵, 擁截鐵嶺[188]之險, 號令於江原 · 慶尙, 以通京畿 · 忠
淸 · 全羅, 庶幾收效, 不幸聞賊兵已踰鐵嶺, 不得已從衆情, 來于
古寧邊, 從衆情, 所以順天意也。間道潛行, 今達于伊川, 適遭大
雨, 三面有長江之阻, 後一面, 亦有大川, 恃以留駐。人聞世子之
來, 莫不感激, 至有垂涕者。畿甸義兵, 處處蜂起, 爭相捕賊, 賊
勢小挫。欲待兵勢大振, 前進據勢, 勦捕殘賊, 以通南軍計料, 而
臣等負此重罪, 指揮三軍, 有妨事體, 極爲未安。惶恐待罪。○臣
等自分離大駕之後, 陪東宮, 久在寧遠 · 孟山 · 陽德窮僻險塞之

---

186 容默(용묵): 아무 말도 하지 아니하고 조용히 잠자코 있음.
187 量宜(양의): 잘 헤아려서 알맞게 함.
188 鐵嶺(철령): 강원도 淮陽郡과 함경남도 高山郡의 경계에 있는 큰 재.

地, 人卒散亡, 從官內人, 有時徒步, 至於東宮牽馬之人, 亦或不備, 人馬瘦病, 僵仆相繼。以此大駕問安, 亦未得以時。今到伊川, 人士稍集, 故連次送人, 而皆未得報, 方爲憫泣之至, 宣傳官羅守謹 · 主簿方士豪, 相繼以來, 伏審聖體康寧, 無任感泣。東宮行次, 時留伊川, 細探賊報, 收合軍卒, 欲向稍安之地伏計。全羅義兵將管下[189], 來傳曲折甚詳, 金千鎰義兵及兵使崔遠[190]所領之軍, 方在江華[191], 接戰日期, 時未決定; 前府使高敬命[192] · 前提督

---

189 管下(관하): 관할하는 구역이나 범위.

190 崔遠(최원, 생몰년 미상): 1580년 전라도 병마절도사가 되고, 1592년에 임진왜란이 일어나 군사 1,000명을 거느리고 의병장 金千鎰, 月串僉節制使 李蘋과 함께 여산에서 적군의 진출을 막아 싸웠다. 김천일 등과 함께 남원 · 순창을 거쳐 북상하던 중 군사 4만 명을 거느리고 서울로 향하여 떠났던 전라 감사 李洸 등 많은 군사가 용인에서 패전한 뒤라 수원에서 강화도로 들어가 주둔지로 삼고 군사를 모집하였다. 한편으로는 한강 연변지역을 왕래하면서 적의 후방을 공략하고 해상으로 의주에 있는 行在所와도 연락을 취하였다. 이듬해 永德으로 나가 왜군을 격파하고 200여 명을 참획, 그 공으로 상호군에 승진되었다. 1596년 황해도 병마절도사를 거쳐, 1597년 정유재란이 일어나자 중앙으로 들어와서 한강 수비의 소임을 맡았다.

191 江華(강화): 인천광역시 북서부에 있는 고을. 동쪽은 경기도 김포시, 남쪽은 인천광역시 옹진군, 북쪽은 경기도 개풍군 · 황해도 연백군과 접한다.

192 高敬命(고경명, 1533~1592): 본관은 長興, 자는 而順, 호는 霽峯 · 苔軒. 아버지는 대사간 高孟英이며, 어머니는 진사 徐傑의 딸이다. 1552년 진사가 되었고, 1558년 식년문과에 장원으로 급제해 成均館典籍에 임명되고, 이어서 공조 좌랑이 되었다. 그 뒤 홍문관의 부수찬 · 부교리 · 교리가 되었을 때 仁順王后의 외숙인 이조판서 李樑의 전횡을 논하는 데 참여하고, 그 경위를 이량에게 몰래 알려준 사실이 드러나 울산 군수로 좌천된 뒤 파직되었다. 1581년 영암군수로 다시 기용되었으며, 이어서 宗系辨誣奏請使 金繼輝와 함께 書狀官으로 명나라에 다녀왔다. 이듬해 서산 군수로 전임되었는데, 明使遠接使 李珥의 천거로 從事官이 되었으며, 이어서 종부시 첨정에 임명되었다. 1590년 承文院 判校로 다시 등용되

趙憲[193], 亦率義兵上來, 而先擊湖西·湖南之賊, 未能趁期戻
洛[194]云。千鎰軍中, 王世子親筆下諭, 諸軍感激, 至有垂涕者。開
城及京城, 連次偵探, 則賊勢視前稍減, 而往來之言, 未委虛的。
李薲[195]自平壤失守之後, 來在京畿積城[196]地, 收聚軍兵, 故招致

었으며, 이듬해 동래부사가 되었으나 서인이 실각하자 곧 파직되어 고향으로
돌아왔다. 1592년 임진왜란이 일어나 서울이 함락되고 왕이 의주로 파천했다는
소식을 전해들은 그는 각처에서 도망쳐온 官軍을 모았다. 두 아들 高從厚와 高因
厚로 하여금 이들을 인솔, 수원에서 왜적과 항전하고 있던 廣州牧使 丁允佑에게
인계하도록 했다. 전라좌도 의병대장에 추대된 그는 종사관에 柳彭老·安瑛·楊
大樸, 募糧有司에 崔尙重·楊士衡·楊希迪을 각각 임명했다. 그러나 錦山 전투
에서 패하였는데, 후퇴하여 다시 전세를 가다듬어 후일을 기약하자는 주위의
종용을 뿌리치고 "패전장으로 죽음이 있을 뿐이다."고 하며 물밀듯이 밀려오는
왜적과 대항해 싸우다가 아들 고인후와 유팽로·안영 등과 더불어 순절했다.

193 趙憲(조헌, 1544~1592): 본관은 白川, 자는 汝式, 호는 重峯·陶原·後栗.
1592년 임진왜란이 일어나자 옥천에서 의병을 일으켜 영규 등 승병과 합세해
청주를 탈환하였다. 이어 전라도로 향하는 왜군을 막기 위해 금산전투에서 분전
하다가 의병들과 함께 모두 전사하였다.

194 戻洛(여락): 도성에 다다름.

195 李薲(이빈, 1537~1603): 본관은 全州, 자는 聞遠. 1592년 임진왜란이 일어나
자, 경상좌도 병마절도사로 충주에서 申砬의 휘하에 들어가 싸웠으나 패하였다.
그 뒤 金命元의 휘하에 들어가 임진강을 방어하다가 다시 패하고, 평안도 병마
절도사로 평양을 방어하였으나 성이 함락되자 元翼을 따라 順安에서 싸웠다.
1593년 1월에 명나라 장수 李如松이 평양을 탈환하자 군사를 이끌고 명나라 군
대에 종사하였으며, 李鎰을 대신하여 巡邊使에 임명되었다. 같은 해 2월 權慄
이 幸州山城에서 왜군을 크게 격파하고 坡州 山城으로 옮기자, 권율과 함께
파주 산성을 수비하였다. 같은 해 왜군이 진주와 구례 지방을 침략할 때 남원을
지켰다. 그러나 당시 진주성을 방어하지 못하였다는 사헌부와 사간원의 탄핵을
받고 戴罪從軍하다가 1594년 경상도 순변사에 복직되었다.

196 積城(적성): 경기도 파주시 북동부에 있는 고을. 북쪽은 임진강, 동쪽은 紺嶽山
系를 경계로 연천군 전곡읍, 남쪽은 법원읍, 서쪽은 파평면과 접한다.

行次。而竊聞黃海一道之民, 久陷賊中, 不堪殺虐, 皆思奮起, 而無將領可以依歸[197], 日夜喁望, 故遣李蕡, 使之往鎭谷山·遂安等地, 一以收拾海西一路, 一以應接西京聲援。而李蕡手下無見卒[198], 散亡之軍, 收聚未易, 極爲可慮。正言尹泂, 引嫌[199]見遞, 諫官不可久曠, 故黃愼權差。而陽德縣監馳報, 金貴榮[200]·黃廷彧書狀及他道書狀十九張, 政院付送, 詮次[201]善啓。

7월 28일(을유)

왕세자가 길을 떠나 강나루에 이르렀을 때, 날이 비로소 밝자 강

---

197 依歸(의귀): 몸이나 정신이 가서 의지함.
198 見卒(현졸): 지금 있는 병졸.
199 引嫌(인혐): 책임을 지고 사퇴함. 자기의 허물을 깨달아 뉘우침.
200 金貴榮(김귀영, 1520~1593): 본관은 尙州, 자는 顯卿, 호는 東園. 1555년 을묘왜변이 일어나자 이조 좌랑으로 도순찰사 李浚慶의 종사관이 되어 光州에 파견되었다가 돌아와 이조정랑이 되었다. 1556년 議政府檢詳, 1558년 弘文館典翰 등을 거쳐, 그 뒤 漢城府右尹·춘천 부사를 지냈고, 대사간·대사헌·부제학 등을 번갈아 역임하였다. 선조 즉위 후 도승지·예조 판서를 역임하고, 병조판서로서 지춘추관사를 겸하였으며, 1581년 우의정에 올랐고, 1583년 좌의정이 되었다가 곧 물러나 知中樞府事가 되었다. 1589년에 平難功臣에 녹훈되고 上洛府院君에 봉해진 뒤 耆老所에 들어갔으나, 趙憲의 탄핵으로 사직했다. 1592년 임진왜란이 일어나 천도 논의가 있자, 이에 반대하면서 서울을 지켜 명나라의 원조를 기다리자고 주장하였다. 결국 천도가 결정되자 尹卓然과 함께 臨海君을 모시고 함경도로 피난했다가, 회령에서 鞠景仁의 반란으로 임해군·順和君과 함께 왜장 加藤淸正의 포로가 되었다. 이에 임해군을 보호하지 못한 책임으로 관직을 삭탈당했다. 이어 다시 加藤淸正의 강요에 의해 강화를 요구하는 글을 받기 위해 풀려나 行在所에 갔다가, 사헌부·사간원의 탄핵으로 推鞫당해 희천으로 유배가던 중 중도에서 죽었다.
201 詮次(전차): 조리나 순서.

을 건너 민가(民家)에서 잠시 머물러 있다가 밤이 되어서야 풍벽현
(風壁峴)을 넘어 마침내 민가에 기숙(寄宿)하였다.

○이날 배동(陪童: 하인 아이) 최신기(崔愼己)가 술 1병을 가져와서
대접하였다.

○이날 또 장계 2통을 봉하여 행재소에 올렸다.

○경상 우도 관찰사(慶尙右道觀察使: 경상 우도 초유사인 듯) 김성일
(金誠一)이 보내는 군관이 장계를 가지고 와서 들렀는데, 변방의 보
고를 알려는데 급하여 동궁에게 뜯어보도록 아뢰었으니 지극히 황
공하옵니다.

근래 황해도(黃海道)·강원도(江原道)의 적이 경성(京城)의 적과 서
로 왕래하며 고을들이 모두 텅 비어 있자 제 마음대로 행하면서 관사
(官舍)와 촌점(村店)에 두루 가득하였는데, 우리 백성들은 그들에게
마구 죽임을 당하여 날마다 관군이 오기만을 바랐습니다. 세상 분위
기는 모두 먼저 탈출하여 고을을 비게 한 수령들에게 고을을 지키도
록 한 연후에야 일이 계통과 질서가 있을 것이라고 여겼기 때문에,
고양 군수(高陽郡守) 이각(李慤)·적성 현령(積城縣令) 이온(李蘊)·교
하 현감(交河縣監) 성영우(成永遇)·양구 현감(楊口縣監) 신응사(申應
泗) 등을 임시로 임명하였고, 경기 수사(京畿水使) 성응길(成應吉)은
아직껏 간곳없자 어떤 이는 벌써 죽었다고 하니 이러한 때에 수사의
자리가 오래 비면 방비가 허술해져서 관계되는 바의 일이 아주 중대
하니 행재소가 멀리 떨어져 있고 형편이 매우 다급하여 하는 수 없이
임시로 임명하였지만, 지극히 온당치 못한 것입니다.

전라 감사(全羅監司) 이광(李洸)은 근왕(勤王)할 때에 뒤늦어서 본

도(本道: 전라도) 유생들이 상소를 올려 논핵(論劾)하였기 때문에 호령을 모두 폐하고 벼슬을 그만두고서 웅크려 앉아 있으며, 경상 좌도 감사(慶尙左道監司) 김수(金晬: 金睟의 오기, 이하 동일)는 인심을 많이 잃어 호령이 행해지지 않아서 한 명의 군졸도 없이 그냥 앉아만 있으니, 양남(兩南: 전라도와 경상도)의 근왕병(勤王兵)은 바랄 수가 없을 듯하여 지극히 답답하고 걱정스럽습니다.

○얼마 전 심대(沈岱)를 통해 삼가 옥체가 약간 불편하다는 것을 알아서 몹시 놀라고 걱정해 마지않았는데, 지금 성상(聖上)의 옥체가 어떠한지 알지 못합니다.

동궁의 행차를 성천(成川)으로 옮겨가 주둔하려는 까닭은 이미 장계를 올려 아뢰었습니다. 행차가 이천(伊川)에 주둔하고 있을 때 경기도의 백성들이 기뻐하며 돌아와 의지하였습니다. 이에 조정의 연락이 여러 도(道)에 두루 통하니, 적의 수급을 나날이 바치러 오고 각지에서 의병을 일으키며 치보(馳報: 급한 보고서)도 서로 이어져서 자못 회복할 희망이 있었습니다. 그러나 이천에서 일식(一息: 30리) 거리인 옥동역(玉洞驛)에 적병들이 모습을 드러내어 밤을 틈타 포를 쏘아대니, 적의 세력이 많은지 적은지에 대해 알지 못해서 하는 수 없이 성천으로 돌아가려 하자, 근접한 여러 고을의 백성들이 실망하지 않는 이가 없었습니다. 그러나 마침 이시언(李時言)이 왜적 100여 명을 신계(新溪)에서 만남에 다만 지친 병사 30여 명만을 이끌고서 적진을 돌파하고 선봉장의 목을 베었으나, 아군은 한 사람도 상처를 입지 않았습니다. 이로써 위엄과 명성이 매우 높아지자, 민심이 모두 그를 장수로 삼아 한 지역 백성들의 목숨을 구원하여

살려주기를 원하였습니다. 까닭에 이시언을 황해 방어사(黃海防禦
使)로 삼고, 심우정(沈友正)을 순안사(巡按使)로 삼아 군량미를 조달
하게 하면서 황해도에 있는 적을 무찔러 없애어 백성들을 위로하고
백성들의 바람에 답하도록 하였습니다.

이전에 이천(李薦)을 황해 방어사(黃海防禦使)로 임명하여 보낸 일
을 장계로 올렸지만, 이미 임명하고 난 뒤로 옥동역(玉洞驛)에 왜적
이 왔다는 경보를 듣고 이천(李薦)에게 우선 가서 지키도록 하였으
나, 이천(李薦)은 지킬 만한 군사가 없다면서 급히 돌아가 버리고
또한 나타나지 않았기 때문에 이시언을 대신 보냈습니다.

행차가 머물려고 하는 곳인 성천(成川)은 비록 평양(平壤)과 가깝
기는 하나, 평양의 적들이 근래 기세가 꺾여 움츠리고 있는 데다
또한 앞에는 강으로 방어할 수 있으니, 잠시 성천부(成川府)에 머물
면서 정세를 살펴 나아갈지 물러날지 결정할 계획입니다.

二十八日(乙酉)。

王世子, 發行至江津, 天始明, 渡江, 停行于民家, 夜踰風壁峴,
遂寓民家。○是日, 陪童²⁰²崔愼己, 以甁酒來饋。○是日, 又封狀
啓二道于行在所。○慶尙右道觀察使²⁰³金誠一²⁰⁴所送軍官, 持狀

---

202 陪童(배동): 상전을 모시고 따라다니는 하인 아이.
203 慶尙右道觀察使(경상우도관찰사):《宣祖實錄》에 의하면 김성일은 1592년 6월
　　28일 경상우도 초유사로서 치계하였고, 8월 7일 경상좌도 관찰사에 제수되었으
　　므로, 원문은 착종된 듯.
204 金誠一(김성일, 1538~1593): 본관은 義城, 자는 士純, 호는 鶴峯. 金克一의
　　셋째 동생이다. 1564년 사마시에 합격했으며, 1568년 증광문과에 급제하였다.

啓來過, 急於欲知邊報, 稟達東宮開見, 至爲惶恐。近日黃海·江原之賊, 與京城之賊, 互相往來, 而郡縣皆空, 自行自止[205], 遍滿官舍村店。我民被其殺虐, 日望官軍之至。物情[206]皆以爲先出空邑守令, 使之把守, 然後事有統緒, 故高陽[207]郡守李愨·積城縣令李蘊·交河縣監成永遇·楊口縣監申應泗等權差, 而京畿水使成應吉[208], 尙無去處, 或云已死, 此時水使久闕, 防備蕩然, 機關甚重, 行在隔遠, 事勢急迫, 不得已權差, 至爲未安。全羅監司李洸[209], 以勤王後時, 爲本道儒生所疏論, 專廢號令, 奉身[210]縮坐,

---

1577년 사은사의 서장관으로 명나라에 가서 宗系辨誣를 위해 노력했다. 그 뒤 나주 목사로 있을 때는 大谷書院을 세워 김굉필·조광조·이황 등을 제향했다. 1590년 通信副使가 되어 正使 黃允吉과 함께 일본에 건너가 실정을 살피고 이듬해 돌아왔다. 이때 서인 황윤길은 일본의 침략을 경고했으나, 동인인 그는 일본의 침략 우려가 없다고 보고하여 당시의 동인 정권은 그의 견해를 채택했다. 임진왜란이 일어나자, 잘못 보고한 책임으로 처벌이 논의되었으나 동인인 柳成龍의 변호로 경상우도 招諭使에 임명되었다. 1593년 경상우도 관찰사 겸 순찰사를 역임하다 晉州에서 병으로 죽었다.

205 自行自止(자행자지): 스스로 행하고 스스로 그친다는 뜻으로, 자기 마음대로 했다 말았다 함을 이르는 말.

206 物情(물정): 세상일이 돌아가는 실정이나 형편.

207 高陽(고양): 경기도 북서부에 있는 고을. 남동쪽은 서울특별시 강북구·은평구·마포구, 북동쪽은 경기도 양주시, 북서쪽은 파주시, 남서쪽은 한강을 경계로 하여 김포시 및 서울 강서구와 접한다.

208 成應吉(성응길, 생몰년 미상): 본관은 昌寧, 자는 德一. 成渾의 재종당질이다. 무과에 급제한 뒤 여러 관직을 거쳐 1563년 사복시판관이 되었는데 私奴를 馬賊으로 잘못 알고 살해하여 파직당하였다. 그 뒤 복직되어 1587년에 順川府使, 1589년에 전라병사를 역임하였다. 1592년에 임진왜란이 일어나자 左防禦使로 임명되어 경상도로 가던 중 조방장 朴宗男과 함께 義興에서 왜적을 만나 죽령을 거쳐 의주 行在所로 향하였다.

慶尙左道監司金睟[211], 積失人心, 號令不行, 無一卒空坐, 兩南勤

---

209 李洸(이광, 1541~1607): 본관은 德水, 자는 士武, 호는 雨溪散人. 1567년 생원이 되고, 1574년 별시 문과에 급제하였다. 평안병마평사·성균관 전적·병조 좌랑·정언·형조좌랑 등을 거쳐 1582년 예조정랑·지평, 이듬해 성균관직강·북청 판관·함경도 도사를 지냈다. 1584년 병조 정랑·장악원 첨정을 거쳐, 함경도 암행어사로 나가 북도민의 구호 현황을 살피고 돌아와 영흥 부사가 되었다. 1586년 길주 목사로 나갔다가 함경도 관찰사 겸 순찰사로 승진했고 1589년 전라도 관찰사가 되었다. 그해 겨울 모역한 鄭汝立의 문생과 그 도당을 전부 잡아들이라는 영을 어기고, 혐의가 적은 인물을 임의로 용서해 풀어주었다가 탄핵을 받고 삭직되었다. 1591년 호조 참판으로 다시 기용되었으며, 곧 지중추부사로서 전라도 관찰사를 겸임하였다. 1592년 임진왜란이 일어나자 전라 감사로서 충청도 관찰사 尹先覺, 경상도 관찰사 金睟와 함께 관군을 이끌고 북상해 서울을 수복할 계획을 세웠다. 그리하여 5월에 崔遠에게 전라도를 지키게 하고, 스스로 4만의 군사를 이끌고 나주 목사 李慶福을 중위장으로 삼고, 助防將 李之詩를 선봉으로 해 林川을 거쳐 전진하였다. 그러나 도중 용인의 왜적을 공격하다가 적의 기습을 받아 실패하자 다시 전라도로 돌아왔다. 그 뒤 왜적이 전주·금산 지역을 침입하자, 光州牧使 權慄을 도절제사로 삼아 熊峙에서 적을 크게 무찌르고, 전주에 육박한 왜적을 그 고을 선비 李廷鸞과 함께 격퇴시켰다. 같은 해 가을 용인 패전의 책임자로 대간의 탄핵을 받고 파직되어 백의종군한 뒤, 의금부에 감금되어 벽동군으로 유배되었다가 1594년 고향으로 돌아왔다.

210 奉身(봉신): 奉身而退. 《春秋左氏傳》襄公 26년 조에 "신하의 녹봉은 임금이 실로 소유하는 것이다. 의로운 일에는 나아가 녹을 받고, 그렇지 않을 경우에는 몸을 받들고 물러나야 한다.(臣之祿, 君實有之. 義則進, 否則奉身而退.)"라고 한 데서 나오는 말이다.

211 金睟(김수): 金睟(1547~1615)의 오기(이하 동일). 본관은 安東, 자는 子昂, 호는 夢村. 1573년 알성 문과에 급제하여 평안도 관찰사·경상도 관찰사를 거쳐 대사헌, 병조·형조의 판서를 두루 지냈다. 1592년 임진왜란이 일어났을 때 경상 감사로 진주에 있다가 동래가 함락되자 밀양과 가야를 거쳐 거창으로 도망갔다. 전라 감사 李洸, 충청 감사 尹國馨 등이 勤王兵을 일으키자 함께 용인전투에 참가했으나 패배한 책임을 지고 한때 관직에서 물러났다. 당시 의령에서 의병을 일으켰던 곽재우와 불화가 심했는데 이를 金誠一이 중재하여 무마하기도 했으며, 경상 감사로 있을 때 왜군과 맞서 계책을 세워 싸우지 않고 도망한 일로

王之兵, 似無可望, 至爲憫慮。○前因沈岱[212], 伏審玉體稍愈, 不
勝驚慮之至, 未委卽今聖體若何? 東宮行次移駐成川[213]之由, 曾
已啓聞。行次留駐伊川, 畿甸之民, 歡悅歸附[214]。朝廷氣脈[215], 旁
通於諸道, 獻級日至, 各起義兵, 馳報相續, 頗有恢復之望。而伊
川一息程玉洞驛[216], 賊兵現形, 乘夜放砲, 不知賊勢衆寡。不得
已還向成川, 傍近諸邑民情, 莫不失望。而適李時言[217]遇賊百餘

사람들의 비난을 받았다.

212 沈岱(심대, 1546~1592): 본관은 靑松, 자는 公望, 호는 西墩. 1572년 춘당대
   문과에 급제, 홍문관에 들어가 正字 · 박사 · 修撰을 지내고, 1584년 持平에 이
   르렀다. 이때 동서의 붕당이 생기려 하자, 언관으로서 붕당의 폐단을 논하였으
   며, 이어서 舍人 · 사간을 역임하였다. 1592년 임진왜란이 일어나자 輔德으로서
   근왕병 모집에 힘썼다. 그 공로로 왕의 신임을 받아 우부승지 · 좌부승지를 지내
   며 승정원에서 왕을 가까이에서 호종하였다. 왜군의 기세가 심해지면서 宣祖를
   호종하여, 평양에서 다시 의주로 수행하였다. 같은 해 9월 權徵의 후임으로 경
   기도 관찰사가 되어 서울 수복 작전을 계획하였다. 도성과 내응하며 朔寧에서
   때를 기다리던 중, 왜군의 야습을 받아 전사하였다.

213 成川(성천): 평안남도 남동쪽에 있는 고을. 동쪽은 양덕군, 동남쪽은 황해도 곡
   산군, 서쪽은 강동군, 남쪽은 황해도 수안군, 북쪽은 순천군 · 맹산군과 접한다.

214 歸附(귀부): 스스로 와서 복종함.

215 氣脈(기맥): 연락.

216 玉洞驛(옥동역): 조선시대 강원도 平康에 있던 역참. 銀溪道의 屬驛 중 하나이다.

217 李時言(이시언, 1557~1624): 본관은 全州, 자는 季仲. 1579년 무과에 급제하였
   으며, 1589년 李山海의 천거로 五衛 司勇에 등용되었으며, 그 뒤 사과에 오르고
   1592년에는 상호군에 승진되었다. 임진왜란 중 황해도 좌방어사로 있다가 충청도
   병마절도사로 전임, 경주 탈환전에서 큰 공을 세웠다. 1594년 전라도 병마절도사
   로 나아갔으며, 1601년에는 충청도 일원에서 일어난 李夢鶴의 난을 진압하는
   데 기여하고, 1605년 함경도 순변사로 변방을 맡았다. 광해군 때에는 평안 병사 ·
   훈련대장이 되었고, 인조 초에는 巡邊副元帥가 되었으나 1624년 李适이 반란을
   일으키자, 內應을 염려하여 奇自獻을 비롯한 35명이 처형될 때 함께 사형되었다.

人於新溪[218], 只率疲兵三十餘名, 突陣斬其先鋒, 我軍無一人被
傷. 以此威名甚著, 民情皆願爲將, 救活一方民命. 故以時言爲
黃海防禦使, 以沈友正[219]爲巡按使, 使之調給兵糧, 勦除黃海之
賊, 慰答民望.

前以李薦[220]黃海防禦使差遣事狀啓,　而旣差之後,　聞玉洞賊
警, 使李薦姑往把截[221], 而薦以無兵可守, 率爾還歸, 亦不來現,
故以李時言代送矣. 行次留駐處成川, 雖近於平壤, 而平壤之賊,
近似挫縮, 且前有江防, 姑駐此府, 欲爲觀勢進退伏計.

7월 29일(병술)

길을 떠나 곡산(谷山) 땅 역리(驛吏)의 집에서 묵었다.

---

218 新溪(신계): 황해도 중동부에 있는 고을. 동쪽은 강원도 이천군, 서쪽은 서흥군,
　　남쪽은 평산군·금천군, 북쪽은 수안군·곡산군과 접한다.
219 沈友正(심우정, 1546~1599): 본관은 靑松, 자는 元擇. 1576년 진사시에 합격하
　　고, 1583년 별시 문과에 급제하여, 전적·형조좌랑을 거쳐 지평·정언, 호조·
　　예조·형조·공조의 좌랑, 전라도 도사·海運判官 등을 역임하였다. 1589년 한
　　성부윤 재직 중에 상관에게 미움을 받아 선천 군수로 좌천되었다가 신병으로
　　면직되었다. 1592년 임진왜란 때 도원수 金命元의 종사관으로 한강·임진강전
　　투에 참가하였다가 패하고, 이천으로 가 왕세자를 만나 弼善이 되어서 해서 지
　　방을 두루 돌며 백성들을 위무하였다. 1597년 정유재란 때는 廣州牧使가 되어
　　산성을 수축하였다.
220 李薦(이천, 1550~1592): 본관은 全州. 고조부는 정종의 10번째 아들 德泉君
　　李厚生이고, 부친은 駒興副守 李元卿이다. 6촌 형으로 文遠 李薲이 있다. 무과
　　에 급제한 후 관직에 올라 京畿水使 등을 역임하였으며, 선조가 왕위에 오른
　　후 訓將에 제수되는 등 여러 관직을 거쳐 同知中樞府事에까지 이르렀다. 1592
　　년 임진왜란 때 왜적과 싸우다 전사하였다.
221 把截(파절): 군사적으로 중요한 곳을 파수하여 경비함.

二十九日(丙戌)。

發行, 宿谷山地驛吏家。

7월 30일(정해)

비가 내렸다.

길을 떠나 문암(文巖)에서 묵었다.

三十日(丁亥)。

雨。發行, 宿于文巖[222]。

8월 1일(무자)

길을 떠나 곡산(谷山)에서 묵었다.

○이날 또 장계 2통을 봉하여 행재소에 올렸다.

○전라도 관찰사(全羅道觀察使: 이광)의 계본(啓本: 임금에게 올리는 중대한 사건 보고서)을 가지고 가는 자가 지나가는 길에 들렀는데, 변방의 보고를 알리는 데에 급하여 동궁에게 뜯어보도록 아뢰었고 다시 봉하여 맡겨서 보냈으니 지극히 황공하옵니다.

호성감(湖城監) 이주(李柱)가 도검찰사(都檢察使) 이양원(李陽元)에게 비밀히 올린 첩정(牒呈: 공문서)의 서몽린(徐夢麟) 역모 사건 한 대목은 중대한 일에 관련되어서 함께 봉하여 올려보냅니다.

내의원(內醫院) 의관 남응명(南應命)의 말한 것에 따르면, "개천(价川) 땅에 이르렀을 때 탈 말이 없어 뒤처져서 동행했던 조영선(趙英

---

222 文巖(문암): 황해도 곡산군 覓美面 문암리.

璿) 및 본원(本院: 내의원) 고지기와 서로 길이 어긋나자, 저만 홀로 탕약기은정(湯藥器銀鼎) 하나, 천자은탕관(天字銀湯罐) 하나, 황자은 평초아(黃字銀平招兒) 하나, 은쇄초아(銀鎖招兒) 하나를 싸서 가지고 와 바친다."라고 하여 들여보내려고 하였지만, 떼를 지은 왜적이 두루 가득한 이 시기에 적을 만나 빼앗길 우려가 생길까 걱정되어 남응명에게 돌려주고서 우선 보관해 두라고 하였습니다.

상서 부직장(尙瑞副直長) 성오(成澳)가 부험(符驗: 통행 증표)을 가지고 와서 바쳤는데, 의금부 도사(義禁府都事) 한응례(韓應禮)와 같이 행재소로 들여보냈습니다만 무사히 도착했는지 그렇지 않은지에 대해 알지 못하여 지극히 답답하고 걱정스럽습니다.

○삼가 겸사복(兼司僕) 이희정(李希貞)이 지닌 문서를 보니 김우고(金友皐)를 함경 방어사(咸鏡防禦使)로 임명하셨습니다만, 동궁의 행차를 모시며 호위하던 장관(將官) 이시언(李時言)은 이전의 본도(本道: 황해도) 민심으로 인해 황해도 방어사(黃海道防禦使)로 임명하여 보냈고, 이일(李鎰)이 부하 장수와 군사들을 거느리고 평양(平壤)의 적들을 협공하려 지난달 4일에 이미 출발했으며, 정희현(鄭希賢: 鄭希玄의 오기)은 근자에 강동(江東)의 여울물이 점차 얕아져서 적의 통로가 될 우려로 인하여 군사를 이끌고 방어하게 하며 또한 사태를 보아 나아가든지 물러나든지 결정하도록 하였습니다.

그리하여 행차를 호위하는 장수는 다만 김우고 한 사람에게만 의지하고 있는데, 지금 만약 그를 함경도로 떠나보내면 행차가 외롭고 위태로워질 것이니 지극히 답답하고 걱정스럽습니다. 이천(李薦)이 이천(伊川) 땅에서 뒤처져 오지 않는 이유는 이미 장계를 올려

아뢰었는데, 일전에 함경도 순찰사(咸鏡道巡察使) 송언신(宋言愼)을
만나보았더니 이천(李薦)의 아들 이희성(李希聖)에게 그의 아버지를
재촉하여 즉시 영흥부(永興府)로 부임하도록 하였다고 하였습니다.
그렇지만 도로가 막히고 멀어 위급한 상황에서 조처하는 일을 하나
하나 장계로 아뢰지 못하여 이처럼 서로 어긋나는 지경에 이르렀으
니 지극히 황공스럽습니다.

이천(李薦)을 황해 방어사(黃海防禦使)로 임명한다는 유지(諭旨:
임금의 분부 문서)는 우선 여기에 보관하고 있다가 조정의 조처를 기
다리겠습니다. 다른 문서는 황해도 감사(黃海道監司)에게 바로 빨리
보내어 시행하도록 하겠습니다.

八月初一日(戊子).

發行, 宿于谷山. ○是日, 又封狀啓二道于行在所. ○全羅道
觀察使, 啓本來過, 急於欲知邊報, 稟于東宮開見, 還封授送, 至
爲惶恐. 湖城監柱[223], 都檢察使李陽元處, 秘密牒呈[224]內, 徐夢
麟[225]謀逆一款, 事繫重大, 故同封上送. 內醫院官南應命言內:

---

223 柱(주): 李柱(1562~1594). 본관은 全州, 출생지는 전주, 자는 邦彦, 호는 寒村.
　　1592년 4월 임진왜란이 발발하였을 때 충주에서의 패전 소식을 듣고 檢察使
　　李陽元의 막하에 들어갔다. 이양원이 南兵이 이르지 않음을 걱정하자 전라도로
　　가서 의병을 모았다. 당시 전라도에서는 김천일, 고경명 등이 의병을 일으켰고,
　　이주는 4백 명의 의병, 면포 1,000필, 戰馬 50여 필을 얻어 白士霖의 휘하에
　　들어갔다. 전쟁을 틈타 진도에서 이충범과 서몽린이 반란을 일으키자 이를 진압
　　하고, 의주 행재소에 있던 선조에게 상황을 보고하였다. 이후 평양성전투에도
　　의병을 이끌고 활약하였고, 한양을 탈환하자 선조의 환도 길을 호종하였다.
224 牒呈(첩정): 하급 관아에서 상급 관아로 올리는 공문서.
225 徐夢麟(서몽린):《宣祖實錄》1592년 7월 27일 5번째 기사에 의하면 徐夢獜으

"到价川²²⁶地, 無馬落後, 與同行趙英璿及本院庫直相失, 渠獨湯
藥器銀鼎一, 天字銀湯罐一, 黃字銀平招兒一, 銀鎖招兒一, 齎持
來納."云, 欲爲入送, 而當此群賊遍滿之時, 恐有逢賊見失之患,
還授應命, 姑爲留置。尙瑞副直長成澳²²⁷, 持符驗²²⁸來現²²⁹, 與
義禁府都事韓應禮, 一時入送, 未知無事得達與否, 至爲憫慮。○
伏見兼司僕²³⁰李希貞, 所持文書, 則金友皐²³¹, 咸鏡防禦使差下,
而東宮行次, 侍陪將官李時言, 前因本道民情, 黃海道防禦使差
送, 李鎰率部下將士, 夾擊平壤之賊, 前四日已爲發行, 鄭希賢近
因江東²³²灘水漸淺, 賊路可虞, 使之率軍防守, 亦令相機進退。
行次護衛之將, 只仗友皐一人, 今若發送, 行次孤危, 極爲憫慮。

로 표기됨.

226 价川(개천): 평안남도 북부에 있는 고을. 북쪽은 평안북도 영변군·구장군, 동쪽
　　은 덕천군·북창군, 남쪽은 순천군, 서쪽은 안주군과 접한다.
227 成澳(성오, 1558~?): 본관은 昌寧, 자는 士深. 1582년 식년시에 급제하였다.
228 符驗(부험): 조선시대 밤에 城門으로 드나들 적에 가지는 표신. 중국에 가는 사
　　신이 표로 가지고 다니는, 비단으로 짠 횡축에 말의 형상을 수놓은 물건이기도
　　하다.
229 이 사실은 《宣祖實錄》 1592년 7월 25일 6번째 기사에 나옴.
230 兼司僕(겸사복): 조선시대 기병 중심의 친위병. 주로 왕의 신변 보호를 위한 임
　　무를 수행하였다.
231 金友皐(김우고, 생몰년 미상): 1578년 監察로서 윗사람을 잘 섬긴다는 것으로
　　논박당한 적이 있다. 1591년 진산 군수였다가 1592년 체차된 후 임진왜란이 일
　　어나자 좌방어사를 지낸 후 세자를 侍衛하였으며, 咸鏡防禦使·龍山舟師將을
　　거쳐 1594년 여주 목사가 되었고, 1601년 高嶺僉使가 되었다.
232 江東(강동): 평안남도 중남부에 있는 고을. 동쪽은 성천군, 서쪽은 대동군, 남쪽
　　은 중화군·황해도 수안군, 북쪽은 순천군과 접한다.

李薦, 伊川落後, 不來之由, 曾已啓聞, 而前見咸鏡道巡察使宋言
愼[233], 則令其子李希聖, 催促其父, 劃卽[234]赴任于永興府云。而
道路阻遠, 臨急措處之事, 不得一一啓稟, 致此牴牾[235], 極爲惶
恐。李薦, 黃海防禦使差除[236]諭旨, 姑留於此, 以待朝廷處置。他
文書, 則黃海道監司處, 卽爲馳送, 使之施行矣。

8월 2일(기축)

길을 떠나 곡산(谷山) 땅의 민가에서 묵었다.

初二日(己丑)。

發行, 宿于谷山地民家。

8월 3일(경인)

길을 떠나 곡산(谷山) 땅인 구인성(蚯蚓城)의 민가에서 묵었다.

○이날 인사이동이 있었는데, 정윤복(丁胤福)을 병조 참지(兵曹參

---

233 宋言愼(송언신, 1542~1612): 본관은 礪山. 초명은 宋承誨, 자는 寡尤, 호는
壺峰. 1567년 사마시에 합격하고, 1577년 알성 문과에 급제, 예문관검열과 사간
원정언 등을 지냈다. 1586년 호남에 巡撫御史로 파견된 뒤 부수찬을 역임하였
다. 언관으로 서인을 공격하는 데에 앞장섰다가 1589년 기축옥사 때 鄭汝立과
연루되어 부교리에서 면직되었다. 1592년 사마시에 합격하고, 그 뒤 평안도 관
찰사가 되었으나 임진왜란으로 공조참판이 되어 평안도 순찰사를 겸하다가 다시
함경도 순찰사를 겸하면서 軍兵 모집에 힘썼다. 1592년에 삭직되었고, 1596년
東面巡檢使로 다시 등용된 뒤 대사간·병조판서·이조판서를 역임하였다.
234 劃卽(획즉): 즉시.
235 牴牾(저오): 서로 어긋나 거슬림.
236 差除(차제): 벼슬에 임명하던 일.

知)로 삼고, 강신(姜紳)을 강원 감사(江原監司)로 삼았다.

初三日(庚寅)。

發行, 宿于谷山地蚯蚓城民家。○是日政, 丁胤福爲兵曹參知, 姜紳爲江原監司。

8월 4일(신묘)

길을 떠나 성천(成川)에 이르렀다.

○이날 최언명(崔彦明: 崔滉)의 편지를 받아 보았는데, 희천(熙川)에서 왔다. 정홍원(鄭弘遠)의 부음(訃音)이 맹산현(孟山縣)에서 왔다.

○김수천(金守天)의 집에 기숙(寄宿)하였다.

初四日(辛卯)。

發行, 到成川。○是日, 見崔彦明[237]書, 來自熙川。鄭弘遠訃音, 來自孟山縣。○寓金守天家。

8월 5일(임진)

初五日(壬辰)。

---

237 彦明(언명): 崔滉(1529~1603)의 字. 본관은 海州, 자는 彦明, 호는 月潭. 1566년 별시 문과에 급제한 뒤 정언·경상도 도사·한성판윤·대사헌 등 요직을 두루 거쳤다. 1583년과 1589년에 각각 성절사와 사은부사로 임명되어 명나라에 다녀왔다. 1592년 임진왜란 때에는 평양까지 宣祖를 호종하였으며, 왕비와 세자빈을 陪從, 희천에 피난하였고, 이듬해 檢察使가 되어 왕과 함께 환도하여 좌찬성·世子貳師로 지경연사를 겸하였다.

8월 6일(계사)

강원 감사(江原監司) 강신(姜紳)이 순찰사(巡察使)를 겸하였다.

初六日(癸巳)。

江原監司姜紳, 兼巡察使。

8월 7일(갑오)

강신(姜紳)이 숙배하고 하직하였다. 순변사(巡邊使) 이일(李鎰)이
군사를 거느리고 강동(江東)으로 향하였는데, 밤에 비가 내렸다.

初七日(甲午)。

姜紳拜辭[238]。巡邊使李鎰, 率兵向江東, 夜雨。

8월 8일(을미)

저녁에 이조 좌랑(吏曹佐郎) 허성(許筬)이 찾아왔다.

初八日(乙未)。

夕, 吏曹佐郎許筬來訪。

8월 9일(병신)

순녕군(順寧君: 李景儉)이 나를 만나러 찾아왔다.

○이날 또 장계 1통을 봉하여 행재소에 올렸다.

○강원도 관찰사(江原道觀察使) 류영길(柳永吉)이 근래 본도(本道:
강원도)에 적의 기세가 충천하자 산골짜기로 달아나 숨고는 그때그

---

238 拜辭(배사): 지방관이 부임할 때에 殿庭에 나아가 임금께 숙배하고 하직하는 일.

때 필요에 따라 대응하는데 뜻이 없는가 하면, 행차가 도내(道內)에 머물러 있는데도 길이 막혔다는 핑계로 오랫동안 찾아와서 뵙지도 않은 것으로 말미암아 이미 대간(臺諫)의 탄핵을 받아 배척되었습니다. 그러므로 병조 참의(兵曹參議) 강신(姜紳)을 이전의 유지(諭旨: 임금의 분부 문서)에 따라 순찰사(巡察使)로 임명하고 관찰사의 직무를 임시로 겸하도록 하였으니, 강신의 관교(官敎: 임명장)와 유교서(諭敎書: 諭示敎書)를 만들어 보내는 것이 어떠하겠습니까?

병조(兵曹)는 경계하고 지키는 것이 심히 중요한데, 당상관(堂上官)이 한 명이라도 없을 수가 없어서 정윤복(丁胤福)을 참판으로 제수하였으며, 박종남(朴宗男)은 일찍이 춘천 부사(春川府使)로 임명하여 이미 보냈습니다. 행차를 모시고 호위할 사람이 없어 김우고(金友皐)를 그대로 남겨서 모시고 호위하도록 하였습니다. 순변사(巡邊使) 이일(李鎰)은 부하 여러 장수 및 황해도(黃海道)·평안도(平安道)의 병력 400명을 거느리고 평양(平壤)으로 전진하도록 하였는데, 이빈(李薲)과 앞뒤로 호응하여 협공하고 적을 잡게 한 것입니다.

군공(軍功)의 다른 것은 다 시행하였지만, 그 가운데 의성 도정(宜城都正) 이옥윤(李玉潤), 월곶 첨사(月串僉使) 이빈(李蘋), 강화 부사(江華府使) 윤담(尹湛), 정포 만호(井浦萬戶) 안광국(安匡國), 전 선전관(前宣傳官) 전인룡(田仁龍), 선전관(宣傳官) 이현(李賢) 등은 응당 직위를 올리는 상이 있어야 하였으나 행차에서 마음대로 처리하기가 온당하지 않았습니다.

고양(高陽)의 사노(私奴) 명복(明福)·명회(明會) 형제가 자기의 부형이 살해당한 것에 분개하여 적 70여 명을 쏘아 죽이고 적 16명의 머리를 베어서 일찍이 이미 허통(許通)하여 우림위(羽林衛)에 제수하였습니다만, 이처럼 특별한 전공에 대한 논공행상은 이에만 그쳐서는 아니 될 듯합니다.

경기 수사(京畿水使)는 죽은 지 이미 오래되어서 최몽성(崔夢星)을 임명하여 보내겠다는 뜻을 전에 이미 장계로 아뢰었습니다만, 그 후에 행재소의 조보(朝報)를 보았더니 변언수(邊彦琇)가 임명되었습니다. 변언수는 이전에 패전의 죄를 지어서 백의종군케 하였던 일은 이미 장계로 아뢰었습니다. 대저 군공(軍功)에 대해 논공행상할 때 소소한 관직을 임명하는 것까지 만약 행재소에 하나하나 아뢰어 재가받는다면 오가는 사이에 자칫하면 시일이 지나니, 포상하는 것은 때를 넘기지 않는다는 뜻에 어긋나므로 그때그때 임명하였습니다만 그 밖의 다른 곳을 제수하는 것은 실행하기가 어려울 듯합니다. 그러나 왜적의 기세가 치성한 곳에는 벼슬을 버리거나 죽임을 당하거나 하여도 오랫동안 수령을 임명하여 내보내지 못하고 온 고을의 백성들이 적의 수중에 맡겨졌는데도 회복할 기약조차 없으니, 하는 수 없이 들은 바에 따라 적임자를 가려서 기록하여 올려보냅니다.

경기 관찰사(京畿觀察使) 권징(權徵)의 서장(書狀)에서 조경(趙儆)·변응성(邊應星)이 패전한 죄를 군율에 따라 다스리기를 청하였으나, 왜적의 변란이 심히 다급한 이때를 당하여 한 명의 장수라도 승패와 관계가 있으니 우선 너그러운 법으로 이의(李儀)·최몽성(崔夢星)·박기백(朴己百)을 똑같이 군령에 따라 곤장을 치라는 뜻으로 회답하였습니다. 이시언(李時言)은 이미 방어사(防禦使)로 삼았는데, 인천부사(仁川府使)가 오랫동안 비어 있어 도총경력(都摠經歷) 윤건(尹健)

을 임시로 임명하여 떠나보냈습니다.

初九日(丙申)。

順寧君²³⁹來訪。○是日, 又封狀啓一道于行在所。○江原道觀
察使柳永吉, 近因本道賊勢充斥, 竄伏山谷, 無意策應²⁴⁰, 行次留
在道內, 而託以道梗, 久不來謁, 已被臺諫彈斥。故兵曹參議姜
紳, 依前諭旨, 巡察使差下, 使之權兼觀察使職事, 姜紳官敎及諭
敎書, 成送何如? 兵曹, 守衛甚重, 堂上不可無一員, 丁胤福參判
除授, 朴宗男曾已春川府使差送。行次無侍衛之人, 金友皐仍留
侍衛。巡邊使李鎰, 使之領部下諸將及黃海・平安兵四百名, 前
進平壤, 與李薲掎角, 夾擊而捕賊。軍功他皆施行, 其中宜城都
正玉潤・月串²⁴¹僉使李蘋・江華府使尹湛・井浦²⁴²萬戶安匡國・
前宣傳官田仁龍²⁴³・宣傳官李賢等, 當有陞遷之賞, 而自行次,

---

239 順寧君(순녕군): 李景儉(생몰년 미상)의 봉호. 본관은 全州. 아버지는 海豊君
李耆이다. 1592년 임진왜란이 일어나자 왕을 호종하여, 아버지와 함께 종묘의
신주를 받들고 갔다. 이듬해에 서울이 수복되자 형조판서 李憲國, 原川君 등과
함께 朝陵使가 되어 선왕의 능을 순시하였는데, 왜군에 의하여 파괴된 왕릉을
복구하고 참봉과 수호군의 보충에 대한 대책을 마련하였다. 1608년 鄭仁弘 등에
게 동조하여 종척 35인을 거느리고 臨海君을 처단할 것을 상소하였고, 1618년
仁城君 등과 함께 적극적으로 仁穆大妃를 폐할 것을 상소하였다. 1623년 인조
반정 후 이이첨 일당이 제거되면서, 茂林君과 함께 원지에 圍籬安置되었다가
적소에서 죽었다.

240 策應(책응): 벌어진 일이나 사태에 대하여 알맞게 헤아려서 대응함.

241 月串(월곶): 인천광역시 강화군 강화읍 월곶리.

242 井浦(정포): 인천광역시 강화군 강화읍 외포리에 있는 포구.

243 田仁龍(전인룡, 1564~?): 본관은 長鬐. 1583년 무과에 급제하였다. 선전관, 해
남 현감, 보을하 첨사, 우후 등을 지냈다.

擅斷爲未安。高陽私奴明福·明會兄弟, 慎其父兄被害, 射殺賊七十餘名, 斬首十六級, 曾已許通[244], 羽林衛除授, 如此特異之功, 論賞恐不止此。京畿水使, 身死已久, 以崔夢星, 差遣之意, 前已狀聞, 而厥後見行在朝報, 則以邊彦琇差下。彦琇, 前以敗軍之罪, 白衣從軍, 事已狀聞。大抵軍功論賞, 小小除拜, 若一一稟裁於行在, 則往來之際, 動經時月, 有乖賞不踰時之義, 故這這差除, 他餘除拜, 似難擧行。而賊兵熾盛處, 或棄官·或身死, 久不差出, 一邑人民, 委之賊手, 收復無期, 不得已隨所聞差出[245], 開錄[246]上送。京畿觀察使權徵書狀內, 請趙儆[247]·邊應星[248], 敗

---

244 許通(허통): 천인이나 서얼에게 벼슬아치가 되는 것을 허락하여 벼슬길을 터줌.
245 差出(차출): 임명되기 전에 적임자를 가려 뽑음.
246 開錄(개록): 상급 관청으로 보내는 문서 끝에 이름이나 의견 등을 벌여 적음.
247 趙儆(조경, 1541~1609): 본관은 豊壤, 자는 士惕. 무과에 급제하여, 선전관·제주 목사를 거쳐, 1591년 강계 부사로 있을 때 그곳에 유배되어 온 鄭澈을 우대하였다는 이유로 파직되었다. 이듬해 임진왜란이 일어나자 경상우도 방어사가되어 황간·추풍 등지에서 싸웠으나 패배, 이어 金山에서 왜적을 물리치다 부상을 입었다. 그해 겨울 수원 부사로 적에게 포위된 禿山城의 權慄을 응원, 이듬해도원수 권율과 함께 행주산성에서 대첩을 거두었다. 행주산성에서의 승리로 한양을 탈환할 수 있었고, 都城西都捕盜大將으로 임명되었고, 1594년 훈련대장이 되었다. 그 뒤 동지중추부사·함경북도 병사·훈련원 도정·한성부판윤을 거쳐 1599년 충청 병사·회령 부사를 지냈다.
248 邊應星(변응성, 1552~1616): 본관은 原州, 자는 機仲. 1579년 무과에 급제하였고, 강계 부사를 역임한 끝에 아버지의 상을 당하여 물러가 있었으나, 1592년임진왜란이 일어나자 경주부윤에 임명되었다. 그러나 일본군이 먼저 경주를 점령하여 부임하지 못하고, 8월 가평 전투에서 적과 싸워보지도 않고 도망쳤다는이유로 백의종군하였다. 이듬해 2월 柳成龍이 그의 죄를 변호하여 경기 방어사가 되었다. 利川府使가 되어서는 여주 목사 元豪와 협력하여 남한강에서 적을무찔렀다. 1594년 광주·이천·양주의 산간에 출몰하는 土賊을 토벌하였다.

軍之罪, 依律治罪, 而當此賊變孔棘之時, 一將有關, 姑從寬典, 李羲 · 崔夢星 · 朴己百[249], 一樣依軍令, 決杖之意, 回答。李時言旣爲防禦使, 仁川府使久曠, 以都摠經歷尹健, 權差發送矣。

8월 10일(정유)

또 장계 2통을 봉하여 행재소에 올렸다.

○문안드리러 갔던 사람들이 돌아왔는데, 삼가 행재소가 평안하다는 소식을 알게 되어서 기쁘고 다행스러운 마음을 견딜 수가 없습니다. 동궁의 행차는 지금 성천(成川)에 머물러 있습니다.

평양에 있는 적의 형세를 여러 번 정탐하였는데, 어떤 이가 말하기를, "중화(中和)로 향해 돌리고는 있으나 성안에 남아있는 적들이 성 안팎으로 무수히 방화하고 강동(江東) 근처의 민가를 계속 잇달아 분탕질하니, 적도(賊徒)들이 교활하여 떠나갈지 머무를지 예측하기가 어렵다."라고 하였습니다. 순변사(巡邊使) 이일(李鎰)은 군사를 거느리고 강동의 길을 거쳐 곧장 평양(平壤)에 이르러 이빈(李薲)과 협공하려 하는데, 혹시라도 강동(江東)의 적이 오는 길을 가로막아야 할 듯해서 우선 이곳에 머물러 있습니다. 근래 적의 형세를 보아서 갈 바를 정할 계획입니다.

안변(安邊) 유생 김경정(金景禎)과 덕원(德原: 德源의 오기) 유생 박

1596년 李夢鶴의 난이 일어났을 때는 용진과 여주 婆娑城을 수비하였다. 광해군 때에 훈련대장과 판윤에까지 승진하였다.

249 朴己百(박기백, 1539~1598): 본관은 咸陽, 자는 勉之, 호는 明菴.

기령(朴期齡) 등이 도보로 멀리서 와 북적(北賊: 함경도의 왜적)의 소식을 자세히 말하였고 아울러 적병의 수급(首級)을 바쳤습니다. 또 말하기를, "본도(本道: 함경도)의 백성들이 단결하여 적을 공격하려 해도 여러 고을이 대부분 빈 데다 사람 중에 장령(將領)을 할 만한 이가 없으니, 직무에 태만한 수령을 차출하여 주기를 간절히 바랍니다."라고 하였기 때문에, 덕원 부사(德原府使)와 영흥 판관(永興判官)만이라도 겨우 차출할 수 있었습니다. 이 밖에 안변과 문천(文川) 또한 긴급하나 참으로 합당한 사람이 없고, 멀리에 있는 사람은 길이 막혀서 부임하기가 매우 어려워 아직 차출하여 보충하지 못하였습니다.

고양(高陽)에서 피란해온 진사(進士) 이로(李櫓)는 변란 초기부터 의기를 떨치며 적들을 죽이고 여러 차례 수급(首級)을 바쳤습니다. 지금 또 그의 동지(同志) 이봉춘(李逢春) · 장응남(張應男) · 안륵(安玏) 등과 함께 와서 경기도 왜적들의 동향을 보고하였기 때문에, 모두 이미 논공행상을 통해 관직에 제수하였고 이봉춘 · 장응남은 이일(李鎰)이 있는 곳으로 보내어 평양(平壤)의 적들을 같이 공격하게 하였고, 이로 · 안륵은 본읍(本邑: 고양)으로 돌려보내어 적들을 잡을 수 있도록 수령에 임명하였습니다. 신(臣)들이 진실로 온당하지 않음을 알고 있으나, 사태가 매우 다급한데다 행재소가 멀리 떨어져 있어서 미처 성상(聖上)에게 아뢰어 재가받지 않고 임시로 임명하였습니다. 나중에 행재소의 정목(政目: 인사이동 문서)과 서로 중첩되거나 만약 미처 부임하지 못한 관원은 당연히 행재소의 절목(節目)대로 시행하겠습니다. 그러나 춘천 부사(春川府使) 박종남(朴宗男)은 본부(本府: 춘천)가 함락되기에 이르러서 시급히 임명하여 보낸 것으로 인해 부임한 지 이미 오래되었습니다. 여주 목사(驪州牧使) 성영(成泳)은 자기 고을의 경내에서 군사들을 모은 까닭으로 인하여 목사에 제수하였는데, 생각건대 이미 부임하였겠으나 다만 성영이 활쏘기와 말타기에 능하지 못한 것이 걱정되어 또한 본주(本州: 여주) 백성들의 청원으로 인하여 박기백(朴己百)을 조방장(助防將)으로 삼아 적을 무찌르는데 협력하게 하였습니다.

마전(麻田)과 연천(連川)은 전 감사(前監司) 권징(權徵)이 두 고을의 수령 자리가 오랫동안 비어 있는 것에 대해 염려하여 이형남(李亨男)·김류(金鎦)를 가수(假守: 임시 수령)로 삼았는데, 왜적을 막은 공이 자못 있었던 까닭에 그대로 임시 임명하여 이제 막 직임을 살피고 있습니다. 덕원 부사(德原府使)는 본부(本府: 덕원부)의 유생들이 멀리 와서 자기 고을의 수령을 임명하여 보내 줄 것을 간청했는데, 행차의 배사령(陪使令) 신경리(申景禠)를 임시로 임명하여 지금 이미 길을 떠났습니다. 인천 부사(仁川府使) 윤건(尹健)은 경기 감사(京畿監司) 심대(沈岱)가 인천의 수령 자리를 오래 비워둘 수 없다고 힘껏 말하면서 또한 윤건을 합당한 인물이라고 추천한 까닭으로 즉시 임명하여 보냈습니다. 황해 방어사(黃海防禦使) 이시언(李時言)을 하는 수 없어 임명하여 파견한 취지는 이전에 이미 장계를 올려 아뢰었습니다.

신들이 외람되이 생각건대 이렇게 나라 형세가 아슬아슬하게 위급한 때를 당해 고을의 수령 자리가 빈 곳을 임명하여 채우는 것이 하루가 급하다고 여겼는데, 그 가운데서 가장 급한 곳을 택하여 여러 명을 임시로 임명하였습니다. 심지어 중첩되게 제수한 것이 지극히 황공하온데, 근래에 하는 수 없이 임시로 임명한 사람들을 따로 기록하여 올려보냅니다. 이조 참의(吏曹參議) 이순인(李純仁)이 이달 10일에 사망하였는데, 종묘사직의 신주를 모시고 가는 일이 긴급하여서 이관(李瓘)을 임시로 임명하였습니다.

○경기 도순찰사(京畿都巡察使) 권징(權徵)의 장계 및 경상 좌병사(慶尙左兵使) 박진(朴晉)의 장계가 이곳을 지나가는데, 경기와 영남의 적의 형세를 알고자 동궁에게 뜯어보도록 아뢰었고 본 후에 봉하여 올려보냅니다.

그런데 경기도는 적의 기세가 불길같이 맹렬한데다 이를 무찌르고 잡을 장관(將官) 또한 의지할 만한 사람이 없으니 지극히 답답하고 걱정스럽습니다. 조경(趙儆) · 변응성(邊應星)은 일찍이 가평(加平)에서 패전한 죄를 감면하여 곤장을 친 뒤에 장계를 올려 아뢰었습니다.

대개 신들의 어리석은 생각으로는 사변(事變)이 심히 다급한 이때를 당하여 만약 일체 군율만 따른다면 온전할 사람을 다시 찾을 수 없을 것이니, 가벼운 쪽으로 죄를 논하여 뒷날 공을 세우도록 하는 것이 진실로 마땅합니다. 그러므로 경기 수사(京畿水使) 성응길(成應吉)을 교체하여 최몽성(崔夢星)을 임명하여 보낸 이유를 갖추어 장계로 아뢰었으며, 부임할 수 있도록 재촉하는 뜻으로 경기 감사(京畿監司) 권징(權徵)에게 통관(通關: 공문서)을 보내었습니다. 이번 장계의 내용을 보건대 아마도 미처 보지 못하고서 그렇게 한 것 같습니다. 이에 최몽성의 부임 여부를 시급히 회보하라는 뜻으로 이미 경기 감사(京畿監司)에게 공문서를 보냈습니다.

初十日(丁酉)。

又封狀啓二道于行在所。○問安人回, 伏審行在平安消息, 不
勝欣幸。東宮行次, 時留成川。平壤賊勢, 連次偵探, 則或云: "還
向中和, 城中留在之賊, 城內外無數放火, 江東近地民家, 連續焚
蕩, 賊徒狡譎, 去留難測." 巡邊使李鎰領兵, 由江東路, 直抵平壤,
與李薲, 欲爲夾擊, 似或遮蔽江東賊來之路, 故姑留于此。近觀賊
勢, 以定所向計料。安邊[250]儒生金景禎 · 德原儒生朴期齡等, 徒步
遠來, 詳言北賊聲息, 兼獻兵級。且云: "本道民人等, 欲團結擊賊,
而郡邑多空, 無人將領, 懇乞差出曠官[251]守令." 故德原府使 · 永興
判官, 僅得差出。此外安邊 · 文川[252], 亦爲緊急, 而苦無可合之人,
遠方之人, 道路阻隔, 赴任極難, 未得塡差[253]。高陽避亂人進士李
櫓[254], 自變初, 奮義勦賊, 屢獻首級。今又率其同志李逢春 · 張應
男[255] · 安玏等, 來報京畿賊形止[256], 故皆已論功除職, 而李逢春 ·
張應男, 則起送李鎰處, 使同擊平壤賊, 李櫓 · 安玏, 則還送本邑,
使之捕賊, 守令差除。臣等固知未安, 而事機甚急, 行在隔遠, 未

---

250 安邊(안변): 함경남도 남부에 있는 고을. 동쪽은 강원도 통천군, 서쪽은 강원도
　　이천군, 남쪽은 강원도 평강군 · 회양군, 북쪽은 문천군 · 원산시 · 동해와 접한다.
251 曠官(광관): 직무에 태만한 벼슬아치.
252 文川(문천): 함경남도 남부에 있는 고을. 군수를 두었다.
253 塡差(전차): 비어 있는 벼슬자리에 관원을 임명하여 보충함.
254 李櫓(이로, 1564~?): 본관은 平昌, 자는 濟伯. 1591년 식년시에 급제하였다.
255 張應男(장응남, 1559~?): 본관은 미상, 자는 明逑. 1591년 무과에 합격하였다.
256 形止(형지): 일이 되어 가는 형편.

及稟裁, 先已權差之。後與行在政目, 互相重疊, 若未赴任之員, 自當[257]依行在節目施行。而其中春川府使朴宗男, 因本府將陷, 急急差遣, 赴任已久。驪州牧使成泳, 聚軍本邑境內, 故因爲除授 牧使, 想已赴任, 而祇恐成泳短於弓馬, 且因本州民願, 以朴己百 爲助防將, 使之協力勦賊。麻田·連川[258], 則前監司權徵, 以兩邑 久曠爲慮, 以李亨男·金軸爲假守, 頗有禦賊之功, 故仍爲權差, 今方察任。德原府使, 則因本府儒生遠來, 懇請差出主倅[259], 行次 陪下人[260], 申景禓權差, 今已發行。仁川府使尹健, 則京畿監司沈 岱, 力言仁川不可久曠, 而且薦尹健可合, 故卽爲差送。黃海防禦 使李時言, 不得已差遣之意, 前已狀啓。臣等妄料, 當此國勢岌岌 之日, 塡差空邑守令, 一日爲急, 擇其最急處, 多數權差。至於疊 授, 極爲惶恐, 近日不得已權差人, 別錄上送。吏曹參議李純 仁[261], 本月初十日身死, 廟社主陪行緊急, 以李瓘[262]權差矣。○京

---

257 自當(자당): 당연히. 응당.

258 連川(연천): 경기도 최북단에 있는 고을. 휴전선 바로 아래에 있는 최전방 지역
    이다.

259 主倅(주쉬): 자기가 사는 고을의 수령.

260 陪使人(배하인): 陪使令. 벼슬아치를 모시고 따라다니는 관아의 심부름꾼.

261 李純仁(이순인, 1533~1592): 본관은 全義, 자는 伯生·伯玉, 호는 孤潭. 1564
    년 사마시에 합격하였고, 1572년 문과 별시에 급제, 승문원 정자·예문관검열
    등을 지냈다. 1586년 다시 사간에 임명, 부승지·형조참의·승문원 제조가 되어
    冬至使로 명나라를 다녀온 뒤 도승지에 임명되었지만 사양하였다. 1592년 임진
    왜란이 일어나자 예조참의로 선조를 호종하다 왕명으로 중전과 동궁을 모시고
    성천에 이르자 과로로 병이 들어 죽었다.

262 李瓘(이관, 1523~1596): 본관은 咸平, 자는 景獻. 1592년 임진왜란 중에는 禮

畿都巡察使權徵狀啓及慶尙左兵使朴晉[263]狀啓過此, 欲知京畿·
嶺南賊勢, 稟于東宮開見, 後封送。而畿甸, 賊勢熾盛, 勦捕將官,
亦無可仗之人, 極爲憫慮。趙儆·邊應星, 曾以加平敗軍之罪, 末
減[264]決杖, 後啓聞。蓋臣等愚意, 當此事變孔棘之時, 若一從軍
律, 則更無完全之人, 固宜從輕論罪, 以責後效。故京畿水使成應
吉之代, 以崔夢星差出, 具由狀啓, 催促赴任之意, 通關于京畿監
司權徵矣。觀此狀辭, 恐是未及見知而然也。玆以崔夢星, 赴任與
否, 急速回報之意, 已爲行移[265]于京畿監司處矣。

曹參議에 발탁되었고, 한성부 우윤에 올랐다. 여러 지역의 지방관으로 활동하면
서 유능하다는 평가를 받았으나, 외척 세력에게 아첨하며 관직을 유지하였다는
비판을 받기도 하였다.

263 朴晉(박진, ?~1597): 본관은 密陽, 자는 明甫, 시호는 毅烈. 밀양 부사였을 때
임진왜란이 일어나자 李珏과 함께 蘇山을 지키다가 패하여 성안으로 돌아왔다
가, 적병이 밀려오자 성에 불을 지르고 후퇴했다. 이후 경상좌도 병마절도사로
임명되어 나머지 병사를 수습하고, 군사를 나누어 소규모의 전투를 수행하여
적세를 저지하였다. 1592년 8월 영천의 민중이 의병을 결성하고 永川城을 근거
지로 하여 안동과 상응하고 있었던 왜적을 격파하려 하자, 별장 權應銖를 파견,
그들을 지휘하게 하여 영천성을 탈환하였다. 이어서 안강에서 여러 장수와 회동
하고 16개 邑의 병력을 모아 경주성을 공격하였으나 복병의 기습으로 실패하였
다. 그러나 한 달 뒤에 군사를 재정비하고 飛擊震天雷를 사용하여 경주성을 다
시 공략하여 많은 수의 왜적을 베고 성을 탈환하였다. 이 결과 왜적은 상주나
서생포로 물러나지 않을 수 없었고, 영남지역 수십 개의 읍이 적의 초략을 면할
수 있었다. 1593년 督捕使로 밀양·울산 등지에서 전과를 올렸고, 1594년 2월
경상우도 병마절도사, 같은 해 10월 순천 부사, 이어서 전라도 병마절도사, 1596
년 11월 황해도 병마절도사 겸 황주 목사를 지내고 뒤에 참판에 올랐다.
264 末減(말감): 감면하여 가장 가벼운 형벌에 처함.
265 行移(행이): 行文移牒의 준말. 官司 간의 왕복하는 공문서.

8월 12일(기해)
十二日(己亥)。

8월 13일(경자)
또 장계 1통을 봉하여 행재소에 올렸다.

○이달 12일 종부시 주부(宗簿寺主簿) 유대건(兪大健: 兪大建의 오기)이 행재소에서 돌아왔는데, 성상(聖上)의 기체(氣體)가 강녕함을 삼가 알고서 몹시 기뻐해 마지않았습니다. 동궁은 지금 성천(成川)에 머물러 있습니다.

경상좌도 관찰사(慶尙左道觀察使) 김수(金睟: 金睟의 오기)와 우도 관찰사(右道觀察使) 김성일(金誠一)의 장계를 가져가는 사람이 이곳에 들렀는데, 영남의 적세를 알고자 동궁에게 들어보도록 아뢰었고 보고 나서 다시 봉하여 올려보냈습니다만, 몹시 온당치 못한 것입니다.

十三日(庚子)。

又封狀啓一道于行在所。○本月十二日。宗薄寺主薄兪大健[266] 回還, 伏審聖候康寧, 不勝忻抃之至。東宮時留成川。慶尙左道觀察使金睟 · 右道觀察使金誠一, 狀啓齋持人過此, 欲知嶺南賊勢, 稟于東宮開見, 後還封上送。至爲未安。

---

266 兪大健(유대건): 兪大建(1551~1626)의 오기. 본관은 杞溪, 자는 仲植. 兪泓의 둘째 아들이자, 金自點의 외숙이다.

8월 14일(신축)

또 장계 1통을 봉하여 행재소에 올렸다.

○신들은 동궁을 모시고 지금 성천(成川)에 머물고 있습니다. 지금 평양(平壤)의 왜적이 반 이상 황해도(黃海道) 일대 먼 곳으로 나갔으니, 남아서 주둔하고 있는 군사의 수는 또한 많지 않습니다. 그러나 경기도(京畿道)에 있는 왜적의 수는 이전에 양주 목사(楊州牧使) 고언백(高彦伯)의 급히 보낸 보고서를 보니, 많은 수로 모여 주둔해 있으며 사방에 진을 치고 있다고 하였습니다.

호남의 군대 위세는 곧바로 경성(京城)의 적을 공격하기가 어렵습니다만, 만약 연안(延安)과 배천(白川)을 경유하는 길로 먼저 해서(海西: 황해도)의 적을 무찌르고 곧장 중화(中和)로 향한다면 평양의 적을 소탕하기가 어렵지 않을 것입니다. 이러한 뜻으로 풍덕 군수(豐德郡守) 변응진(邊應軫)을 시켜 전라 병사(全羅兵使) 최원(崔遠)과 의병장(義兵將) 김천일(金千鎰)에게 알리도록 하였습니다.

그리고 동궁을 모시는 장수와 군사 가운데 활시위를 당길 줄 아는 군졸이 극히 적어서 호위가 단출한데도 전혀 더 의지할 세력이 없는데, 백성들을 모아서 군사를 찾았지만 한 사람도 응하는 자가 없고, 비록 한두 사람을 얻었더라도 다 쇠잔하고 연약한 무리이니 정예병들을 모집하려고 온갖 방법으로 계획하여도 방책이 없습니다.

신들이 가만히 생각해 보니, 무사(武士)들을 기꺼이 전장(戰場)에 달려가도록 하는 것으로는 과거(科擧)만한 것이 없는데, 인재를 선발하는 중대한 일이 형편상 거행하기 어려우나 만약 머물러 계시는 근방 고을에 공문을 보내어 두루 알리고 규칙을 정하여 성상(聖上)

이 직접 참관하는 활쏘기 시험을 보이고서 가장 잘 쏜 자는 전시(殿
試)에 바로 응시하게 하고, 그다음으로 잘 쏜 자는 회시(會試)에 바
로 응시하게 하며, 또한 그다음으로 잘 쏜 자는 금군(禁軍)으로 제수
하신다면 사람들이 반드시 앞을 다투며 모이는 병사가 또한 많을
것입니다. 참으로 온당한 듯하여 망령된 생각을 감히 아뢰옵니다.

그리고 긴요한 수령 자리에 임명하여 채운 곳과 따로 수령 자리
에 임시 임명한 관원들 또한 별도로 기록하여 올려보냅니다.

十四日(辛丑)。

又封狀啓一道于行在所。

○臣等陪侍東宮, 時留成川。目今平壤之賊, 過半上去[267]黃海
一路, 留屯之數, 亦不爲多。而京畿賊數, 前見楊州牧使高彦伯[268]
馳報, 則多數屯聚, 四處結陣云。湖南之兵勢, 難直擣京城, 若由
延安[269]·白川[270]之路, 先勦海西之賊, 直指中和, 則平壤之賊, 蕩

---

267 上去(상거): 가까운 곳에서 먼 곳으로 옮아가는 것.
268 高彦伯(고언백, ?~1608): 본관은 濟州, 자는 國弼, 호는 海藏. 1592년 임진왜
　　란이 일어나자 助防將이라는 칭호를 받았고, 7월 24일 楊州牧使에 제수되어
　　장사를 모집하여 산속 험준한 곳에 진을 치고 복병하였다가 왜병을 공격하여
　　전과를 크게 올렸다. 태릉이 한때 왜군의 침범을 받았으나 고언백의 수비로 여러
　　능이 잘 보호될 수 있었다. 이에 왕이 공을 칭찬하고 관급을 더 올려 경기도방어
　　사가 되었다. 또, 내원한 명나라 군사를 도와 서울 탈환에 공을 세우고 경상좌도
　　병마절도사로 승진하였으며, 정유재란 때는 경기도방어사가 되어 전공을 크게
　　세웠고, 난이 수습된 뒤 濟興君에 봉하여졌다. 1608년 광해군이 왕위에 올라
　　臨海君을 제거할 때, 임해군의 심복이라 하여 살해되었다.
269 延安(연안): 황해도 남동부에 있는 고을. 동쪽은 배천군, 서쪽은 청단군, 북쪽은
　　봉천군, 남쪽은 서해 경기만에 접한다.
270 白川(배천): 황해도 남동부에 있는 고을. 동쪽은 예성강 건너 황해북도 금천군·

平不難。此意使豊德[271]郡守邊應軫, 通諭于全羅兵使崔遠・義兵將金千鎰等。而東宮將士, 絶少控弦之卒, 侍衛孤單, 了無可倚之勢, 募民搜兵, 無一應者, 雖有一二之得, 皆是殘弱之類, 聚集精銳, 百計無策。臣等竊念, 武士之樂赴, 莫如科擧, 而取人重事, 勢難擧行, 若所住近邑, 行移知會[272], 定規觀射[273], 居首者直赴殿試, 次者直赴會試, 又次者禁軍除授, 則人必爭先聚兵, 亦多。允爲便當, 妄料敢稟。而緊關守令塡差處及他權差之官, 亦爲別錄上送矣。

8월 15일(임인)

또 장계 2통을 봉하여 행재소에 올렸다.

○최근에 삼가 살피건대 성상(聖上)의 기체(氣體)는 어떠하신지 몹시 답답하고 염려스러움을 금치 못하겠습니다. 신(臣)들은 동궁을 모시고 지금 성천(成川)에 머물러 있습니다.

정희현(鄭希賢: 鄭希玄의 오기)을 평산 부사(平山府使)로 제수하는 관교(官敎: 임명장)가 이르렀습니다만, 그 사람은 강동(江東)의 여울이 얕아져서 방어하러 가도록 하였다는 사연을 일찍이 장계로 이미 아뢰었습니다. 평산 부사는 군사를 뽑아 적을 잡는데 서둘러야 해

개풍군, 서쪽은 연안군, 북쪽은 봉천군, 남쪽은 한강과 예성강을 사이에 두고 인천광역시 강화군 교동도와 마주한다.

271 豊德(풍덕): 경기도 개풍군 남부에 있는 고을.

272 知會(지회): 널리 펴서 모든 사람이 다 알게 함.

273 觀射(관사): 임금이 참석하여 보는 활쏘기 행사.

서 윤사헌(尹士憲)을 임시로 임명한 지 이미 오래되었습니다. 그리고 동궁의 행차를 호위하는 장사들 가운데 달리 의지할 만한 사람은 없고 단지 정희현·김우고(金友皐) 두 사람만 있었는데, 형편상 수령으로 바꾸어 보내기가 어려워 우선 이곳에 머물도록 하였습니다. 그리고 사포(司圃) 한호(韓濩)가 이달 14일 이곳에 왔는데, 문서를 작성하는 일이 긴요하여서 곧바로 보내라고 명하였습니다.

○신(臣)들은 동궁을 모시고 지금 성천(成川)에 머물러 있습니다. 평양(平壤)에 있는 적의 수를 비록 상세히 알지는 못하나 많지는 않은 듯합니다. 그런데 이번 달 6일 교전한 이후부터 지금까지 거의 10여 일이 지났는데도 다시 적을 몰아내는 거사(擧事)를 하지 않으니, 적들이 더욱 거리낌 없이 흩어져 나와 불을 지르고 노략질을 하여 사방 들판의 곡식들을 거의 죄다 베어 갔습니다. 그리고 얼핏 전해 듣건대 경성(京城) 안에 있는 적들은 송경(松京: 개성)을 왔다 갔다 하며, 관북(關北: 함경도)의 각 고을에 주둔해 있는 적들이 곳곳에 가득하다고 하니, 혹여라도 평양(平壤)의 적들과 다 같이 모여서 세력을 합치기라도 한다면 앞으로의 걱정은 이루 말할 수 없을 것입니다. 이 적들을 소탕하여 없애는 일은 하루가 급한데도 점점 지연되고 있으니 지극히 답답하고 걱정스럽습니다.

근처의 각 고을에서 공물(貢物)로 바친 세목(細木: 가늘고 고운 무명)으로 동궁을 모시고 따른 신료(臣僚)들에게 나누어 주는 일은 일찍이 유지(有旨: 왕명서)가 내려와 받은 것에 의거하였는데, 면포(綿布)가 본도(本道: 평안도)에는 원래 없어서 강동(江東)·삼등(三登)·성천(成川)에서 공물로 바친 명주(明紬)를 내수사(內需司)가 공물로 받아들인 2,740필 안에서 합쳐 동궁을 모시고 호위한 종실(宗室)·백관(百官)·장사(將士) 외에도 동궁의 수레를 호종하였던 군인 및 출정(出征)하였던 군졸에게 나누어 주었습니다. 여전히 본도(本道: 평안도)에 들어와 자리를 잡고 사는 타도(他道)에서 멀리 피난 온 사람들이 왜적들의 분탕질을 겪으며 부모와 처자를 다 잃고 날씨가 차가운 이때를 당하여 맨몸을 드러낸 채로 추위에 울부짖고 있어서 지극히 측은합니다. 이일(李鎰)과 정희현(鄭希賢: 鄭希玄의 오기)의 군중(軍中)에도 조금씩 나누어 보내며 더욱 심하게 옷이 얇은 군사들에게 나누어주도록 하였습니다만, 남아있는 명주는 아직 10동(同)이나 됩니다. 사변으로 몹시 혼란하여 어수선한 이때를 당하여 각 고을의 관아에 쌓아둔 것들이 흩어져서 없어질까 염려스러우니, 속히 처치하도록 명하는 것이 온당할 듯합니다.

근일에 제때 논공행상하여 상으로 관직을 준 일과 하는 수 없이 임시로 임명한 정목(政目: 인사이동 보고서)을 기록하여 올려보냅니다.

이곳에는 이조(吏曹)의 당상(堂上)과 낭청(郎廳: 郎官)이 없어서 조정의 유시(諭示)를 미처 만들어 백성들에게 주지 못하였으니, 조속히 만들어 보내 주기를 감히 아룁니다.

인의(引儀) 고응잠(高應潛)·이응길(李應吉) 등이 모습을 나타냈으나, 듣건대 화인(華人: 중국인)을 접대하라는 기별이 있는 듯하여 두 사람을 보냅니다.

十五日(壬寅).

又封狀啓二道于行在所。○近日伏審, 上體若何, 不勝憫慮之至。臣等陪侍東宮, 時留成川。鄭希賢, 平山府使官教來到, 而右

人, 江東淺灘, 防守辭緣, 曾已啓達。平山府使, 則急於抄兵捕
賊, 尹士憲權差已久。且行次侍衛將士, 他無倚仗之人, 只有鄭
希賢·金友皐二人, 勢難移換守令, 姑留于此。而司圃韓濩[274], 本
月十四日來此, 文書事緊, 卽令起送矣。○臣等陪侍東宮, 時留成
川。平壤賊數, 雖未詳知, 似爲不多。而今月初六日, 接戰之後,
今幾十箇日, 而更不擧事, 賊益無忌, 散出焚掠, 四野田禾, 幾盡
刈取。而側聞京中之賊, 往來松京, 關北各邑留屯之賊, 處處充
滿, 或與平壤賊, 相聚合勢, 則將來之憂, 不可勝言。勦除此賊,
一日爲急, 而漸至延緩, 極爲憫慮。近處各邑, 貢納細木[275], 俵給
侍陪臣僚事, 曾因有旨捧上, 則綿布本道元無, 江東·三登[276]·成
川貢紬, 合內需司[277]所納二千七百四十匹內, 分給陪侍宗室·百
官·將士外, 扈駕軍人及從征之卒。猶是本道土著, 而他道遠來
之人, 經賊焚蕩, 喪失父母妻子, 當此寒凜之時, 露體呼寒, 至爲
矜惻。李鎰·鄭希賢軍中, 從略分送, 使之俵給尤甚衣薄之軍, 而
餘在之紬, 尙有十同。當此事變搶攘之日, 各官所儲, 散失可慮,

---

274 韓濩(한호, 1543~1605): 본관은 三和, 자는 景洪, 호는 石峯·淸沙. 1567년
진사시에 합격하였다. 1583년 瓦署 別提에 제수되었다. 글씨로 출세하여 寫字
官(조선시대 승문원과 규장각에서 문서를 正書하는 일을 맡아보던 벼슬)으로
국가의 여러 문서와 명나라에 보내는 외교문서를 도맡아 썼고, 중국에 사절이
갈 때도 書寫官으로 파견되었다. 벼슬은 歙谷縣令과 加平郡守를 지냈다.

275 細木(세목): 올이 가늘고 고운 무명.

276 三登(삼등): 평안남도 강동군 삼등면 지역.

277 內需司(내수사): 조선시대에 왕실 재정의 관리를 맡아보던 관아. 궁중에서 쓰는
미곡·포목·잡화 및 노비 등에 관한 일을 맡아보았다.

速命處置，似爲便當。近日及時論功賞職， 及不得已權差政目，
開錄上送。此處無吏曹堂上[278]郎廳[279]，朝諭皆未成給，從速[280]成
送敢稟。引儀高應潛[281]・李應吉等來現， 似聞有華人接待之奇，
兩人起送矣。

8월 16일(계묘)

왕세자가 대문 밖으로 나가서 장수와 군사들을 위로하였다.

十六日(癸卯)。

王世子出大門外，饁慰將士。

8월 17일(갑진)

○이날 행인사 행인(行人司行人) 설번(薛藩)의 주문(奏文: 임금에게
올리는 글)과 허의후(許儀後)의 조개(條開: 조목)를 볼 수 있었다. 이를
덧붙인다.

○행인사 행인직(行人職) 설번은 왜인의 마음이 교활하여서 우려
할 만하니 군사를 동원해 정벌하는 것을 서둘러야만 마땅하며, 아
울러 그 일과 관련된 한두 가지 처리 방안을 진술하여 성명(聖明:
천자)의 채택에 대비하고자 합니다.

---

278 吏曹堂上(이조당상): 이조의 판서, 참판, 참의를 가리킴.
279 郎廳(낭청): 郎官. 조선시대 六曹의 5~6품관인 정랑・좌랑의 통칭. 정랑은 정5
   품, 좌랑은 정6품관으로 6조의 중견 관리였다.
280 從速(종속): 되도록 빨리. 시급히 처리함.
281 高應潛(고응잠, 생몰년 미상): 본관은 淸州, 자는 國祥.

먼저 해당 병부(兵部)에서 오랑캐가 반란하여 서로 어지럽혀 왜인들의 마음을 헤아리기가 어려워지자, 성명(聖明)에게 급히 문무대신(文武大臣)을 보내어 정벌을 총괄하도록 하고서 무모한 계책을 징벌함으로써 위급한 변고를 그치게 해야 한다고 간절히 빌어 성지(聖旨)를 받들었습니다. 곧, "조선이 왜놈에 의해 함몰되려 하여 국왕이 구원병을 매우 급하게 청하였는데, 이미 많은 관료가 참여한 회의를 거쳤고 너희 부(部: 병부)에서도 또한 수소문하여 실정을 알았을 것이니, 곧 마땅히 행하여야 할 처리 방안을 헤아려 속히 가서 구원하고 달리 명을 기다리다가 늦추어져 제때 시행하지 못하여 훗날 우리의 변경에 폐해를 끼치는 것이 없게 하라. 관직을 설치하고 장수를 보내는 일은 모두 의논한 대로 하고 널리 알리도록 하라. 잘 알았다."라고 하였습니다.

해당 병부(兵部)의 자문(咨文: 공식 외교문서)에 따라 예부(禮部)에서 행인직 설변을 제청(題請: 황제에게 주청함)하여 칙지(勅旨)를 가져가는 직무를 맡겨 조선(朝鮮)의 국왕을 선유(宣諭)하게 하였습니다. 행인직은 이를 공경히 받들고 즉시 조선으로 달려와서 칙지를 개봉하여 해국(該國: 조선)의 임금과 신하에게 선유하니 감격하여 울지 않은 이가 없었으며, 모두 말하기를, "황제께서 은혜로이 소국(小國: 조선)을 가엾게 여겨 도와주시니 참으로 하늘과 땅 같은 어짊이로다."라고 하면서, 목을 길게 빼고 왕사(王師: 명나라 군대)를 기다리는 것 또한 큰 가뭄에 비가 내리기를 고대하는 것 같았습니다. 그 임금과 신하들이 애처롭게 호소하는 절박한 사연과 고달프게 떠돌아다니는 상황을 직접 본 것에 의하자면 진실로 존망이 순식간에 달려 있습니다.

　돌아보건대 사태의 염려할 만한 것은 조선에 있지 않고 우리나라의 변방에 있다는 것이며, 행인직이 어리석을지라도 깊이 염려하는 것은 변방에만 그치는 것이 아니라 내지(內地)까지도 몹시 놀라게 할까 두려운 것입니다. 그러니 병사를 징발하여 정벌하는 것을 한 순간이라도 늦출 수 있겠습니까? 청컨대 반드시 그렇게 될 수밖에 없는 형세를 요량하여 미리 군대를 증강해 지방을 지켜야 할 방안을 황상(皇上)에게 아뢰나이다.

　요진(遼鎭: 요동진)은 경사(京師: 북경)의 왼팔이며 조선은 곧 요진의 울타리요, 영평(永平: 永平府)은 기보(畿輔: 북경 가까운 지경)의 중요한 지역이며 천진(天津) 또한 경사(京師)의 문정(門庭: 문 앞)입니다. 2백 년 동안 복건성(福建省)과 절강성(浙江省)이 항상 왜인의 화를 당했으면서도 요양과 천진에 왜인의 침입이 있었다는 말을 듣지 못하였던 이유는 조선이 병풍처럼 가려주었기 때문입니다. 압록(鴨綠)이라는 하나의 강에는 비록 세 길이 있습니다만 서쪽에 가까운 두 길은 강물이 얕고 강폭이 좁아서 말이 뛰어 건널 만하고, 또 하나의 길은 동서로 떨어진 거리가 화살 두 대를 갖추어 제대로 먹일 수도 없는 거리이니, 어찌 능히 이곳을 거점으로 삼아 방어할 수 있겠습니까? 만약 왜놈이 조선을 점유하도록 내버려 둔다면 요양의 백성들은 하룻밤도 편안히 베개를 베고 잘 수가 없을 것입니다. 바람과 물결이 한 번이라도 잦아들고 잠잠해져 돛을 달고서 서쪽으로 배 띄우면 영평과 천진이 맨 먼저 그 화를 받게 될 것인데, 경사(京師: 북경)의 백성들이 놀라 떨지 않겠습니까?

행인직은 사사로운 걱정과 지나친 생각을 견디지 못해 발길이 닿는 곳마다 즉시 상세히 묻고 상의하였으며, 또한 사람들을 곧바로 평양 지방에 가서 정탐하게 하였습니다. 그들이 돌아와서 행한 보고에 근거하건대, 모두 이르기를, "왜구들이 각기 민가(民家)의 부녀자를 차지하여 짝을 이루고 가정을 꾸려서 집을 수리한 데다 양식을 많이 쌓으며 오랫동안 주둔할 계획을 세우는가 하면, 병기도 더 만들고 있는 데다 민가의 활과 화살을 강제로 빼앗아 전투하는 데 사용하려 한다."라고 하였습니다. 이는 왜적의 뜻이 작은 데에 있지 않은 것입니다. 신(臣)이 도착하던 날에 듣자니, 왜적이 서쪽으로 가 압록강(鴨綠江)에서 군대를 열병하겠다고 공언하자 조선의 신민(臣民)들이 갈팡질팡하며 어찌해야 할지 몰랐다고 하였습니다. 다행히도 유격(游擊) 심유경(沈惟敬)이 자신을 돌보지 않고 분발하였으니, 홀로 말을 타고서 적진에 들어가 통역을 통해 말을 전하여 대략 50일 동안 그들의 침범을 늦추고서 아군의 도착을 기다리게 하였습니다. 그러나 우리가 이러한 술책으로 저들을 우롱하였으니, 또한 저들도 이러한 술책으로 우리를 우롱하지 않을 줄 어찌 알겠습니까?

왜적은 권모술수에 간사하기까지 하니, 한창 평양(平壤)을 함락시키던 날에는 "길을 빌려 원수를 갚고자 한다."라고 하였다가, 지금은 "길을 빌려 조공(朝貢)하고자 한다."라고 합니다. 바야흐로 중국과 필적할 수 없음을 천고의 유감으로 여기다가, 또한 심유경을 만나서는 조공을 통할 수 있음을 다행으로 여겼습니다. 홀연히 깔보고 욕하는 말을 하다가도 홀연히 공손하고 온순한 말을 하니, 이에서 그들은 간사하여 믿기가 어려움을 저절로 대략 알 수 있습니다.

또 10년에 한 번씩 조공함은 원래 일정한 기약이 있었고, 조공하러 들어올 때 영파부(寧波府: 절강성)를 통함은 원래 일정한 지역이 있었습니다. 그런데 지금 조선을 끼고서 우리에게 맹약을 요구하니, 여러 단계의 통역을 거쳐 들어와 조회하는 것이 이 제도와 같지는 않은 듯하여 삼가 두렵습니다. 오히려 그대로 두는 것이 좋을 듯하니, 문책하지 않을 수 있겠습니까?

신(臣)이 왜적의 계략을 헤아리건대, 이와 같은 조공으로 귀의(歸依)를 거짓 원하는 척하여서 우리 군대의 출정을 늦추려는 계략에 불과할 뿐입니다. 혹은 강물이 얼기를 기다렸다가 요양(遼陽)을 침범할지 혹은 봄을 기다렸다가 천진(天津)을 침범할지 다 알 수 없는 바입니다. 만약 이러한 때에 속히 대규모 병력으로 대처하지 않는다면 저들이 침범하여 이르는 곳마다 감히 누구도 어찌하지 못한다고 여길 것인데, 그들이 그저 가만히 배를 돌릴 것이라고 저는 믿지 않습니다.

지금 조선은 거의 망하게 되어 위급한 사태가 조석에 달려 있으나, 윤음(綸音: 황제의 말씀)이 한 번 반포되자 조선 백성들의 충의에 찬 마음을 고무하고 적개심을 지닌 사기가 진작되었으니, 그 나라 사람들이 회복하기를 생각하지 않는 이가 없고 왜놈들과는 함께 살지 않겠다며 맹세하고 있습니다. 이러한 인심을 도와 정예 군사를 보내어 조선인들과 함께 협공한다면 왜놈들을 반드시 섬멸할 것으로 기약할 수 있습니다. 그러나 구차스럽게 시일만 끌며 기다린다면 저들이 가난하고 궁색한 자들을 불러 모으고 유랑민들을 어루만

져 위로할 것이니, 조선 사람들이 전쟁을 싫어하고 새로운 주인이 생긴 것을 좋아하게 될 것입니다. 비록 100만의 군사가 있다고 한들 어찌 성공할 수 있겠습니까?

혹자는 말하기를, "군사를 일으켜 토벌하러 가는 것은 단지 그들이 쳐들어오기를 재촉하는 격이다."라고 하나, 행인직의 생각으로는 정벌해도 올 것이고 정벌하지 않아도 또한 올 것입니다. 왜적을 정벌한다면 평양(平壤)의 동쪽에서 지장을 주어 그들이 오는 것이 지체되어서 화(禍)가 작게 될 것이나, 정벌하지 않는다면 평양의 밖에서 제 마음대로 할 수 있어 오는 것이 빨라져서 화도 커지게 될 것입니다. 속히 정벌하면 우리는 조선의 힘을 빌려서 왜적을 사로잡을 수 있으나, 더디 정벌하면 왜적이 조선 사람들을 거느리고 우리를 대적할 것입니다. 그러므로 신(臣)은 진실로 군사를 동원하여 정벌하는 일을 순식간이라도 늦추어서는 안 된다고 생각합니다. 설령 대규모의 군사가 일시에 일제히 모이지는 못할지라도 또한 마땅히 계속하여 군사를 징발해 보내와 조선의 성세(聲勢)에 도움을 준다면 아마도 만에 하나일망정 개나 양과 같은 오랑캐들의 혼을 빼앗을 수 있을 것입니다.

다만 군대를 동원하는 비용은 군량 확보에 드는 것보다 더 심한 것이 없습니다. 행인직이 지금 조선의 비축 양식을 물어보니, 겨우 7~8천 명의 1개월 양식에만 그쳤습니다. 부족한 양식은 우리의 도움을 받아서 계속 대려고 하는데, 조선의 왕과 신하들 또한 마부와 말들을 많이 징발해 압록강(鴨綠江) 강변에서 그 양식을 인수하여 운반하기를 원하고 있습니다. 평양(平壤)을 평정한 후에는 조선의

왕과 신하들 또한 우리나라 군사가 그들의 부모와 형제를 위하여
원수 갚은 것을 기뻐하니, 즐거이 곡식을 수송하면서 자연스레 어
디서나 군량을 대줄 것입니다. 하물며 왜적들에게 분한 마음을 지
닌 자야 말해 무엇하겠습니까?

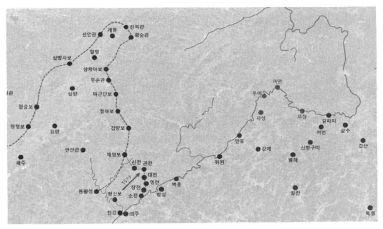

대전 · 관전 · 애양보

　관전(寬奠) · 대전(大奠) · 애양(靉陽) 등의 지방으로 말하면, 서북
쪽은 달로(㺚虜)와 인접하고 동남쪽은 압록강(鴨綠江)을 마주하고
있어서 동서남북의 길이가 5백여 리 되나 원래 정해져 있는 장수와
병사의 수는 이미 지극히 적었습니다. 그런데 지금 각각의 군영(軍
營)에서 징발해 간 선봉(選鋒: 정예병) · 초마(哨馬: 정찰 기병) 및 나이
가 많거나 도망치거나 죽은 군사를 제외하면, 관전보(寬奠堡)에 실
제로 주둔하고 있는 군사는 1,300여 명에 그치고, 애양보(靉陽堡)에

실제로 주둔하고 있는 군사는 7,500여 명에 그치며, 대전보(大奠堡)에 실제로 주군하고 있는 군사는 330여 명에 그치는데, 왜적을 막고자 할 뿐만 아니라 북방 오랑캐도 또한 막고자 하지만 (堡)를 지키는 군사가 없을 수 없고 차단하는 사람이 없을 수 없으니, 설령 왜적들이 정말 쳐들어와도 어떻게 막겠습니까?

행인직이 생각건대 관전보 등의 장수와 병사를 속히 더 배치하지 않을 수 없습니다. 북방 사람은 오랑캐를 방어하는 데에 뛰어나고, 남방 사람은 왜적을 막는 데에 뛰어나니, 만약 왜적과 전쟁한다면 남병(南兵) 2만을 얻지 않고서 어찌 그들의 칼날을 꺾고 그들의 예기(銳氣)를 꺾겠습니까? 그러한즉 남병을 속히 징발하지 않을 수 없습니다. 우리가 능한 재주는 말을 타고 활 쏘는 데에 있고, 왜적이 능한 재주는 조총 쏘는 데에 있는데, 화살을 쏘는 곳에는 투구와 갑옷으로 피할 수 있지만 조총을 쏘는 곳에는 군사와 말로 감당하기 어렵습니다. 더군다나 등나무 방패가 있으면 병사의 몸을 가릴 수도 있고 말을 가릴 수도 있으니, 등나무 방패와 조총을 다 응당 속히 만들어 두어야 할 것입니다.

신(臣)이 말한 것은 여러 신하가 진실로 다 먼저 말하였을 것이니, 어찌 신이 번거롭게 아뢰는 것을 기다렸겠습니까? 다만 생각건대 하루라도 빠르면 조선이 하루라도 멸망하는 화를 면할 것이고, 하루라도 늦으면 우리나라 강토에 하루라도 근심을 끼칠 것입니다. 간절히 바라건대 성황(聖皇)의 총명으로 올바른 결단을 통해 해부(該部: 병부)에 칙서(勅書)를 내려 조사하고 의논하도록 하여 일을 담당하거나 수행할 모든 신하에게 넘겨 병마(兵馬: 군대)를 재촉해 앞

으로 나아오게 한다면, 우리나라 강토에 매우 다행이고 종묘사직에
도 매우 다행이겠습니다.

　행인직은 기우(杞憂)를 견디지 못하여 바람과 추위를 무릅쓰고 나
왔다가 도중에 병이 나서 정신없이 빨리 달려갈 수가 없으니 어찌하
겠습니까? 다만 한결같은 정성스러운 충성이 늦추어져 제때 시행되
지 못할까 두려워서 이처럼 사유를 갖추어 주본(奏本)을 썼으니, 먼
저 집안사람 설지(薛志)에게 받들어 가지고 가도록 하여 삼가 아뢰
옵니다.

　○이날 또 장계 1통을 봉하여 행재소에 올렸다.

　○요즈음 성상의 옥체가 어떠한지 몹시 답답하고 염려스럽습니
다. 신(臣)들은 동궁을 모시고 지금 성천(成川)에 머물러 있습니다.

　광주 향교(廣州鄕校)의 생도 이운룡(李雲龍) 등이 이달 17일 이곳
에 와서 말하기를, "동쪽 잠실(蠶室) 근처의 사노비 두리(頭里)·불
세(佛世) 등이 6월 보름께 선릉(宣陵: 성종의 묘) 봉분의 잔디와 흙이
왜적들에 의해 파헤쳐졌다고 말했다."라고 합니다. 전해 들은 말이
거짓말인지 참말인지 알지 못하겠으나, 그 말을 듣고 놀라움과 비
통함을 금치 못하였습니다.

　동궁이 즉시 오산도정(烏山都正) 이현(李鉉)과 선전관(宣傳官) 이
응인(李應仁)에게 사수 군인(射手軍人) 5명을 이끌고 급히 능침을 살
피도록 당일 출발시켰으니, 그들이 돌아온 후에 다시 마땅히 아뢰
어야 할 것이지만 일이 매우 놀랍고 슬퍼 먼저 아뢰옵니다.

　능침을 살피는 신하는 마땅히 벼슬이 높은 조정의 관리를 보내어
야 하나, 왜적의 무리가 지금 그곳에 진(陣)을 치고 있어서 도달하려

면 어지간히 합당한 사람이 없는데, 오산도정 이현은 나이가 젊은
데도 무재(武才)가 있어서 이에 차출하여 보낸 것입니다.

十七日(甲辰)。

○是日, 得見行人司行人²⁸²薛藩²⁸³奏文及許儀後²⁸⁴條開²⁸⁵。
附。○行人司行人職薛藩, 爲倭情狡猾可虞, 調兵征討當急, 并陳
一二事宜²⁸⁶, 以備聖明採擇事。先該兵部, 爲虜叛交訌, 倭情叵
測, 懇乞聖明, 急遣文武大臣, 經略征討, 以伐狂謀, 以弭急患事,
奉聖旨："朝鮮被倭奴陷沒, 國王請兵甚急, 旣經多官會議, 儞部裏
又探聽得實²⁸⁷, 便酌量應行事宜, 速去救援, 他無待緩不及事, 致

---

282 行人司行人(행인사행인): 명나라 洪武帝 때 禮部에 설치된 관청명. 藩國·屬國
   을 冊封할 때 사신으로 나갔으며, 황제의 뜻을 받들어 위문하는 일을 하였다.
   또 유능한 인재를 추천하고, 왕족이나 대신이 죽고 난 뒤 제사를 보살폈으며,
   대신들의 귀환 길을 수행하고 속국에 황제의 詔令을 전달하였다.

283 薛藩(설번): 1592년 임진왜란 때 지원군 파병을 알리는 명의 칙서를 가지고 조선
   에 온 명나라 관리. 설번이 임진왜란 당시 했던 가장 큰 역할은 칙서를 받은
   조선의 태도를 자세하게 보고하면서 명 조정의 의심을 해소하는 일이었는데,
   그의 보고서에서 조선의 君臣들이 황제의 뜻을 확인하고 감격하여 울지 않은
   이가 없다는 점을 강조하여, 명에서 조선의 곤란한 상황을 파악하고 조선에 대한
   의심을 해소하는 데에 큰 도움이 되었다.

284 許儀後(허의후): 중국 江西省 출신으로 왜구에게 포로로 잡혀갔다가, 薩摩 번
   주의 의관으로 일했던 인물. 풍신수길의 명나라 정벌 계획을 탐지하여, 몇 통의
   편지를 써서 주균왕이라는 인물을 통해서 본국에 알리기도 하였다. 일본의 사정
   과 전쟁 도발의 이유, 그에 대한 대책, 풍신수길 등에 대한 별도의 내용들이 있었
   는가 하면, 조선이 일본의 중국 침략에 앞장선다는 내용도 들어 있어서 임진왜란
   초기에 명나라가 조선에 대해서 의심을 품게 하기도 하였다.

285 條開(조개): 세부 항목.

286 事宜(사의): 일에 관계된 안배와 처리.

287 得實(득실): 실정을 앎.

貽我他日邊疆之害。設官遣將, 俱依擬宣諭。已知道了。"隨該兵
部咨, 行禮部, 以職藩題請差職齎勅, 宣諭朝鮮國王。職欽此欽
遵, 卽馳至朝鮮, 開勅宣諭該國君臣[288], 莫不感泣, 咸謂: "皇恩矜
恤小國, 眞若覆載[289]之仁。"而引領[290]王師, 又若大旱之望雲霓[291]
矣。據其君臣哀籲迫切之辭, 又[292]目覩其困苦流離之狀, 誠有存亡
係於呼吸間者。顧事勢之可憫者, 不在朝鮮, 而在吾國之疆場[293],
職愚之所深慮者, 不止疆場, 而恐內地之震驚也。其調兵征討, 可
容頃刻緩乎? 請料其必至之勢, 預當添兵, 防守地方事宜, 爲皇上
陳之。遼鎭[294], 京師之左臂, 而朝鮮者, 卽遼鎭之藩籬也, 永平, 畿
輔之重地, 而天津又京師之門庭也。二百年來, 福浙常遭倭患, 而
遼陽·天津, 不聞有倭寇者, 以朝鮮爲之屛蔽耳。鴨綠一江, 雖有
三道, 然近西二道, 水淺江狹, 馬可飛渡, 其一道, 東西相去, 不備
貳箭之路, 豈能據爲防守? 若使倭奴據有朝鮮, 則遼陽之民, 不得
一夕安枕而臥矣。風汛一便, 揚帆而西, 永平·天津, 首受其禍,

---

288 이하 부분은《宣祖修正實錄》1592년 9월 1일 6번째 기사에 수록되어 있음. 내
  용에 있어서 약간의 출입이 있다.

289 覆載(부재): 天地. 하늘이 덮어주고 땅이 실어준다는 의미이다.

290 引領(강령): 목을 빼고 기다림.

291 若大旱之望雲霓(약대한지망운예):《孟子》〈梁惠王章句 下〉의 "백성들이 고대
  하기를 큰 가뭄에 운예를 고대하듯 하였다.(民望之, 若大旱之望雲霓也.)"에서
  나오는 구절.

292 又(우): 及의 오기인 듯.

293 疆場(강장): 국경·변방을 이르는 말.

294 遼鎭(요진): 遼東鎭. 명나라 때 長城 내외의 요지에 설치된 이른바 9邊鎭 중
  要塞鎭.

京師其無震驚否乎? 職不勝其憂過計, 足跡所至, 卽詳詢訪, 又差
人直至平壤地方哨探。據其還報, 皆云:"倭寇各占人家婦女, 配
爲家室, 繕治房舍, 多積糧子, 爲久駐之計; 添造兵器, 搜括民家弓
矢, 爲戰征之用."此其志不在小也。臣到之日, 聞其聲言[295]西向,
觀兵[296]鴨綠, 朝鮮臣民, 彷徨無措。幸得游擊沈惟敬[297], 奮不顧
身, 單騎通言[298], 約以五十日, 緩其侵犯, 以待我兵之至。然我以
此術愚彼, 亦安知彼非以此術而愚我乎? 其人狙詐狡猾, 方陷沒平
壤之日, 則云:"欲假道而復仇", 今則云:"欲假道而朝貢矣."方以
不能與中國抗衡, 爲千古遺忿, 又以得沈惟敬, 可通朝貢爲幸矣。
倏然而爲嫚罵之辭, 倏然而爲恭順之語, 此其奸詐難憑, 自可槪見
矣。且十年一貢, 自有常期; 入貢向由寧波府, 自有常地。今挾朝
鮮, 以要我盟, 竊恐重譯來王[299]者, 不如是也。尙可置之, 不問乎?
臣料其謀, 不過如許朝, 詐願招安[300], 以緩我兵之計耳。或俟河

---

295 聲言(성언): 표명함. 공언함. 천명함.

296 觀兵(관병): 군대의 위세를 보임. 군대를 열병함.

297 沈惟敬(심유경): 1592년 임진왜란 때 祖承訓이 이끄는 명나라 군대를 따라 조선에 들어온 명나라 장수. 평양성 전투에서 명나라군이 일본군에게 대패하자 일본과의 화평을 꾀하는 데 역할을 하였고, 1596년 일본에 건너가 도요토미 히데요시를 만나 협상을 진행하였으나 매국노로 몰려 처형되었다.

298 通言(통언): 通語. 말이 달라서 서로 의사를 소통하지 못하는 사람들 사이에서, 그 두 말을 다 아는 사람이 말을 서로 옮겨 뜻을 전하여 줌.

299 來王(내왕): 제후가 정기적으로 천자에게 조회하는 것을 일컫는 말.

300 招安(초안): 반역자나 도적이 있으면 그들을 토벌하기 전에 먼저, "죄를 용서하고 오히려 상을 줄 터이니 항복해 오라."라고 招諭하는 것. 곧 歸依 歸附, 歸順 등으로도 부른다.

凍, 以犯遼陽; 或俟春期, 以犯天津, 俱未可知。若非及是時, 速以
大兵臨之, 則彼以爲侵犯所至, 莫敢誰何[301], 其肯帖然而返棹者,
吾不信也。今朝鮮垂亡, 危在朝夕, 然綸音一布, 鼓其忠義之心,
作其敵愾之氣, 彼國之人, 莫不以恢復爲念, 誓不與倭奴俱生。乘
此人心, 加以精兵, 與彼夾攻, 則倭奴必可期勦滅。苟俟歲時, 則
彼招集貧窮, 安撫流離, 朝鮮之人, 厭起甲兵[302], 樂有新主。雖有
百萬, 其能濟乎? 或謂: "興兵往征, 徒速其來。" 職謂: "征之固來,
不征亦來。" 征之則牽掣於平壤之東, 其來遲而禍小; 不征則肆意
於平壤之外, 其來速而禍大。速征則我藉朝鮮之力, 以擒倭; 遲征
則倭率朝鮮之人, 以敵我。故臣誠謂調兵征討, 不可頃刻緩者。縱
大兵一時未能齊集, 亦宜陸續[303]調來, 以爲朝鮮聲勢之助, 庶幾萬
一可奪犬羊[304]之魄也。顧興兵之費, 莫甚糧餉。職詢其今所積, 僅
可足七八千一月之糧。有不足者, 資我繼之, 其國君臣, 亦願多發
人馬, 在於鴨綠江邊接運[305]。克定[306]平壤之後, 其國君臣, 亦幸我
兵爲其父母兄弟報仇, 樂輸粟餉, 自可隨地[307]資糧矣。況有倭賊
之所憚者乎? 至如寬奠[308]·大奠·靉陽等處地方, 西北則鄰猺

---

301 莫敢誰何(막감수하): 누구도 감히 어찌하지 못함.

302 甲兵(갑병): 전쟁.

303 陸續(육속): 계속하여 끊이지 않음.

304 犬羊(견양): 변방에 사는 이민족들에 대한 경멸의 뜻을 지닌 말.

305 接運(접운): (화물을 다른 배에) 인계하여 운반함.

306 克定(극정): 적을 무찔러 나라를 평화롭고 안정되게 함.

307 隨地(수지): 어디서나.

308 寬奠(관전): 본래 寬佃에서 개칭.

虜[309], 東南則枕鴨綠, 延袤[310]五百餘里, 原額[311]官兵, 數已極少。
今除各營調去選鋒·哨馬·及節年[312]逃故軍丁外, 寬奠實在營軍,
止一千三百餘名; 靉陽實在營軍, 止七千五百餘名; 大奠實在營
軍, 止三百三十餘名, 既欲防倭, 又欲防虜, 守堡不可無兵, 堵截不
可無人, 設倭果來, 何以禦之? 職謂寬奠等處官兵, 不可不速爲之
添設也。北人善於禦虜, 南人善於禦倭, 若與倭戰, 非得南兵二
萬, 其何以挫其鋒而折其銳乎? 則南兵不可不速調也。我之長技
在騎射, 倭之長技在鳥銃。弓箭之所及者, 盔甲可避; 鳥銃所發
者, 士馬難當。況有藤牌, 既可蔽身, 亦可蔽馬, 則藤牌·鳥銃, 皆
當速爲置造也。臣之所言, 諒諸臣皆先言之, 何待臣之陳瀆[313]? 顧
念早一日, 則朝鮮免一日覆亡之患; 遲一日, 則貽我疆場一日之
憂。懇乞聖明睿斷, 勅下該部查議, 轉行當事諸臣, 催促兵馬前
來, 則疆場幸甚, 宗社幸甚。職不勝杞人之慮[314], 奈偶[315]冒風寒,
患病途中, 不能疾趨奔走? 顧一念款款之忠誠, 恐緩不及事, 爲此

---

309 㺚虜(달로): 조선과 중국의 북방에 살던 종족. 그 계통은 분명하지 않으나 시대
　　에 따라 靺鞨, 蒙古, 契丹 등으로 불리던 종족의 일부로 명나라의 북부와 조선
　　의 평안도 북변에서 자주 말썽을 일으켰다.
310 延袤(연무): 延은 橫으로 東西의 길이, 袤는 縱으로 南北의 길이. 즉 성곽의
　　크기를 말한다.
311 原額(원액): 元額. 원래 정해져 있는 定數.
312 節年(절년): 歷年. 여러 해를 지냄.
313 陳瀆(진독): 번거롭게 말하여 귀를 더럽힘.
314 杞人之慮(기인지려): 杞人之憂. 기나라 사람의 쓸데없는 걱정. 하늘이 무너질
　　까 걱정했다고 한다.
315 奈偶(내우): 奈何의 오기인 듯.

具本, 先差家人薛志齋奉, 謹具奏聞。○是日, 又封狀啓一道于行
在所。○邇來, 聖體若何? 憫慮之至。臣等陪侍東宮, 時留成川。
廣州貢生[316]李雲龍等, 本月十七日, 來此言: "東蠶室近處, 私奴頭
里 · 佛世等, 六月望間, 說道宣陵[317]之上莎土, 爲倭賊所破壞"云。
傳聞之言, 未知虛的, 而聞之不勝驚痛。東宮卽遣烏山都正鉉[318] ·
宣傳官李應仁, 率射手軍人五名, 馳往奉審[319]次, 當日發送, 回還
後, 更當馳啓, 而事甚驚悼, 姑先啓聞。奉審之臣, 當送爵高朝士,
而賊徒今方結陣於其處, 無可合得達之人, 烏山都正鉉, 年少有武
才, 玆以差送矣。

8월 18일(을사)

왕세자가 여러 도(道)에 글을 내렸는데, 피란한 사대부들을 찾아
가 만나보고 편의에 따라 구제하도록 하였다.

十八日(乙巳)。

王世子下書諸道, 使之訪問避亂士大夫, 隨便恤濟。

---

316 貢生(공생): 향교의 校生.

317 宣陵(선릉): 조선 제9대 왕 成宗과 성종의 繼妃 貞顯王后 尹氏의 무덤.

318 鉉(현): 李鉉(생몰년 미상). 조선 宣祖 때부터 光海君 때까지의 종친. 中宗의
서자 海安君 李㟓(1511~1573)의 넷째 서자.

319 奉審(봉심): 왕명을 받들어 왕실의 묘우나 능침을 살피고 점검하는 일을 지칭하
는 용어.

8월 19일(병오)

빈청(賓廳)에 나아가 고경명(高敬命)의 토적격서(討賊檄書)를 보
았다.

○이날 또 장계 1통을 봉하여 행재소에 올렸다.

○이달 18일 문안하러 갔던 사람이 돌아왔는데, 삼가 성상(聖上)
의 옥체(玉體)가 평안하심을 알게 되어 매우 기쁘고 다행스러운 마
음을 감당치 못하겠습니다. 신들은 동궁을 모시고 지금 성천(成川)
에 머물러 있습니다.

신들이 비변사의 통관(通關: 공문서)을 받아 보았는데, 곧 김우고
(金友皐)를 함경도 방어사(咸鏡道防禦使)로 정하여 임명하였으니 곧
바로 보내라는 것이었습니다. 그러나 평양(平壤)의 적들이 아직 평
정되지 않아서 동궁의 행차가 성천(成川)에 도착한 다음 날 곧바로
이일(李鎰)을 보내고 이빈(李薲)과 함께 협공하도록 하여 이달 13일
과 16일 계속 접전을 벌였는데, 비록 통쾌한 승리는 아닐지라도 살
상한 적이 매우 많았습니다. 이제 막 다시 싸워서 기어코 장차 적을
무찔러 없애려는데 중요한 기회를 놓칠까 염려되나 이일(李鎰)을 도
로 불러들일 수가 없는 데다 이곳에서 동궁을 모시고 호위하는 장수
는 단지 김우고 한 사람뿐이니 그를 보내기도 온당치가 않습니다.

그리고 북방의 일 또한 긴급하여 하는 수 없이 정희현(鄭希賢: 鄭
希玄의 오기)을 보낸 것은 근래 강여울의 물이 빠져서 곳곳에서 건널
수가 있었기 때문입니다. 평양의 적들이 성 밖을 나와 거침없이 날
뛰니 지극히 염려스러웠던 까닭에 정희현에게 군사를 이끌고 길을
차단하라고 한 것입니다. 만약 이러한 대비를 거두어야 한다면 이

곳에 머무르며 지내는 것 또한 매우 고립되어 위태하게 되니, 다른 사람으로 바꾸어 임명하는 것이 온당할 듯합니다.

경기 순찰사(京畿巡察使) 권징(權徵)의 장계가 이곳을 지나가는데, 급히 경기에 있는 적의 형세를 알고자 하여 동궁에게 뜯어보도록 아뢰었고 본 후에 다시 봉하여 올려보내니, 지극히 온당치 못한 것입니다.

十九日(丙午)。

詣賓廳, 得見高敬命討賊檄書。○是日, 又封狀啓一道于行在所。○本月十八日, 問安人回還, 伏審聖體安康, 無任喜幸之至。臣等陪侍東宮, 時留成川。臣等得見備邊司通關, 乃金友皐 咸鏡道防禦使差定, 劃卽起送事。而平壤之賊, 尙未蕩平, 東宮行次, 到成川之翌日, 卽送李鎰, 使與李薲夾擊, 本月十三日 · 十六日, 連次接戰, 雖未快捷, 殺傷甚多。今方更戰, 期將勦滅, 恐失事機, 李鎰不可召還, 此處陪侍之將, 只有金友皐一人, 撥送³²⁰未安。而北方之事, 亦爲緊急, 不得已起送鄭希賢, 則近因江灘水落, 處處可渡。平壤之賊, 出城橫突, 極爲可慮, 故使之領軍把截。若撤此備, 則此處留住, 亦甚孤危, 他人改差, 似爲便當。京畿巡察使權徵狀啓過去, 急於欲知京畿賊勢, 稟于東宮開見, 後還爲封送, 極爲未安。

---

320 撥送(발송): 파견함.

8월 20일(정미)

二十日(丁未)。

8월 21일(무신)

또 장계 1통을 봉하여 행재소에 올렸다.

○근일 성상(聖上)의 옥체(玉體)가 어떠한지 밤낮으로 애태우며 걱정하고 있습니다. 신들은 동궁을 모시고 지금 성천(成川)에 머물러 있습니다.

전 이조 참의(前吏曹參議) 이정암(李廷馣)이 의병을 많이 모아 연안(延安)과 가까운 곳에 있는데, 이전에 그에게 초토사(招討使)의 칭호를 주고 적을 토벌케 한 연유는 이미 장계를 올려 아뢰었습니다.

듣건대 강음 현감(江陰縣監) 최영휘(崔永徽)가 도망가 숨은 지 이미 오래되어 적의 통로에 있는 요충지로서 완전히 적들의 소굴이 될까 지극히 염려스러웠는데, 경기 관찰사(京畿觀察使) 권징(權徵)이 군관 유연(兪淵)을 임시로 임명하여 본도(本道: 경기도)에 공문을 보내어 부임하기를 재촉하였습니다.

二十一日(戊申)。

又封狀啓一道于行在所。○近日聖體若何, 日夜憂慮。臣等陪侍東宮, 時留成川。前吏曹參議李廷馣[321], 多聚義兵, 在於延安

---

321 李廷馣(이정암, 1541~1600): 본관은 慶州, 자는 仲薰, 호는 四留齋 · 退憂堂 · 月塘. 1558년 사마시에 합격해 진사가 되고, 1561년 식년 문과에 급제하였다. 처음 승문원에 들어가 권지부정자를 역임하고 예문관 검열로 사관을 겸하였다. 1565년 승정원 주서를 거쳐 1567년 성균관 전적 · 공조 좌랑 · 예조 좌랑 · 병조 좌랑 등을

近處。前授招討使稱號, 使之討賊緣由, 曾已狀啓。聞江陰[322]縣
監崔永徽, 逃遁已久, 使賊路要衝, 全委之賊藪, 極爲可慮。以京
畿觀察使權徵, 軍官兪淵權差, 移文本道, 催促赴任矣。

8월 22일(기유)

병조 참의(兵曹參議) 홍인상(洪麟祥)이 대조(大朝: 행재소)에서 돌
아왔다.

二十二日(己酉)。

兵曹參議洪麟祥[323], 回自大朝。

두루 역임하였다. 1592년 임진왜란이 일어날 때 이조 참의로 있었는데, 선조가
평안도로 피난하자 뒤늦게 扈從했으나 이미 체직되어 소임이 없었다. 아우인 개성
유수 李廷馨과 함께 개성을 수비하려 했으나 임진강의 방어선이 무너져 실패하고
말았다. 그 뒤 황해도로 들어가 招討使가 되어 의병을 모집해 延安城에서 치열한
싸움 끝에 승리해 그 공으로 황해도 관찰사 겸 순찰사가 되었다. 1593년 병조참판·전
주 부윤·전라도 관찰사 등을 역임하고, 1596년 충청도 관찰사가 되어 李夢鶴의
난을 평정하는 데 공을 세웠다. 그러나 죄수를 임의로 처벌했다는 누명을 쓰고
파직되었다가 다시 지중추부사가 되고, 황해도 관찰사 겸 도순찰사가 되었다.

322 江陰(강음): 황해도의 平山 땅에 있는 지명. 禮成江 유역에 해당하지만, 天摩의
북쪽 기슭에 자리하므로 옹달진 곳이다. 동쪽과 북쪽은 평산, 서쪽은 배천, 남쪽
은 개성과 접한다.

323 洪麟祥(홍인상, 1549~1615): 본관은 豊山, 자는 君瑞·元禮, 호는 慕堂. 개명
은 洪履祥. 1573년 사마시를 거쳐 1579년 식년문과에 급제하였다. 그 뒤 예조와
호조의 좌랑을 거쳐, 정언·수찬·지제교·병조 정랑 등을 두루 지냈다. 1591년
직제학을 거쳐 동부승지가 된 뒤, 다시 이조 참의가 되었다. 1592년 임진왜란
때는 예조참의로 옮겨 왕을 扈駕해 西行하였다. 그리고 곧 부제학이 되었다가
성천에 도착해 병조 참의에 전임하였다. 1593년 정주에서 대사간에 임명되었고,
이듬해 聖節使가 되어 명나라에 다녀왔다. 그 뒤 좌승지가 되었다가 곧 경상도
관찰사로 나갔다. 1596년 형조참판을 거쳐 대사성이 되었다. 그러나 영남 유생

8월 23일(경술)

또 장계 1통을 봉하여 행재소에 올렸다.

○이달 22일 이곳을 지나가는 소모관(召募官) 박동언(朴東彦)으로부터 성상(聖上)의 옥체(玉體)가 평안함을 듣고 기뻐서 손뼉을 쳤습니다. 신들은 동궁을 모시고 지금 성천(成川)에 머물러 있습니다.

요사이 평양의 적들이 도망가려는 뜻이 없는 듯합니다. 날마다 성을 나와 흩어져 벼를 베고 집을 태우며 또한 모란봉(牧丹峯) 위에 성을 쌓고서 군막을 치니 지극히 원통하고 분합니다.

이빈(李贇)·이일(李鎰) 등의 군대가 누차에 걸쳐 접전하여 비록 통쾌한 승리를 거두지는 못했으나 쏘아 죽인 적이 또한 많았습니다. 이일은 번번이 정예병을 뽑아 적들이 오는 길목에 매복병(埋伏兵)을 분산 배치하였는데, 이달 22일에 적을 만나자 대오(隊伍)를 나누어 적들을 많이 나오게 하고 무수히 쏘아 죽였으니, 적들이 허둥지둥 도망쳐 들어가도록 하여서 그들의 예봉을 꺾어 놓아 조금이나마 위안이 되고 다행이라 여겨집니다. 이곳의 여러 곳에 피난 용사(勇士)들이 계속하여 와서 보이니, 그때그때 떠나보내어 전투를 돕게 하고 적을 무찔러 소탕할 기약을 밤낮으로 고대하고 있습니다.

그러나 다만 도원수(都元帥) 김명원(金命元)이 아뢴 장계의 내용을 보건대, 이일(李鎰)이 공문을 주고받으며 조치하여 시행하는 사이에 착오로 체면을 잃는 일이 많이 있었다고 하나, 공문을 만들

文景虎 등이 成渾을 배척하는 상소를 올리자, 성혼을 두둔하다가 안동부사로 좌천되었다.

때 꾸짖거나 원망하는 뜻이 있었던 듯합니다. 이일이 비록 체면을 잃는 것이 없지 않으나, 그의 뜻은 전적으로 적을 토벌하려는 데에 다급한 마음에서 나온 것입니다. 이렇게 국가가 위급한 때를 만나 두 장수가 세력을 합하면 적 섬멸하기를 기약할 수 있을 것인데도, 만약 이로 인하여 견책받아 그 직임(職任)을 지키지 못한다면 이일의 부하 부장(副將)과 정예병 및 거느리고 있는 1천여 명의 병사들이 일시에 무너지고 흩어져서 새로 다시 모으기가 어려울까 두렵습니다. 여러 곳의 장수와 군사들 또한 이로 인하여 흩어질까 몹시 답답하고 걱정스럽습니다. 이일이 군사들을 거느린 이래로 비록 누차에 걸쳐 패배하였으나, 근래 그의 말과 얼굴빛을 보면 자못 의분으로 국가를 위해 적을 토벌하려는 뜻이 있어 군사를 잃고 도망쳐 숨는 자들과 같이 비할 바가 아니니, 늦게나마 전공을 거둘 수 있도록 돕는 것이 좋을 듯합니다.

전에 두 장수가 서로 뜻을 툭 터놓고 협의하지 못한다는 것을 듣고 동궁이 병조 참의(兵曹參議) 홍인상(洪麟祥)을 보내어 그 실상을 살피게 하였는데, 두 장수가 대단하게 체면을 잃은 것도 따로 없었고, 그들의 다툰 발단도 다만 기한에 맞추어 군사들을 모이도록 약속하는 것에 있었다고 합니다.

시강(侍講: 세자 앞에서 글을 강의)하는 관원 가운데 결원이 매우 많은 데다 빈객(賓客: 세자를 가르치는 벼슬)이 한 사람도 이곳에 없으니 온당치 못한 듯합니다. 한준(韓準)이 빈객의 직을 띠고 있었으니, 행재소에서 만일 긴요하게 맡아야 직무가 없다면 그를 이곳으로 보내어 권강(勸講)의 임무를 돕게 하는 것 또한 온당할 것입니다.

二十三日(庚戌)。

又封狀啓一道于行在所。○今月二十二日, 因召募官朴東彦[324]
過去, 伏審聖體安寧, 不勝喜抃。臣等陪侍東宮, 時留成川。近日
平壤之賊, 似無遁去之意。日日散出, 刈稻燒屋, 且築城造幕於
牧丹峯[325]上, 極可痛惋。李薲 · 李鎰等軍, 累次接戰, 雖未快捷,
射殺亦多。李鎰每抄精銳, 散布埋伏於賊來之路, 今月二十二日,
遇賊分運多出, 無數射中, 使賊蒼黃遁入, 以挫其鋒, 稍可慰幸。
此中諸處, 避亂勇士, 連續來現, 這這發送, 使之助戰, 勦滅之期,
日夜苦待。而但觀都元帥金命元狀啓辭緣, 則以李鎰文移施措之
間, 多有錯謬失體之事, 措語之際, 似有詬恨之意。李鎰, 雖不無
所失, 其意全出於討賊爲急之心。當此國家危急之秋, 兩將協勢,
滅賊有期, 而若因此獲譴, 不能保其職任, 則李鎰手下褊裨[326]精
銳及所統千餘之兵, 竊恐一時潰散, 更難復聚。諸處將士, 亦皆
因此解體, 至爲憫慮。李鎰自領兵以來, 雖累次敗衄, 而近觀其
辭氣, 則頗有慷慨爲國討賊之意, 非如失軍逃匿者之比, 俾收桑
楡[327]之效, 似爲便益。前聞兩將有不協之意, 東宮遣兵曹參議洪

---

324 朴東彦(박동언, 1553~1605): 본관은 潘南, 자는 仁起. 누이가 宣祖의 정비 懿
仁王后가 됨으로써 공조 좌랑에 오르고, 1592년 사섬시 첨정이 되었다. 그해
임진왜란이 일어나자 江原道召募使로 나가 군사를 모집하였고, 뒤에 한성부 서
윤 · 호조 좌랑 · 상의원 정을 역임하고 鳳山郡守에 이르렀다.

325 牧丹峯(모란봉): 평안남도 평양 대동강의 오른쪽 연안에 있는 산.

326 褊裨(편비): 偏裨. 각 軍營에 둔 副將.

327 桑楡(상유): 전에 실패한 것을 나중에 회복한 것. 지난 잘못은 어쩔 수 없지만,
앞으로의 일은 만회하기에 늦지 않다는 뜻이다.

麟祥, 察其實狀, 則兩將別無大段所失, 其爭端, 只在於約束期會
之間云矣。侍講之官, 闕員甚多, 而賓客則無一人在此, 似爲未
安。韓準職帶賓客, 行在所如無緊關職事, 使之來此, 以裨勸講
之任, 亦爲便當。

8월 24일(신해)

또 장계 1통을 봉하여 행재소에 올렸다.

○선전관(宣傳官) 이계명(李繼命)이 왔는데, 성상(聖上)의 옥체(玉
體)가 평안하심을 삼가 알고서 기쁘기 그지없습니다. 신(臣)들은 동
궁을 모시고 지금 성천(成川)에 머물러 있습니다.

평양(平壤)의 적들이 처음에는 그 수가 많지 않아서 머지않아 물
리치고 멸망시킬 수 있다고 여겼으나 아직도 통쾌한 승첩을 거두지
못하니 더욱 함부로 흉악한 칼끝을 휘두르면서 사방으로 흩어져 분
탕질하며 약탈을 일삼습니다. 본부(本府: 성천부)는 평양과의 거리가
아주 가까우니, 동궁을 모시는데 단출하거나 허술하게 할 수 없지
만, 각 고을의 군사들이 다 이미 출정하여 새로 가려낼 병사가 없습
니다. 본부(本府)가 7월과 8월에 변방의 방어에서 번을 서지 아니하
고 물러 나오는 군사와 9월과 10월에 번을 서야 할 군사를 방어하는
것에서 제외하여 이곳에 머무르며 호위하도록 하는 것이 온당할 듯
하나, 감히 마음대로 처리할 수가 없어서 감히 아룁니다.

경상 좌병사(慶尙左兵使) 박진(朴晉)이 왜적을 잡은 사실을 급히
보고하는 장계가 이곳을 지나가는데, 영남에 있는 적의 형세를 알
고자 하여 동궁에게 뜯어보도록 아뢰었고 본 후에 봉함하여 올려보

냅니다.

북도(北道)의 소식을 전혀 듣지 못하여 답답하고 염려하던 즈음에 덕원 부사(德原府使) 신경리(申景禰)의 첩보(牒報)를 방금 보니, 각 고을에 왜적이 혹은 3, 4백 명씩 혹은 2, 3백 명씩 바로 이때 머물러 있어서 군인을 가려 뽑아 많은 곳에 복병으로 배치해 적을 죽이거나 사로잡을 계획이라고 합니다.

二十四日(辛亥).

又封狀啓一道于行在所. ○宣傳官李繼命之來, 伏審聖體康寧, 不勝欣喜. 臣等陪侍東宮, 時留成川. 平壤之賊, 初以爲厥數不多, 不久可以盪滅, 而尙未決捷, 益肆兇鋒, 四散焚掠. 本府距平壤密邇, 陪侍不可單虛, 而各邑之軍, 皆已從征, 更無抄出之兵. 本府, 七八月關防[328]退立[329]之軍, 九十月當番軍士, 使之除防留此, 以爲護衛, 似爲便當, 而不敢擅便, 敢稟. 慶尙左兵使朴晉, 捕倭馳報狀啓過去, 欲知嶺南賊勢, 稟于東宮開見, 後還封上送. 北道聲息, 絶未得聞, 憫慮之際, 今見德原府使申景禰牒報, 各官賊倭, 或三‧四百, 或二‧三百, 時方留在, 抄發軍人, 多定伏兵, 勦捕計料云.

8월 25일(임자)

二十五日(壬子).

---

328 關防(관방): 변방을 지킴. 변방의 방비를 위하여 설치한 요새.
329 退立(퇴립): 군사가 번을 서지 아니하고 물러 나옴.

8월 26일(계축)

또 장계를 봉하여 행재소에 올렸다.

○신들은 동궁을 모시고 지금 성천(成川)에 머물러 있습니다. 전 방어사(前防禦使) 이천(李薦)이 평강(平康)·철원(鐵原) 등지에서 군병을 불러 모아 영흥 부사(永興府使)로 제수되었다는 기별을 듣고 양덕(陽德) 땅까지 내달려갔으나 이미 교체되었음을 알았습니다. 그런데 오늘 26일 그가 이곳에 나타났으니, 동궁의 행차를 호위하던 장수 이일(李鎰)·이시언(李時彦: 李時言의 오기)·김우고(金友皐)·정 희현(鄭希賢)이 모두 어명을 받들어 지방으로 떠나가서 한 사람도 의지할 만한 사람이 없어 혹시라도 위급한 일이 있을까 몹시 답답하고 염려스럽던 까닭에 이천을 호위하는 장수로 우선 이곳에 머무르게 하였습니다.

황해도 관찰사(黃海道觀察使: 趙仁得) 및 방어사(防禦使)인 이시언(李時彦: 李時言의 오기)과 서흥 부사(瑞興府使) 남억(南嶷) 등의 보고 문서가 계속해서 도착했습니다. 이달 23일 왜적이 용천(龍川: 龍泉의 오기)에서 봉산(鳳山)으로 향했다고 하는데, 1만여 명이라고 하기도 하고 3천여 명이라고 하기도 하여 그 숫자가 서로 같지 않으나 적세는 매우 큰 듯합니다. 보고 문서 3장을 보냅니다.

왜적이 만약 평양(平壤)에 군대를 증강하여 사방으로 흩어져 공격하는데 동궁의 행차가 그대로 여기에 머물러 있다면 적과의 거리가 멀지 않아서 지극히 염려스럽지만, 비록 피해 옮기려고 해도 왜적이 없는 깨끗한 곳이 달리 없습니다. 만일 적들이 바싹 가까이 다가오는 동향이 있으면 안주(安州) 등지에 있는 대군(大軍)의 후방으로 옮겨

가서 정세를 보아가며 조치할 계획입니다. 그러나 이와 같은 막중한
일은 감히 마음대로 할 수 없는 것이라 감히 이처럼 아룁니다.

　박경신(朴慶新)이 오래도록 이일(李鎰)의 휘하에 있으면서 군대
상황을 속속들이 알 뿐만 아니라 적극적으로 나서서 일을 이루는
데도 민첩하여 자못 주장(主將)을 분발시키는 힘이 자못 있었는데도
뜻밖에 경질되어 떠나게 되자, 군사 중에는 그것을 막으려고 동요
하는 마음이 없지 않으니 그를 그대로 직무를 보게 하심이 온당할
듯합니다.

　二十六日(癸丑)。

　又封狀啓于行在所。○臣等陪侍東宮, 時留成川。前防禦使李
薦, 在平康·鐵原等處, 召聚軍兵, 聞永興府使除授之奇, 馳進陽
德地, 知已見遞。今二十六日來現, 而東宮行次護衛將官, 李鎰·
李時彦[330]·金友皐·鄭希賢, 皆承差[331]出去, 無一人可仗, 脫有緩
急, 至爲憫慮, 故李薦護衛次, 姑留于此。黃海道觀察使[332]及防
禦使李時彦·瑞興府使南嶬等文報,　連續來到。今月二十三日,
倭賊自龍川[333]來向鳳山[334], 或稱萬餘名, 或稱三千餘名, 厥數不

---

330 李時彦(이시언): 李時言(1557~1624)의 오기.(이하 동일)

331 承差(승차): 임금의 명을 받들고 지방에 파견됨.

332 黃海道觀察使(황해도관찰사): 趙仁得(?~1598)을 가리킴. 본관은 平壤, 자는
　　德輔, 호는 滄洲. 1577년 알성 문과에 급제, 정언을 거쳐 형조좌랑·장령 등을
　　지냈다. 1592년 임진왜란 때 황해도 관찰사로 해주 앞바다의 섬으로 피신하였다
　　가 황해도 병마절도사로 전직되었으며, 그 뒤 판결사를 지냈다. 1595년 도승지
　　가 되고, 이듬해 충청도 관찰사·공조참판·길주 목사 등을 역임하였다.

333 龍川(용천): 龍泉의 오기. 황해도 서흥부의 남쪽 22리에 있는 지역. 金郊道에

同, 而勢似浩大。文報三張輪送。賊若添兵於平壤, 四散衝突, 則
東宮行次, 仍留在此, 距賊不遠, 極爲可慮。雖欲移避, 他無乾淨
之地。如有逼近之勢, 移往安州等處大軍之後, 觀勢處置計料。
而如此莫重之事, 不敢自擅, 敢此仰稟。朴慶新[335]久在李鎰幕下,
不但備諳[336]軍情, 銳於進取[337], 頗有激發主將之力, 不意遞去, 軍
中不無沮撓之心, 俾令仍察, 似爲便當。

8월 27일(갑인)

또 장계 1통을 봉하여 행재소에 올렸다.

○서쪽 변방은 일찍 추운데, 성상(聖上)의 옥체(玉體)가 어떠한지
몹시 답답하고 염려하는 마음을 견딜 수 없습니다. 신들은 동궁을

속하는데, 금교도는 江陰의 金郊驛–牛峯의 興義–平山의 金巖–평산의 寶山–
평산의 安城–瑞興의 龍泉–鳳山의 劍水–봉산의 岊嶺–서흥의 洞仙–黃州의 敬
天驛까지를 포함한다.

334 鳳山(봉산): 황해도의 중앙에서 약간 북부에 있는 고을. 동쪽은 서흥군, 남동쪽
은 평산군, 남서쪽은 재령군, 북쪽은 황주군과 접하며, 북서쪽은 재령강을 건너
안악군과 마주한다.

335 朴慶新(박경신, 1560~1626): 본관은 竹山, 자는 仲吉, 호는 寒泉·三谷. 1582
년 식년 문과에 급제하였다. 1592년 임진왜란 때는 淸都助戰將으로 참전하고
순변사 李鎰의 종사관으로 활동하였다. 해주 목사에 임명되어서는 首陽山城을
수축하였다. 1594년 밀양 부사가 되었다가, 1597년 정유재란 때는 전주 부윤으
로 있으면서 성을 버리고 도망쳐 파직당하였다. 전란이 평정된 뒤 다시 瑞興府
使로 기용되었고, 뒤이어 동래부사·삼척부사·형조참의 등 내외 관직을 지냈
다. 광해군 때 光州牧使·양주목사·판결사 등을 지내고, 1618년 경상도관찰사,
1622년 公洪道(충청도)의 관찰사가 되었다.

336 備諳(비암): 낱낱이 앎. 속속들이 앎.

337 進取(진취): 적극적으로 나서서 일을 이룩함.

모시고 지금 성천(成川)에 머물러 있습니다.

　평양(平壤)의 적은 병력을 증강한 흔적이 있어 보이니 오랫동안 거사를 하지 않고도 점차 흉포한 기세를 펴기에 이르렀습니다. 본부(本府: 성천부)는 평양성과의 거리가 멀지 않은데다 강동(江東)의 여울물이 얕아져 장수를 정하여 방어하고 지켜야 하나, 여울이 많고 군사가 적어서 만전(萬全)을 보장하기 어렵습니다. 대군(大軍)의 후방으로 옮겨가서 정세를 보아가며 나아갈지 물러날지 결정하겠다는 뜻을 전에 이미 장계로 아뢰었습니다만, 동궁의 행차가 적과 가까운 곳에 머물러 있으니 호위하는 장수와 병졸이 단출하거나 허술할 수 없으나 본도(本道: 평안도)의 장수와 병졸은 가려 뽑고 난 나머지라 다 지치고 허약하여 한갓 군량만 허비할 뿐 실제로 쓸모가 전혀 없습니다. 모름지기 활을 잘 다루는 정예의 병사를 뽑아야 공격도 하고 방어도 할 수 있으나 모집할 길이 없습니다. 이를 격려하고 권면할 수 있는 바는 단지 과거(科擧)를 보이는 한 가지 일에만 달려 있으나, 과거 실시와 같은 중대한 일을 경솔하게 논의할 수가 없어 성상(聖上)이 직접 참관하는 활쏘기 시험을 하여 곧바로 과거를 응시하게 하자는 뜻을 장계로 아뢴 만큼 비답(批答)으로 결정해 주기를 기다리고자 합니다.

　홍인상(洪麟祥)이 애초에는 행재소로 가려고 동궁을 찾아와서 뵈었는데, 이때 동궁을 모시는 여러 신하가 대부분 늙고 병들어 일을 맡을 사람이 없었던 까닭에 그를 병조 참의(兵曹參議)로 임시 임명하였습니다.

　二十七日(甲寅)。

又封狀啓一道于行在所。○西塞早寒, 上體若何? 無任憫慮之至。臣等陪侍東宮, 時留成川。平壤之賊, 見有添兵之跡, 而久不擧事, 漸至鴟張[338]。本府距箕城不遠, 江東淺灘, 定將防守, 而灘多軍少, 難保萬全。移住大軍之後, 觀勢進退之意, 前已啓稟, 而東宮行次, 駐在近賊之地, 護衛將卒, 不可單虛, 而本道將卒, 抄發之餘, 皆是疲弱, 徒費饋糧, 而了無實用。須得控弦精銳之士, 可以攻守, 而無因收聚。其所激勸, 只在科擧一事, 而科擧重事, 不可輕議, 前以觀射直赴之意, 啓稟, 欲待回批[339]以爲定奪[340]。洪麟祥, 初向行在所, 來謁東宮, 時陪諸臣, 率多[341]老病, 幹事無人, 故兵曹參議權差矣。

8월 28일(을묘)

二十八日(乙卯)。

8월 29(병진)

영의정 최흥원(崔興源)이 부름을 받고 의주(義州)로 향했다.

○방어사(防禦使)의 첩서(捷書: 승전 보고서)가 평양(平壤)으로부터

---

338 鴟張(치장): 솔개가 날개를 활짝 폈다는 뜻으로, 기세가 등등함을 비유하여 이르는 말.

339 回批(회비): 上奏文의 끝에 대답을 적어 내림.

340 定奪(정탈): 신하들이 올린 논의나 계책 가운데 임금이 가부를 결정하여 한 가지만 택하던 일.

341 率多(솔다): 대부분.

왔다.

○이날 또 장계 1통을 봉하여 행재소에 올렸다.

○삼가 성상(聖上)의 옥체(玉體)가 어떠하신지 살피지 못하여 몹시 염려스럽습니다. 신들은 동궁을 모시고 지금 성천(成川)에 머물러 있습니다.

도감(都監: 영접도감)의 관자(關字: 공문서)에 의하면 응교(應教) 이상의(李尙毅)를 영접 낭청(迎接郎廳)으로 들어오라고 했다지만, 동궁의 시강관 겸 필선(侍講官兼弼善) 이유중(李有中)은 병이 위중하여 경질되고, 필선(弼善) 심우정(沈友正)·사서(司書) 윤형(尹涧)도 사신으로 나갔다가 돌아오지 않았습니다. 지금 날마다 경연 강론을 하고는 있으나 강론하는 관리가 모자라서 장차 폐강해야 할 지경에 이른 것은 지극히 온당치 못하니, 이상의를 잠시라도 계속 머물도록 해주기를 감히 아룁니다.

二十九日(丙辰)。

領相崔興源, 承召向義州。○防禦使捷書, 來自平壤。○是日, 又封狀啓一道于行所。○伏未審聖體何如? 伏慮之至。臣等陪侍東宮, 時留成川。都監關字[342]內, 應教李尙毅[343], 以迎接郎廳

---

342 關字(관자): 關子, 관서 상호간에 주고받는 관용 문서.

343 李尙毅(이상의, 1560~1624): 본관은 驪興, 자는 而遠, 호는 少陵·五湖·西山·巴陵. 1585년 사마시에 합격하고, 이듬해 별시 문과에 급제, 승정원 주서·성균관 전적을 거쳐 1591년 사헌부 지평이 되고 이듬해 병조정랑이 되었다. 이 해에 임진왜란이 일어나 선조가 의주로 피난 갈 때 檢察使로서 임무를 수행하였다. 이어 홍문관 부응교·세자시강원 필선·사헌부장령·성균관 사예·홍문관 교리·홍문관 전한 등을 거쳐 1594년 사간원 사간이 되었다. 1597년 말에는 陳慰使의

入來云, 而東宮侍講之官, 兼弼善李有中[344], 病重見遞, 弼善沈友正・司書尹洞, 出使未還。今方逐日進講, 而講官缺乏, 將至廢講, 極爲未安, 李尙毅姑爲仍留, 敢稟。

서장관으로 명나라에 다녀왔다. 1602년 이조 참판이 되었다가 1603년 성천 부사로 부임하였다. 1606년 중앙으로 다시 올라와 성균관 대사성・도승지・형조판서를 거쳐 1609년 이조판서가 되었다. 1611년 가을 東宮告命冕服奏請使로 명나라에 다녀왔다.

344 李有中(이유중, 1544~1602): 본관은 德水, 자는 時可. 1576년 별시 문과에 급제하였다. 1592년에 장령을 비롯하여 필선・홍문관 교리・동부승지・좌승지・우승지・대사간을 역임하고, 이조・병조・예조의 참의, 대사헌・예조참판 등의 청요직을 오랫동안 역임하였다. 1601년에는 청백리의 후보에 올랐던 적이 있으나, 인물됨이 邪毒하고, 昏妄하다는 대간들의 평이 있었다.

초서본 〈용사일기〉(上)과 목판본
〈피난행록〉(上)의 이본 대조

목판본 〈피난행록〉은 1592년 4월 30일부터 1593년 1월 28일까지의 기록
이나, 초서본 〈용사일기〉는 1592년 7월 18일부터 1593년 1월 12일까지의
기록이다. 초서본은 약포 정탁의 친필 초서본이 아니고 아마도 초서 정리
본인 것 같다. 1592년 7월 28일과 8월 9일의 내용 가운데 394자가 정확히
일치하고 있기 때문이다.

避難行錄 上

萬曆壬辰 四月三十日(己未)。

丑時大駕, 由敦化門, 敦義門出, 駐碧蹄館, 宿東坡館。是日大
雨, 宮娥或有冒雨徒步, 以白衫蓋頭而行者。當初上出城時, 一
路坊坊, 多出哭聲。琢時在藥房, 仍扈從至臨津。日暮, 風濤甚
惡, 不及渡。醫官南應命, 引宿江店。

五月初一日(庚申)。

自臨津, 追至東坡館。是日, 上宿開城府。〇司諫院, 駁領相李
山海, 命削官。

初二日(辛酉)。

崔興源爲右相。上御南城樓, 慰諭父老。上命罷左相柳成龍。
先是, 已命鄭澈等若干人, 皆敍用。

初三日(壬戌)。

留。

初四日(癸亥)。

上午駐興義館, 過平山府, 宿寶山館。

初五日(甲子)。

上午駐龍泉, 過劍水, 宿鳳山。

初六日(乙丑)。

上踰銅仙峴, 宿黃州。

初七月(丙寅)。

上午駐中和, 宿平壤, 仍留。

初八日(丁卯)。

鄭彦智·金宇顒·洪宗祿等, 敍命下。

初九日(戊寅)。

上命遞右相李陽元, 崔興源爲領相, 尹斗壽爲左相, 兪泓爲右相, 李恒福爲刑曹判書, 申磼爲吏曹參判。琢初寓庶尹衙舍, 至是, 移寓于隆興府東知印金億龍家, 是日風雨。

初十日(己巳)。

朝微雨。奉安廟社主位版于永崇殿。上是日, 命去尊號。

十一日(庚午)。

雨。

十二日(辛未)。

大雨。巳正三刻, 王世子嬪宮解産。○申從壽, 自寧邊來見, 與
苧戎衣裏衣一襲, 兵使李潤德, 寄白苧戎衣一襲。

十三日(壬申)。

雨。鄭崑壽爲大諫。

十四日(癸酉)。

進永崇殿。○李聖任以巡邊副使, 領兵向臨津。嘉山郡守沈信
謙, 寄三色物品。

十五日(甲戌)。

進永崇殿。

十六日乙亥。

自金億龍家, 移寓土官李仁壽家。是日, 與鄭汝仁, 謁褒忠表
節祠·二賢堂。

十七日(丙子)。

書生康仁立來見。命李山海中道付處, 三陟定配。

十八日(丁丑)。

十九日(戊寅)。
雨。柳祖訒爲世子翊衛司翊衛，監檢內醫院藥物各種。

二十日(己卯)。
雨。

二十一日(庚辰)。
微雨。申硈兵敗於臨津，大衆一時盡潰，劉克良死之。

二十二日(辛巳)。

二十三日(壬午)。

二十四日(癸未)。
是日，前左相鄭澈，自江界謫所，來謁行在所。

二十五日(甲申)。

二十六日(乙酉)。
雨。

二十七日(丙戌)。

雨。

二十八日(丁亥)。

有僧來傳子允穆書。

二十九日(戊子)。

雨。

六月初一日(己丑)。

臨津失守，都巡察使金命元狀啓至，行在所戒嚴。前領相柳成龍，復敍爲豐原府院君。

初二日(庚寅)。

初三日(辛卯)。

大雨。譯官朴仁祥自中朝出來，與《焦氏易林》四冊·《卜筮全書》六冊·《淵源子平》五冊。

初四日(壬辰)。

上御大同館外門，招諭父老，仍御練光亭，試才江邊土民等，卽命直赴殿試。〇奴莫同，自定州還，連福亦來。連福馬，見奪于肅川官云。

五日(癸巳)。

唐官來。大雨, 上迎見唐官於西閣。

初六日(甲午)。

以推馬事, 送連福於肅川。是日, 內殿發行, 向咸興府, 兪泓·
崔滉陪行。唐官還。○自李仁壽家, 移寓于官奴應吉家。是夜患
痢, 幾絕而蘇。

初七日(乙未)。

洪渾元來訪。

初八日(丙申)。

倭賊來現大同江越邊。

初九日(丁酉)。

大駕將發, 向寧邊府, 本府軍民, 成羣遮道, 力請不發, 未果行。

初十日(戊戌)。

詣政院, 請留, 啓曰: "國運不幸, 海寇憑凌, 大駕西幸, 苟保一
隅, 臣不勝痛哭。然而, 駐蹕本府, 固守城池, 以圖恢復, 此實得
計, 而朝議不一, 或以爲賊鋒已逼, 不可不避, 自上亦以爲然, 雖
有大臣之言, 不見聽納, 將以今日啓行, 臣食不下咽。京都不守,
已矣無及, 唯幸此府, 城郭粗完, 人民衆庶, 府庫糧餉, 猶可支持,

而浿江一水，所謂長江天塹。且觀人民勉留聖躍，咸懷敵愾之心，城中男女老幼，盡出守城。人心如此，此實大吉之兆。況今李鎰引兵已至，唐兵亦將來援，以此破深入之賊，而中興之功，可立而待，舍此之他，大事去矣。不特此也。大駕一動，則本府軍民，一時潰散，城陷必矣。兇賊追鋒，恐或莫遏，而中路不測之變，難保其必無。豈不寒心？其所以請上移躍者，恐或不思之甚也。伏惟聖裁，必須停行。臣患暑瘧累日，今始來啓，惶恐不已。"答曰："賊鋒不得不避。"

十一日(己亥)。
大駕發行，宿肅川府。

十二日(庚子)。
上宿安州。○連福來現。

十三日(辛丑)。
大駕至寧邊，是夕雨。

十四日(壬寅)。
命金應南起復。大駕發向義州了路，命王世子向江界。領議政崔興源・刑曹判書李憲國・副提學沈忠謙・刑曹參判尹自新・同知柳自新・兵曹參議鄭士偉・承旨柳希霖及琢，承上教，分扈東宮。翊衛柳祖訒亦至。自此遂爲分司。是夕，東宮宿雲山郡。

十五日(癸卯)。
東宮, 宿開平院, 是日陰雨。

十六日(甲辰)。
東宮, 宿熙川郡。

十七日(乙巳)。
留。崔滉自寧邊, 承命陪中殿, 向咸興, 未至而中路, 陪嬪宮,
是日來, 從東宮之行。

十八日(丙午)。
東宮發行, 是日兪泓, 來扈東宮。泓承命, 初從中殿, 向咸興, 中
路承命停行, 中殿還從大駕。泓至是, 啓請從東宮一行, 承命當直
向江界, 而卒從泓議, 便途取捷, 宿于長洞, 仍欲向雪寒嶺了路。

十九日(丁未)。
東宮發行, 宿嶺下人家, 扈從臣僚, 皆露宿, 是夕微雨。

二十日(戊申)。
東宮宿寧遠地人家。是日發行, 至天壇縣, 聞賊大衆, 直向咸
鏡道, 議者或言: "還向江界地, 一如大朝之命." 或言: "進向關東
春川·原州等地, 收合人心, 以圖恢復。羣議不一, 留時莫決, 卒
從泓議, 決向東路。蓋當初朝議之要往江界者, 欲令觀便, 踰雪

寒嶺, 北據險, 而旣聞賊入關北, 遂停關北之行, 則苟保江界, 或
云非計, 故從泓議。

二十一日(己酉)。
宿寧遠地民家。

二十二日(庚戌)。
留。

二十三日(辛亥)。
以朴宗男, 拜兵曹參知。東宮發行, 宿院坡, 臣僚皆露宿。

二十四日(壬子)。
東宮, 午後發行, 踰大嶺, 宿寧遠郡。

二十五日(癸丑)。
留。

二十六日(甲寅)。
東宮發行, 宿孟山縣。

二十七日(乙卯)。
東宮發行, 宿陽德縣地麻希山院人家, 琢宿縣吏李秀光家。

二十八日(丙辰)。
雨。

二十九日(丁巳)。
東宮發行, 宿楚川驛, 是夜大雨。

七月初一日(戊午)。
留。

初二日(己未)。
東宮發行, 宿中大院。

初三日(庚申)。
東宮發行, 宿陽德縣。

初四日(辛酉)。
東宮發行, 宿谷山盤巖坊人家。

初五日(壬戌)。
留雨。

初六日(癸亥)。
留雨。

初七日(甲子)。

東宮發行, 宿谷山人家。

初八日(乙丑)。

東宮發行, 踰水多嶺, 宿谷山地人家。山路險惡, 十步九顚, 一行大小, 皆甚苦之。

初九日(丙寅)。

東宮發行, 又踰一峴, 宿伊川地人家, 伊川縣監兪大禎, 出迎于境上。

初十日(丁卯)。

留雨。

十一日(戊辰)。

東宮發行, 涉楡洞川, 犯夜, 始至伊川縣。是日, 下三道監司, 狀啓始至。

十二日(己巳)。

留, 午後雨。○以不向江界事, 具由狀啓于行在所。○六月二十七日, 狀啓回還人, 持來有旨, 祇受後, 大駕留駐處, 更未得聞, 日夜西望, 拊膺罔極。行次陪來人員, 厥數本少, 而老病居多, 落後者亦有之, 驅馳峽嶺, 人馬疲頓, 驛路又絶, 道路梗塞, 行在問

安, 自不能如意。前往三人, 亦皆不返, 尤爲憫泣。江界·咸興,
難往辭緣, 曾已啓聞, 而平·黃兩道中, 欲擇駐形便之地, 頻聞大
駕消息, 而兩道賊兵充斥, 頓無寄足之處。間關顚仆, 今到伊川,
欲向關東安便之地, 而側聞京賊由鐵原路, 向金化等處, 遂安·
谷山諸處, 亦有聲息, 欲更體探, 以定所向, 姑留本縣, 召集兵
糧。第念收攬人才, 唯在爵賞, 而當此板蕩之時, 無尺布斗粟, 可
以俵給。至於除拜一事, 雖有便宜從事之命, 而東宮深以爲未安,
陪行微官陞補外, 一切不敢。若如是徒執謙讓, 則人心難定, 國
勢日孤, 更無恢復之望, 欲一一仰稟大朝, 則道里阻敻, 往復之
間, 動經數月, 坐失事機, 極爲惶憫。不得已及時應補之官, 姑爲
權差, 一邊任事, 一邊啓稟。雖在搶攘之中, 講官不可不備員, 故
以本道召募御使許筬, 兼文學前縣監黃愼, 權差司書, 前承旨姜
紳, 亦依起復人例, 付職收用。而各道守令, 時存隱避者及身死
與陣亡之人, 亦未塡差, 一道之事, 無人收拾, 欲爲聞見久曠之
邑, 除授可堪之人, 而事涉重大, 不敢便行, 亦爲可憫。各道狀啓
過此, 急於欲知邊報, 稟于東宮, 開見後, 還爲封送, 極爲未安。
向前各項之事, 有所未安, 路遠事急, 不得隨事啓稟, 至爲惶恐。

十三日(庚午)。
雨, 是日留, 平康縣監南樭, 來謁東宮。

十四日(辛未)。
雨留, 巡察使李鎰, 來謁東宮。

十五日(壬申)。

朝陰雨, 王世子, 稍集將士, 面告恢復之意。○長興庫鄭僉正婢
子彦介, 嫁來此縣吏家, 來見問安, 時時饋饌極精, 澣濯衣衫, 執
勞頗勤。

十六日(癸酉)。

招撫官李貴, 以招募事, 告行出去, 夜雨。

十七日(甲戌)。

朝雨夕晴。是日, 與賓廳諸宰, 又封狀啓一道于行在所。○頃因
義禁府都事韓應禮之歸, 憑修狀啓, 道路阻夐, 音聞久曠, 未審大
駕平安消息, 日夜憫泣。東宮行次, 崎嶇山峽, 從官散落, 艱苦萬
狀, 及到伊川近邑。避亂朝士, 稍稍來會, 同知丁胤福‧吏曹參議
洪渾‧前注書朴文叙‧前待教黃克中‧直長崔浚‧奉事具坤源‧
前郡守金殷輝等及宗室原川君‧西興都正等, 相繼來到, 戶曹判
書韓準, 自寧邊追到, 正言尹洞亦爲來到, 人士稍※[1]集, 粗成體
貌。大抵自西京失守之後, 一國人民, 未知大駕所在, 顒望悲慕,
◇[2] 及聞東宮來臨, 人心歡悅, 有若再生◇[3], 逃竄守令, 漸復官
守, 號令亦行, 恢復之機[4], 稍有可望。◇[5]李鎰◇[6]募軍[7], ◇[8]方住[9]

1　초서본 〈龍蛇日記 上〉은 처음 부분이 낙질되어 여기서부터 시작됨.
2　無所係屬爲白有如乎
3　之人

兎山地◇[10], 初欲令直進平壤近地, 與都元帥掎角[11]◇[12], 牽綴賊
鋒矣[13]。非但其烏合[14]孤弱之兵, 難犯大敵◇[15], 行次在群盜四圍
中, 而無一旅之卒[16], 極爲憫慮◇[17], 故召來于此[18]。其後, 李貴及
明城都正, 募得兵數百餘人[19], 幷本道兵, 合千餘人, 軍勢比前[20]
稍振, 而列邑皆蕩殘[21], 官無升穀[22], 一行◇[23]支供, ◇[24]許多軍糧,
百計無策, 將有自潰之患。勢不獲已[25], ◇[26]近邑◇[27]步兵價布, 咸

---

4 機: 幾

5 而

6 自平壤來到 海西

7 募軍: 聚軍

8 二息程

9 方住: 是在

10 住在爲白有去乙

11 掎角: 猗角

12 勦賊 使之

13 矣: 長驅之勢爲白如乎

14 非但其烏合: 聞李鎰之兵 僅烏合六七百人云

15 勞不喩

16 在群盜四圍中 而無一旅之卒: 尙無一旅之卒 而在群盜四圍之中

17 乙仍于

18 故召來于此: 不得已召來

19 李貴及明城都正 募得兵數百餘人: 李貴得召募兵七八十人 明城都正亦募得二
百餘人

20 前: 於

21 蕩殘: 經賊蕩敗之地

22 升穀: 一升之儲

23 上下

24 及

牛作米捧上, 今年貢木[28], 亦爲作米, 輕歇捧上之意[29], 已爲行移[30]。至於軍士上番[31], 前[32]雖有姑停之命[33], 而卽今[34]聚兵極難, ◇[35] 且念經亂[36], 無知之民, 不知有國家, 漸至渙散無統[37], 亦爲可慮[38]。故近道不爲被兵處[39], 令依法上番[40], 而黃海道, 則[41]近於關西◇[42], 使之起送行在事[43], 并爲知委矣[44]。李鎰◇[45]戰士, 非但[46]屢經戰陣, 不爲逃散, 勤勞可矜[47]。而或有已受賞職[48], 而未

---

25 勢不獲已: 事勢岌岌

26 不得已

27 當番

28 貢木: 貢物未納之物

29 捧上之意: 捧上亦

30 已爲行移: 行移知會爲白有齊

31 至於軍士上番: 軍士上番

32 前: 前日平壤駐駕時

33 雖有姑停之命: 雖命姑停

34 卽今: 今者非但

35 設使收聚烏合之卒 饋運亦難旀不喩

36 且念經亂: 經亂之後

37 漸至渙散無統: 漸爲無統散亂之民

38 亦爲可慮: 極爲可慮乙仍于

39 故近道不爲被兵處: 近道不爲被兵各邑諸色上番軍士

40 令依法上番: 使之依法立番

41 則: 段

42 爲乎等用良

43 行在事: 於行在所事

44 并爲知委矣: 竝只行移知委爲白有齊

45 所率

46 非但: 自四月從軍

得告身者; 或有啓聞軍功⁴⁹, 而中路未達者⁵⁰。呼召使⁵¹黃廷彧, 募軍時約⁵², 以平民則禁軍除授, 公私賤則許令免役⁵³, 焚香成誓⁵⁴, 今若失信, 則軍情解體, 將至離散⁵⁵, 故⁵⁶略示襃賞。而⁵⁷兵曹, 非但侍衛關重, 聚兵⁵⁸漸多, 不可專委。朴宗男·姜紳, 參知權差◇⁵⁹, 鄭希賢曾⁶⁰以軍功, 副正除授◇⁶¹, 而幷無官敎。朴宗男·姜紳·鄭希賢⁶², 三人⁶³官敎, 成送何如⁶⁴? 金化·金城, 兩邑守令, 自變初遠遁 ◇⁶⁵; 平康縣監, 亦爲逃竄⁶⁶; 麻田郡守, 不知去處;

---

47 勤勞可矜: 其勤勞可矜殊不喩
48 而或有已受賞職: 其有已受賞職於平壤
49 或有啓聞軍功: 亦有啓聞功
50 而中路未達者: 而中路闊失未達者
51 呼召使: 號召使
52 募軍時約: 召募軍人 當初結約時
53 許令免役: 免役事
54 成誓: 約誓
55 將至離散: 將有離發散之心
56 故: 不得已
57 而: 或授西班初入仕及禁軍 或免役許通 以爲羈縻之計爲白有齊 五品以下朝謝段 自該曹成給爲白在果 官敎段御寶安印事是白置
58 聚兵: 集兵
59 察任
60 曾: 前平壤時
61 云
62 鄭希賢: 鄭希玄
63 三人: 此三人
64 何如: 事詮次以 仰禀爲白齊
65 不知去處 本邑正在賊路要衝 吏民甚叛國附賊是如爲白乎旀 谷山郡守段 行次過來之時 全不出待

谷山郡守, 行次過來之時, 全不出待, 已被臺劾。永興·德原, 陣
亡已久, 淮陽府使, 亦爲倭賊所殺[67]。其他如忠州·安東等大處,
亦爲久曠[68]。如此許多郡邑[69], 委之賊手, 無人收拾, 極爲可慮
◇[70]。而行次[71]所駐處, 切近郡縣外, 差出未安, 姑待朝廷命令
◇[72]。大槪被兵處, 各邑守宰, 莫不望風逃竄, 而兎山縣監李希愿·
鐵原府使金俠[73], 盡心官事, 召聚民兵, 毅然[74]有固守之計, 一邑
之人, 恃以不散[75], 伊川縣監兪大禎, 居官處事, 頗有幹辦之才,
支供饋餉, 盡力無欠, 并爲可嘉[76]。◇[77]自南兵上來之後, 連得捷
獲◇[78], 賊勢[79]頓挫, 城中留倭甚少云[80], 流播之言, 未知虛的, 今

---

66 亦爲逃竄: 亦爲竄匿委棄官事 爲臺諫所論 不得已遞罷本差爲白有齊 此外如
　　永興德原 陣亡已久 淮陽府使 亦爲倭賊所殺
67 谷山郡守 行次過來之時 全不出待 已被臺劾 永興·德原 陣亡已久 淮陽府使
　　亦爲倭賊所殺: 或云從其父 北道入去云
68 久曠: 久空
69 許多郡邑: 郡邑
70 白乎矣
71 而行次: 行次
72 爲白齊
73 金俠: 金浹
74 毅然: 圖
75 不散: 不發
76 并爲可嘉: 竝只可嘉爲白齊
77 賊勢
78 於水原及鄭金院坪箭郊等處
79 賊勢: 大勢
80 云: 是如爲白乎矣

方◇[81]偵探。而[82]海西之賊, 留屯各邑, 傍肆抄略, 其勢浩大, ◇[83]
行次所駐處, 未得安便之地, 至爲憫慮◇[84]。姑爲留此, 遠遠偵
探, 觀賊勢緊歇, 以定去就計料◇[85]。

十八日(乙亥)。

晴。牛溪成渾浩源書來到右台。○是時, 賊勢鴟張, 三面皆然,
不得前進, 仍留滯行, 大小人員, 歸咎當初建議者。○是日, 乞膠
米一升於李欽哉, 付奴莫同, 澣濯垢汚。

十九日(丙子)。

雨。是日, 聞倭賊本月十七日, 已入谷山云[86]。

二十日(丁丑)。

柳訒之來訪。是夕, 入直摠府。

二十一日(戊寅)。

王世子引見備邊[87]堂上。

81　送人
82　而: 竢還隨後馳報計料爲白齊
83　自抱川等邑 直向金化之賊 連續不絶 前後皆爲賊場
84　爲白在果
85　爲白昆 詮次以善啓向教是事
86　入谷山云: 낙질

二十二日(己卯)。

雨。姜紳爲兵曹參知, 朴宗男爲春川府使。◇[88]

二十三日(庚辰)。

朝雨。是日, ◇[89] 又封狀啓一道于行在所。○○[90]近日, 一向未聞行在◇[91]消息, 日夜憫泣[92]。東宮行次, 尙住伊川◇[93]。本縣四面, 如谷山·牛峯·金化·麻田◇[94], 皆有賊耗, 而只賴雨水連綿, 江川漲溢, 恃以爲防。若江灘漸縮, 則極爲可慮, ◇[95] 觀賊勢緊歇, 隨便移避伏計◇[96]。近觀各道形勢◇[97], 列邑[98]守令, 或陣亡, 或棄邑, 或身死, 無非無守之邑, 民皆散亂◇[99], 殺掠攻劫, ◇[100]

87　備邊: 備邊司

88　江東叔母諺簡來

89　賓廳

90　附 行在所問安 六月十六日 宣傳官李應順 開平驛發送 同日宣傳官方守慶 中殿問安發送 同月十八日 熙川官奴元福 同郡發送已還 同月二十一日問安書狀 付熙川郡守 使之傳于江界府使 以送黃城古介 同月二十七日 司僕寺主簿方士豪 孟山縣發送 七月十二日 義禁府都事韓應禮 在本縣行在所 復命時順付 同月十八日 忠順衛李夢臣 本縣發送

91　平安

92　憫泣: 憫慮爲白乎㫆

93　縣爲白在果

94　等處

95　欲預定所向 而似無久住之地 至爲憫迫

96　爲白齊

97　爲白乎矣

98　列邑: 各邑

99　無統

當今急務[101], 莫如各邑守令[102], 隨闕塡差, 使之經理邑務, 召聚民兵。◇[103] 而行在遙遠, 聲聞難通[104], 東宮行次◇[105], 傍近◇[106]守令外, 其他諸邑◇[107], ◇[108] 不敢除差[109]。以此◇[110]空曠之邑[111]極多, 討賊了無頭緖, 誠非細慮◇[112]。春川爲嶺西大邑, 久不被兵, 本道方伯, 據此而措置防備◇[113]。若春川失守[114], 則◇[115]如加平・楊根等處, 亦難保守[116]。最爲關防要害之地, 而京畿監司權徵馳報內[117], 府使趙仁後, 身有重病, 累次遁避◇[118], ◇[119] 使本邑將爲棄

---

100 擧爲盜賊

101 當今急務: 當今之策

102 莫如各邑守令: 各官守令

103 乃是急務

104 難通: 未易通達

105 段置

106 要緊等

107 守令

108 這這除差似爲未安

109 不敢除差: 不得隨闕充差

110 諸邑

111 空曠之邑: 空曠處

112 是白齊

113 哛不喩

114 若春川失守: 春川若失守

115 各下

116 保守: 保存

117 京畿監司權徵馳報內: 초서본에는 없음.

118 爲白如乎

119 頃者 又聞洪川有賊 遠避藏伏

地云[120]，◇[121] 故[122]朴宗男，府使權差，使之把守◇[123]。驪州牧使
元豪，與賊戰[124]，爲賊所害[125]，而本邑[126]，在歸賊，要衝之地[127]，
不可一日無主軍◇[128]，卽接[129]京畿監司馳報，則[130]前承旨成泳，
募兵[131]千餘人[132]，在本州地云[133]，故仍爲權差牧使[134]。前府使金
千鎰，倡義起兵，自湖南到近畿[135]，忠義可尙[136]，而[137]尙無職名，
無以號令所部。且兩南倡義之人[138]，◇[139] 相繼而起◇[140]，激勸之
方，亦不可不慮◇[141]，故[142]金千鎰，陞授中樞府事[143]，至爲未安。

---

120 云: 是如

121 京畿監司權徵馳報爲白去乙

122 故: 不得已

123 爲白齊

124 戰: 接戰

125 爲賊所害: 於金化縣遇害

126 本邑: 초서본에는 없음.

127 要衝之地: 要害之地

128 是白置

129 卽接: 초서본에는 없음.

130 則: 內

131 募兵: 召募聚兵

132 千餘人: 幾至千餘人

133 在本州地云: 在州地

134 故仍爲權差牧使: 仍爲牧使 似爲便當爲乎等用良 權差爲白有齊

135 自湖南到近畿: 來自湖南 今到近畿

136 可尙: 可嘉

137 而: 초서본에는 없음.

138 兩南倡義之人: 兩南之人

139 倡義興兵者

140 是如爲白去等

春川府使朴宗男·驪州[144]牧使成泳官教, 幷爲成送, 何如[145]? 廣
州聚兵, 多至數千[146], 邊彦琇率兵屯駐, 遇賊[147]猝至, 彦琇[148]不能
成陣, 不見賊面而先走◇[149]。京畿監司, 馳狀請罪[150], ◇[151] 使之
白衣從事[152], 以責後效◇[153]。南兵則[154]◇[155] 來駐[156]仁川·安山
云[157], 而[158]兵數多寡, 未能[159]的知, 勝捷之言, 時或有傳[160], ◇[161]
而不可準信[162]。京中之賊◇[163], 再度◇[164]偵探, 則厥數[165]比前甚

---

141 乙仍于

142 故: 초서본에는 없음.

143 陞授中樞府事: 陞秩僉知中樞府使除授

144 驪州: 呂州

145 幷爲成送何如: 成送望良白齊

146 數千: 數千人

147 遇賊: 賊兵

148 彦琇: 邊彦琇

149 是如

150 馳狀請罪: 請罪爲白有去乙

151 旣以請罪 似不寬釋

152 從事: 從軍

153 爲白齊

154 則: 段

155 京畿監司馳報內

156 來駐: 來住

157 云: 是如爲白乎矣

158 而: 초서본에는 없음.

159 未能: 亦未

160 時或有傳: 有時傳聞

161 人言不同

162 而不可準信: 不可盡信爲白齊

少◇[166]。唐兵則[167]已渡鴨綠云[168]， 而只是傳聞[169]， 未知見到何處[170]， 至爲憫慮[171]。◇[172]

二十四日(辛巳)。

二十五日(壬午)。
有人來自大朝，因聞臺諫，論劾[173]當初請往東路建議之人云。

二十六日(癸未)。
金仲叔子命男，避亂于朔寧地，來見。

二十七日(甲申)。
金命男告歸朔寧。○江原監司柳永吉，來謁東宮。○是夕，自金

---

163 段
164 募人
165 厥數: 賊兵留住之數
166 是如爲白齊
167 則: 段
168 云: 是如爲白乎矣
169 而只是傳聞: 傳聞叱分是白遣
170 未知見到何處: 未知在何處
171 至爲憫慮: 至爲閔慮爲白齊
172 宣傳官朴承宗所齎標信 來納爲白去乙 同標信今去李尙毅授送爲白良尔 詮次善
173 論劾: 論

世弘家, 移寓崔晉昫家。○是日, ◇¹⁷⁴又封狀啓二道于行在所。
◇¹⁷⁵○臣等聞兩司, 以臣等處王世子, 棄¹⁷⁶江界, 入危地爲非, 摘
發首倡¹⁷⁷, 削奪官職云, 臣等待罪。宰相一行動靜, 無非出於臣
等, 臣等當膺首倡之罪, 而賊滿寰區, 皆爲危地。當跋涉之際, 博
採衆議, 或自計畫, 安有首倡之人◇¹⁷⁸, 首倡之罪, 全在臣等。惶
恐喘息, 席藁待罪◇¹⁷⁹, ◇¹⁸⁰ 固¹⁸¹不敢容一辭於其間, 而方¹⁸²在
危急之際, 循例容默, 則國家之勢漸危, 恢復之望無期, 敢敷終始,
以畢其說¹⁸³。當初命世子入江界時¹⁸⁴, ◇¹⁸⁵ 自上以宗社之主, 付
諸世子◇¹⁸⁶, 聖意蓋以恢復之責, 望於世子¹⁸⁷, 而江界¹⁸⁸一隅也,
朝廷之命, 不通於四方, 四方之人, 莫知有朝廷。舉國人民, ◇¹⁸⁹

---

174 賓廳
175 附
176 棄: 去
177 首倡: 首倡者
178 哉
179 爲白置
180 臺諫時方論執
181 固: 勢
182 而方: 方
183 其說: 其緒
184 入江界時: 入江界之時
185 朝議亦有便否之異
186 以行
187 聖意蓋以恢復之責 望於世子: 聖意必有所在 如有恢復之望
188 而江界: 江界
189 附賊者多

必皆淪胥於賊中[190]，◇[191]誰與爲恢復哉？況在熙川，曾以此意狀
聞[192]，已得量宜進退之旨乎？顧瞻四方，無非賊鋒之所在，唯在相
勢擇地[193]，避危◇[194]就安，使民望有所係，號令有所施，以成萬一
之效，此宗社之慶，臣民之幸[195]，臣等所以忘身，世子所以從臣計
也。自古爲天下國家者[196]，孰不危然後安？唯在盡天下之計，成
國家之務而已。◇[197] 北道乃興王之地，臣等過計，莫若先出北
方。抄發南北之兵[198]，擁截鐵嶺之險，號令於江原・慶尙，以通京
畿・忠淸・全羅，庶幾收効，不幸聞[199]賊兵已踰鐵嶺，不得已從衆
情，來于古寧邊，從衆情，所以順天意也。◇[200] 間道潛行，今達于
伊川，適遭大雨，三面有長江之阻，後一面，亦有大川，恃以留
駐。◇[201] 人[202]聞世子之來，莫不感激，至有垂涕者。畿甸義兵，

---

190 必皆淪胥於賊中：將淪胥毒鋒之驅使

191 則

192 狀聞：書狀

193 唯在相勢擇地：唯在擇地而行

194 而

195 臣民之幸：祖宗之幸

196 國家者：國者

197 以今日之事言之 賊倭留住箕城 已過四十餘日 江界尙無賊兵 世子若住江界
猶曰萬全 然其興復之責則未也 以當時之事言之 倭賊分二運 竝逐兩界 其勢
必分兵 一運則趲直路 入江界 一運則循江而下 則前頭只有胡地 欲由立石 而
入雪寒嶺 則立石去江界府三日程 豈能逆犯其鋒而取路哉 是自取於滅亡也

198 抄發南北之兵：초서본에는 없음.

199 不幸聞：不幸在荒城嶺 見北道書狀 則

200 其後 欲往他道便地 路梗無便 初非有意於關東 探知賊勢

201 以窺賊勢爲白在果

◇²⁰³ 處處蜂起, 爭相捕賊, 賊勢小挫²⁰⁴。◇²⁰⁵ 欲待²⁰⁶兵勢大振, 前進據勢◇²⁰⁷, 勦捕殘賊, 以通南軍計料◇²⁰⁸, 而臣等²⁰⁹負此重罪, 指揮三軍, 有妨事體, 極爲未安。惶恐待罪◇²¹⁰。

○臣等自分離大駕之後, 陪東宮²¹¹, 久在寧遠 · 孟山 · 陽德窮僻險塞之地, 人卒散亡, 從官內人, 有時徒步, 至於東宮牽馬之人, 亦或不備, 人馬瘦病, 僵仆相繼。以此大駕問安²¹², 亦未得以時²¹³。今到伊川, 人士稍集, 故連次送人◇²¹⁴, 而皆²¹⁵未得報, 方爲憫泣之至²¹⁶, 宣傳官羅守謹 · 主簿方士豪, 相繼以來, 伏審聖體康寧, 無任感泣²¹⁷。東宮行次, 時留伊川, 細探賊報²¹⁸, 收合軍卒,

---

202 人: 國人
203 或三四十名 或百餘名
204 小挫: 以挫
205 不敢恣意出入
206 欲待: 只待
207 一邊
208 爲白置
209 而臣等: 臣等
210 爲白臥乎事是良尓 詮次善啓向敎是事
211 陪東宮: 東宮行次
212 問安: 問安之人
213 以時: 節次以送
214 爲白乎矣
215 而皆: 時
216 方爲憫泣之至: 尤爲憫泣之際
217 感泣: 感泣之至
218 細探賊報: 徐探遠近聲息

欲向稍安之地伏計²¹⁹。全羅²²⁰義兵將管下◇²²¹，　來傳²²²曲折甚詳²²³，金千鎰義兵及兵使崔遠所領之軍，方在江華，接戰日期，時未決定◇²²⁴；前府使高敬命・前提督趙憲，亦率義兵上來，而先擊湖西・湖南之賊，未能趁期戻洛云²²⁵。千鎰軍中，王世子親筆下諭，諸軍感激，至有垂涕者◇²²⁶。開城²²⁷及京城，連次偵探，則賊勢視前稍減◇²²⁸，而²²⁹往來之言，未委虛的²³⁰。李薲自平壤失守之後，來在京畿積城地，收聚軍兵²³¹，故²³²招致行次◇²³³。而²³⁴竊

---

219 伏計: 而峽中殘邑 其物不敷 李鎰手下之兵 不滿一千 以充衛卒 欲送李鎰於平壤 而無此則他無所恃 未得撥送 至爲未安爲白齊 春川爲關東雄要之地 又據上流 若春川失守 則加平以下 次第陷沒 後難驅除 嶺東之賊 踰入嶺西 洪川春川 相繼被兵 京畿監司權徵 連次告急 而府使趙仁後 身有重病 隱匿不現 有才略武臣 急速差送事書狀 故不得已朴宗男差定爲白有齊 李時彦段 新溪地賊兵把截事 發送爲白齊
220 全羅: 全羅道
221 沈秀
222 來傳: 來自軍中爲白去乙　間
223 甚詳: 詳細探問爲白乎矣
224 爲白乎旀
225 云: 是如爲白乎旀
226 是如爲白齊
227 開城: 開城府
228 是如爲白良置
229 而: 초서본에는 없음.
230 爲白齊
231 收聚軍兵: 聚軍是如爲白去乙
232 故: 초서본에는 없음.
233 爲白有在果
234 而: 초서본에는 없음.

聞黃海◇[235] 一道之民, 久陷賊中[236], 不堪殺虐[237], 皆思奮起, 而無
將領[238]可以依歸, 日夜顒望◇[239], ◇[240] 故[241]遣李蘉, 使之往鎭谷
山·遂安等地[242], 一以收拾海西一路, 一以應接西京聲援◇[243]。
而[244]李蘉手下無見卒[245], 散亡之軍, 收聚未易, 極爲可慮[246]。◇[247]
正言[248]尹洞, ◇[249] 引嫌見遞, ◇[250] 諫官不可久曠◇[251], 故[252]黃愼
權差◇[253]。而[254]陽德縣監馳報[255], 金貴榮·黃廷彧書狀及[256]他道

---

235 民情

236 賊中: 乎乎疑手

237 不堪殺虐: 不敢敢疑堪殺虐之苦

238 無將領: 顧無將領之官

239 是如爲白去乙

240 欲送一員重將爲白乎矣 未得其人爲白如乎

241 故: 今

242 等地: 等官

243 爲白乎矣

244 而: 초서본에는 없음.

245 無見卒: 時無現卒

246 收聚未易 極爲可慮: 未易收聚爲乎乙可 亦爲可慮爲白乎旀

247 軍功賞職 及緊急除拜外 擅便差出未安爲白在果

248 正言: 兼司書正言

249 以僚屬落後之罪 在行在所論劾之中

250 衆論以爲初遣兩司 意有所在

251 是如爲白乎等用良

252 故: 초서본에는 없음.

253 爲白齊

254 而: 咸鏡道近來聲息段

255 馳報: 馳與

256 及: 上送爲白遣

書狀◇[257]十九張, 政院付送[258]。詮次善啓[259]。

二十八日(乙酉)。

王世子, 發行至江津, 天始明, 渡江。停行于民家, 夜踰風壁
峴, 遂寓民家。○是日, 陪童崔愼己, 以瓶酒來饋。○是日, ◇[260]
又封狀啓二道[261]于行在所。○◇[262]慶尙右道觀察使金誠一所送
軍官, 持狀啓來過[263], 急於欲知邊報, 稟達東宮開見, 至爲惶恐
◇[264]。近日黃海·江原之賊, 與京城之賊, 互相往來。而[265]郡縣
皆空, 自行自止, 遍滿官舍村店。我民被其殺虐, 日望官軍之至。
物情皆以爲先出空邑守令, 使之把守, 然後事有統緖◇[266], 故[267]
高陽郡守李愨·積城縣令李蘊·交河縣監成永遇·楊口縣監申應
泗等權差◇[268], 而[269]京畿水使成應吉, 尙無去處, ◇[270] 或云已死

---

257 竝

258 付送: 以封送爲白良尓

259 善啓: 以善啓向敎是事

260 賓廳

261 二道: 三道

262 宣傳官羅守謹之還 已爲狀啓爲白有在果 適

263 持狀啓來過: 來過爲白去乙 狀啓付送爲白齊 同監司及崔遠狀啓

264 爲白齊

265 而: 초서본에는 없음.

266 是白乎等用良

267 故: 초서본에는 없음.

268 爲白乎旀

269 而: 초서본에는 없음.

◇[271]，此時[272]水使久闕，防備蕩然，◇[273] 機關甚重[274]，行在[275]隔遠，事勢急迫，◇[276] 不得已權差，至爲未安[277]。◇[278]全羅監司李洸，以勤王後時◇[279]，爲本道儒生所疏論，專廢號令，奉身縮坐，慶尙左道[280]監司金晬，積失人心，號令不行，無一卒空坐，兩南勤王之兵[281]，似無可望[282]，至爲憫慮[283]。○[284]前因沈岱，伏審玉體稍愈，不勝驚慮之至，◇[285] 未委卽今聖體若何？◇[286] 東宮行次移駐成川之由，曾已啓聞[287]。行次留駐伊川，畿甸之民，歡悅歸附。朝廷氣脈，旁通於諸道，獻級日至，各起義兵，馳報相續，頗有恢復之望◇[288]。而[289]伊川一息程玉洞驛，賊兵現形，乘夜放砲，不

---

270 久不赴鎭

271 是如爲白去等

272 此時: 如此之時

273 爲悶慮爲白乎等用良 權差計料爲白齊

274 機關甚重: 有闕之處差出 未安爲白乎矣

275 行在: 行在所

276 機關甚重

277 爲白齊

278 竊聞

279 之故

280 慶尙左道: 慶尙右道

281 勤王之兵: 勤王之望

282 無可望: 不可期

283 憫慮: 可慮爲白齊

284 ○: 又

285 東宮祇送副率兪大健問安 去後

286 尤爲憫慮

287 啓聞: 狀啓爲白有齊

知賊勢衆寡[290]。不得已還向成川◇[291], 傍近諸邑民情, 莫不失望。
而適李時言遇賊百餘人於新溪, 只率疲兵三十餘名, 突陣斬其先
鋒, 我軍無一人被傷。以此威名甚著, 民情皆願◇[292]爲將, 救活一
方民命◇[293]。故[294]以時言[295]爲黃海防禦使, 以沈友正爲巡按使[296],
使之調給兵糧, 勦除黃海之賊, 慰答民望◇[297]。◇[298] 前[299]以李薦
黃海防禦使[300]差遣事狀啓, 而旣差之後, 聞玉洞賊警, 使李薦姑
往把截, 而薦[301]以無兵可守, 率爾還歸, 亦不來現, 故以李時言[302]
代送矣[303]。行次留駐處◇[304]成川, 雖近於平壤, 而平壤之賊, 近
似挫縮, 且前有江防, 姑駐此府, 欲爲觀勢進退伏計[305]。◇[306]

---

288 爲白如乎

289 而: 초서본에는 없음.

290 衆寡: 多寡

291 爲白乎矣

292 以李時言

293 亦懇乞爲白去乙

294 故: 초서본에는 없음.

295 以時言: 以李時言

296 巡按使: 巡按官

297 爲曰齊

298 黃海防禦使

299 前: 前者

300 黃海防禦使: 초서본에는 없음.

301 薦: 李薦

302 李時言: 李時彦

303 矣: 爲白齊

304 段

305 姑駐此府 欲爲觀勢進退伏計: 欲爲觀勢進退 姑住此府爲白在果

二十九日(丙戌)。

發行, 宿谷山地驛吏家[307]。

三十日(丁亥)。

雨。發行, 宿于文巖。

八月初一日(戊子)。

發行, 宿于谷山[308]。○是日, ◇[309]又封狀啓二道于行在所。○
◇[310] ◇[311]全羅道觀察使, 啓本來過[312], ◇[313] 急於欲知邊報, 稟于
東宮開見, 還封授送, 至爲惶恐◇[314]。湖城監柱, 都檢察使李陽元
處, 秘密牒呈內, 徐夢麟◇[315] 謀逆一款, 事繫重大◇[316], 故[317]同封
上送◇[318]。內醫院官南應命◇[319]言內: "到价川地, 無馬落後, 與

---

306 此意詮次以善啓向教是事
307 家: 民家
308 谷山: 文谷
309 賓廳
310 行在問安事以 自募人安峽居 忠義衛李夢臣 差定狀啓 曾已寫完起送爲白在果
311 追于
312 來過: 持來
313 族親衛李大春 保人尹承男 來此過去爲白去乙
314 爲白齊
315 等
316 乙仍于
317 故: 초서본에는 없음.
318 爲白齊
319 來現

同行趙英璿及本院庫直◇³²⁰相失◇³²¹, 渠獨³²²湯藥器銀鼎一, 天字銀湯罐一, 黃字銀平招兒一, 銀鎖招兒一, 齎持來納."云³²³, 欲爲入送³²⁴, 而當此群賊遍滿之時³²⁵, 恐有逢賊見失之患, 還授應命³²⁶, 姑爲留置³²⁷。尙瑞副直長成澳, 持符驗來現◇³²⁸, 與³²⁹義禁府都事韓應禮, 一時入送, 未知無事得達與否, 至爲憫慮³³⁰。◇³³¹◯³³²伏見³³³兼司僕李希貞, 所持文書, ◇³³⁴則³³⁵金友皐, 咸鏡防禦使差下◇³³⁶, 而³³⁷東宮行次, 侍陪將官李時言, 前因本道民情, 黃海道防禦使差送, ◇³³⁸李鎰率部下將士, 夾擊平壤之賊,

---

320 等

321 不知去處

322 渠獨: 矣身叱分

323 云: 是如爲白去乙

324 欲爲入送: 欲爲逢授入送爲白乎矣

325 而當此群賊遍滿之時: 今方群賊四散之時

326 還授應命: 其矣身還授

327 姑爲留置: 留置爲白齊

328 爲白有去乙

329 與: 回還

330 憫慮: 悶慮爲白良尔

331 詮次以善啓向教是事

332 ◯: 又

333 伏見: 卽日 吏曹佐郎許筬 問安進去時 他餘辭緣段 曾已狀啓爲白有在果 追于來到

334 詮次以見知爲白乎矣

335 則: 초서본에는 없음.

336 爲白有置

337 而: 초서본에는 없음.

前四日已爲發行，鄭希賢[339]近因江東灘水漸淺，賊路可虞◇[340]，使之率軍防守[341]，亦令相機進退。行次護衛之將[342]，只仗友皐[343]一人，◇[344]今若發送◇[345]，行次孤危，極爲憫慮[346]。李薦，伊川[347]落後，不來之由，曾已啓聞[348]，而前見咸鏡道巡察使宋言愼◇[349]，則[350]令其子李希聖，催促[351]其父，劃卽赴任于永興府云[352]。而[353]道路阻遠，臨急措處之事，不得一一啓稟，致此牴牾，極爲惶恐◇[354]。李薦，黃海防禦使差除諭旨◇[355]，姑留于此，以待朝廷處置◇[356]。他文書◇[357]，則黃海道監司處，卽爲馳送，使之施行矣[358]。

---

338 兼察江原傍近之邑爲白有遣

339 鄭希賢: 鄭希玄段置

340 乙仍于

341 使之率軍防守: 率軍防守 使之遮蔽

342 護衛之將: 護衛將

343 友皐: 金友皐

344 無他贊代之員

345 爲白在如中

346 憫慮: 悶慮爲白齊

347 伊川: 自伊川

348 啓聞: 狀啓

349 爲白乎矣

350 則: 초서본에는 없음.

351 促: 企

352 云: 計料是如白齊

353 而: 초서본에는 없음.

354 爲白齊

355 段

356 爲白遣

初二日(己丑)。

發行, 宿于谷山地民家。

初三日(庚寅)。

發行, 宿于谷山地蚯蚓城民家。○是日政, 丁胤福爲兵曹參知, 姜紳爲江原監司。

初四日(辛卯)。

發行, 到成川。○是日, 見崔彦明書, 來自熙川。鄭弘遠訃音, 來自孟山縣。○◇[359]寓金守天家。

初五日(壬辰)。

◇[360]

初六日(癸巳)。

江原監司姜紳, 兼巡察使。

初七日(甲午)。

姜紳拜辭。巡邊使李鎰, 率兵向江東, 夜雨。

---

357 段
358 矣: 爲白置
359 琢
360 妓金介 來謁

初八日(乙未)。

夕, 吏曹佐郎許簑來訪。

初九日(丙申)。

順寧君來訪。○是日, ◇³⁶¹又封狀啓一道于行在所。○³⁶²◇³⁶³
江原道觀察使柳永吉, 近因本道賊勢充斥, 竄伏山谷, 無意策應,
行次留在道內, 而³⁶⁴託以道梗³⁶⁵, 久不來謁, 已³⁶⁶被臺諫彈斥。

---

361 賓廳

362 ○: 附

363 이 부분은 초서본 〈용사일기〉에 있는데, 한 글자도 출입없이 이미 7월 28일자에
   있는 내용임. 따라서 현전 초서본 〈용사일기〉는 친필 초서본을 정리하는 과정에
   서 착종을 일으킨 것으로 보여 초서정리본이 아닌가 한다. 前因沈岱 伏審玉候
   稍愁 不勝驚慮之至 東宮卽送副率兪大健問安 去後未委 卽今聖體如何 尤爲
   悶慮 東宮行次移住成川之由 曾已狀啓爲白有齊 行次留住伊川 畿甸之民 歡
   悅歸附 朝廷氣脈 旁通於諸道 獻級日至 各起義兵 馳報相續 頗有恢復之望爲
   白如乎 伊川一息程許玉洞驛 賊兵現形 乘夜放砲 不知賊勢多寡 不得已還向
   成川爲白乎矣 傍近諸邑民情 莫不失望 而適李時言 遇賊百餘人於新溪 只率
   疲兵三十餘名 突陣斬其先鋒 我軍無一人被傷 以此威名甚著 民情皆願以李時
   言爲將 救活一方民命亦 懇乞爲白去乙 以李時言爲黃海防禦使 沈友正爲巡按
   官 使之調給兵粮 勦除黃海之賊 慰答民望爲白齊 黃海防禦使 前者以李薦差
   遣事狀啓 而旣差之後 聞玉洞賊警 使李薦姑往把截 而李薦以無兵可守 率爾
   還歸 亦不來現故 以李時言代送爲白齊 行次留住處叚 成川雖近於平壤 平壤
   之賊 近似挫縮 且前有江防 欲爲觀勢進退 姑住此府爲白在果 或云 成川近迫
   西京 雖有江限 亦有淺灘 留住未安云 此是莫重之事 固非臣等愚計所及 不得
   不仰稟聖裁 務求可合是白齊

364 而: 초서본에는 없음.

365 託以道梗: 托以路梗

366 已: 초서본에는 없음.

故[367]兵曹參議姜紳, 依前諭旨, 巡察使差下, 使之[368]權兼觀察使
職事, ◇[369]姜紳◇[370]官敎及諭敎書, 成送何如[371]? 兵曹, 守衛甚
重, 堂上不可無一員, 丁胤福[372]參判除授◇[373], 朴宗男曾已[374]春
川府使差送。行次無侍衛[375]之人, 金友皐仍留侍衛◇[376]。巡邊使
李鎰, 使之領[377]部下諸將及黃海·平安[378]兵四百名, 前進平壤,
與李薲[379]掎角, 夾擊而[380]捕賊[381]。軍功他皆[382]施行[383], 其中宜城
都正玉潤·月串僉使李蘋·江華府使尹湛·井浦萬戶安匡國·前
宣傳官田仁龍·宣傳官李賢等◇[384], 當有[385]陞遷之賞, 而自行次,

---

367 故: 초서본에는 없음.

368 使之: 초서본에는 없음.

369 同

370 觀察使

371 成送何如: 成送事 仰稟爲白齊

372 丁胤福: 丁允福

373 爲白有齊

374 已: 以

375 侍衛: 陪衛

376 爲白遣

377 領: 領率

378 平安: 平安道

379 李薲: 李薲之師

380 夾擊而: 挾擊爲白有齊

381 捕賊: 捕倭

382 皆: 餘人段

383 施行: 劃卽施行爲白有在果

384 段

385 有: 爲

擅斷爲未安[386]。◇[387] 高陽私奴明福·明會兄弟, 慣其父兄被害,
射殺賊七十餘名, 斬首十六級, 曾已[388]許通, 羽林衛除授◇[389], 如
此特異之功, 論賞恐不止此◇[390]。京畿水使, 身死已久, 以崔夢
星, 差遣之意, 前已狀聞[391], 而[392]厥後見行在朝報, 則以[393]邊彦琇
差下◇[394]。彦琇, 前以敗軍之罪, 白衣從軍, 事已狀聞[395]。大抵軍
功論賞, 小小除拜[396], 若一一稟裁於行在[397], 則[398]往來之際, 動經
時月, 有乖賞不踰時之義[399], 故[400]這這差除◇[401], 他餘除拜[402], 似
難擧行◇[403]。而[404]賊兵熾盛處, 或棄官·或身死, 久不差出◇[405],

---

386 擅斷爲未安: 以 酌酌定奪未安
387 今送狀啓 相考賞典 施行教是白齊
388 曾已: 已曾
389 爲白有在果
390 是白齊
391 以崔夢星 差遣之意 前已狀聞: 前者差遣崔夢星事 已爲狀啓爲白有如乎
392 而: 초서본에는 없음.
393 以: 초서본에는 없음.
394 爲白有置
395 事已狀聞: 事狀啓爲白有齊
396 除拜: 除拜之事
397 稟裁於行在: 稟施於朝廷爲白在如中
398 則: 초서본에는 없음.
399 踰時之義: 踰時之意爲乎等用良
400 故: 초서본에는 없음.
401 爲白在果
402 除拜: 除授段
403 是白乎矣
404 而: 초서본에는 없음.

一邑人民, 委之賊手, 收復無期, 不得已隨所聞差出◇[406], 開錄上
送。◇[407] 京畿觀察使權徵書狀內[408], 請趙儆·邊應星, 敗軍之罪,
依律治罪[409], 而[410]當此賊變孔棘之時, 一將有關, 姑從寬典[411], 李
䙗·崔夢星·朴己百◇[412], 一樣依軍令, 決杖之意[413], ◇[414] 回
答[415]。李時言旣爲防禦使, 仁川府使久曠◇[416], ◇[417] 以都摠經歷
尹健, 權差發送矣[418]。

初十日(丁酉)。

　◇[419]又封狀啓二道于行在所。○[420]◇[421]　問安人回[422], 伏審行

---

405 爲白如中

406 姓名

407 極爲未安爲白乎尔

408 內: 초서본에는 없음.

409 請趙儆·邊應星 敗軍之罪 依律治罪: 以加平敗北之故 趙儆邊應星 請依律治
　　罪爲白有在果

410 而: 초서본에는 없음.

411 寬典: 寬奠

412 等

413 決杖之意: 決杖爲白遣

414 推考治罪

415 回答: 亦回答爲白有齊

416 未安

417 而巡察使沈岱過去時 力言仁川不可不從速差出之意

418 權差發送矣: 差送爲白有齊

419 賓廳

420 ○: 附

421 前日

在平安消息, 不勝欣幸[423]。◇[424]東宮行次, 時留成川◇[425]。平壤
賊勢, 連次偵探, 則或云:"還向中和◇[426], 城中留在之賊, 城內
外[427]無數放火[428], ◇[429] 江東[430]近地民家, 連續焚蕩, 賊徒狡譎,
去留難測◇[431]."◇[432] 巡邊使李鎰領兵, 由江東路, 直抵平壤, 與
李薲[433], 欲爲夾擊, 似或遮蔽江東賊來之路[434], 故姑留于此。近
觀賊勢, 以定所向計料◇[435]。安邊儒生[436]金景禎·德原儒生朴期
齡等, 徒步遠來, 詳言北賊聲息, 兼獻兵級。且云:"本道民人
等[437], 欲團結擊賊[438], 而郡邑多空[439], 無人將領, 懇乞差出曠官守
令◇[440]."故[441]德原府使·永興判官, 僅得差出[442]。此外[443]安邊·

---

422 回: 回來
423 欣幸: 欣幸之至
424 臣等陪
425 爲白在果
426 是如爲白乎矣
427 城內外: 城內城外
428 放火: 衝火
429 光燄燭天喁不喩
430 江東: 江西
431 爲白良置
432 本府越邊江東地境 時無指向之意
433 李薲: 李薲之軍
434 似或遮蔽江東賊來之路: 江東賊來之路 似爲蔽遮
435 爲白齊
436 安邊儒生: 咸鏡道安邊居儒生
437 本道民人等: 本道守令 多千民人等
438 擊賊: 討賊
439 郡邑多空: 초서본에는 없음.

文川, 亦爲緊急, 而苦無可合之人, 遠方之人, 道路阻隔, 赴任極難, 未得塡差[444]。高陽[445]避亂人進士李櫓, 自變初, 奮義勦賊, 屢獻首級。◇[446]今又率其同志[447]◇[448]李逢春・◇[449]張應男・◇[450]安玏等, 來報京畿賊形止◇[451]。故皆已[452]論功除職◇[453], 而[454]李逢春・張應男, 則[455] ◇[456] 起送李鎰處[457], 使同擊平壤賊[458], 李櫓・安玏◇[459], 則[460]還送本邑, 使之捕賊◇[461], 守令差除[462]。臣等固知

---

440 爲白去乙

441 故: 초서본에는 없음.

442 原府使・永興判官 僅得差出: 僅得差出 德原府使・永興判官

443 此外: 此外如

444 未得塡差: 未得差出爲白有齊

445 高陽: 高陽地

446 而

447 同志: 同志人

448 訓鍊奉事

449 出身

450 兼司僕

451 爲白去乙

452 故皆已: 各各

453 爲白遣

454 而: 초서본에는 없음.

455 則: 段

456 平壤接戰次以

457 起送李鎰處: 李鎰處起送

458 使同擊平壤賊: 초서본에는 없음.

459 等

460 則: 段

461 爲白齊

未安, 而事機甚急⁴⁶³, ◇⁴⁶⁴ ◇⁴⁶⁵行在隔遠, 未及稟裁, 先已權差之
◇⁴⁶⁶。後⁴⁶⁷與行在政目, 互相重疊, 若未赴任之員◇⁴⁶⁸, 自當依行
在節目⁴⁶⁹施行◇⁴⁷⁰。而⁴⁷¹其中春川府使朴宗男◇⁴⁷², 因本府⁴⁷³將
陷⁴⁷⁴, 急急⁴⁷⁵◇⁴⁷⁶差遣, 赴任已久。驪州牧使成泳◇⁴⁷⁷, 聚軍本邑
境內⁴⁷⁸, 故因爲除授牧使⁴⁷⁹, 想已赴任, 而祇恐成泳短於弓馬,
且⁴⁸⁰因本州民願, 以朴己百爲助防將, 使之協力勦賊◇⁴⁸¹。麻田·
連川, 則⁴⁸²前監司權徵, 以兩邑久曠⁴⁸³爲慮⁴⁸⁴, 以李亨男·金騮

---

462 差除: 差出
463 而事機甚急: 因各處告急
464 不可緩以時日
465 而
466 處
467 後: 초서본에는 없음.
468 段
469 節目: 政目
470 爲白乎喩在果
471 而: 초서본에는 없음.
472 段
473 本府: 春川
474 陷: 陷沒
475 急急: 告急
476 及時
477 段
478 境內: 地云
479 因爲除授牧使: 牧使除授
480 且: 只
481 爲白遣
482 麻田·連川 則: 麻田郡守李亨男 漣川縣監金騮段

爲假守[485], 頗有禦賊之功, 故仍爲權差, 今方察任◇[486]。德原府
使, 則[487]因本府儒生遠來◇[488], 懇請[489]差出主倅, ◇[490] ◇[491]行次
陪下人[492], ◇[493]申景禧權差, 今已發行◇[494]。仁川府使尹健, 則[495]
京畿監司[496]沈岱◇[497], 力言仁川◇[498]不可久曠, 而且[499]薦尹健可
合[500], 故[501]卽爲差送◇[502]。黃海防禦使李時言◇[503], 不得已差遣
之意, 前已狀啓◇[504]。◇[505] 臣等妄料, 當此國勢岌岌之日, 塡差

---

483 久曠: 累月曠官
484 爲慮: 極爲悶慮
485 爲假守: 假守
486 爲白齊
487 則: 段
488 告悶
489 懇請: 必欲
490 與之偕去
491 故不得已
492 陪下人: 陪來人
493 前判官
494 爲白齊
495 則: 段
496 監司: 觀察使
497 過去時
498 府使
499 而且: 仍
500 可合: 爲白去乙
501 故: 초서본에는 없음.
502 爲白齊
503 段
504 爲白有在果

空邑守令[506], 一日爲急, 擇其最急處[507], 多數權差。至於疊授, 極爲惶恐◇[508], 近日不得已權差人[509], 別錄上送[510]。吏曹[511]參議李純仁, 本月初十日身死◇[512], 廟社主陪行緊急[513], 以李璀權差矣[514]。○[515] ◇[516]京畿都巡察使權徵狀啓及慶尙左兵使朴晉狀啓◇[517]過此[518], 欲知京畿・嶺南賊勢, 稟于東宮開見, 後封送[519]。而[520]幾旬, 賊勢[521]熾盛, 勒捕將官, 亦無可仗之人, 極爲憫慮[522]。趙儆・邊應星◇[523], 曾[524]以加平敗軍之罪, 末減決杖[525], 後啓

---

505 江原道附近諸邑乙 亦令兼察爲白有齊 上項守令等乙

506 空邑守令: 郡縣長吏

507 最急處: 緊急處

508 待罪爲白齊

509 人: 人員乙

510 上送: 同封上送爲白齊

511 吏曹: 禮曹

512 爲白去乙

513 緊急: 事緊

514 以李璀權差矣: 李璀以權差爲白良尒

515 ○: 右

516 問安人崔德獜等 還來爲白有去乙 行在所安寧奇別 伏審爲白有齊 今者

517 齎持人

518 過此: 過去于此

519 後封送: 未安爲白齊

520 而: 초서본에는 없음.

521 賊勢: 勢

522 憫慮: 悶慮

523 段

524 曾: 前

525 末減決杖: 因權徵書狀 李巘等撲決杖

聞[526]。蓋臣等愚意[527]，當此事變孔棘之時，◇[528] 若一從軍律，則
更無完全之人，固宜[529]從輕論罪，以責後效◇[530]。故[531]京畿水使
成應吉之代◇[532]，以[533]崔夢星差出，具由狀啓◇[534]，催促赴任之
意[535]，◇[536]通關于京畿監司[537]權徵矣[538]。觀此狀辭[539]，恐是未及
見知而然也。玆以[540]崔夢星，赴任與否，急速回報之意[541]，已爲
行移于京畿監司處矣[542]。

十二日(己亥)。

---

526 後啓聞: 亦回答後 曾已狀啓爲白有置

527 蓋臣等愚意: 臣等愚意亦

528 將官不足

529 固宜: 不得已

530 爲白有齊

531 故: 초서본에는 없음.

532 乙

533 以: 曾已

534 後

535 赴任之意: 赴任事乙

536 已曾

537 京畿監司: 초서본에는 없음.

538 矣: 爲白有如乎

539 狀辭: 狀啓

540 玆以: 초서본에는 없음.

541 回報之意: 回赴事乙

542 已爲行移于京畿監司處矣: 京畿監司處 已爲行移爲白置

十三日(庚子)。

◇[543]又封狀啓一道于行在所。○[544]本月十二日。宗薄寺主薄兪大健[545]回還, 伏審聖候康寧, 不勝忻抃之至。東宮時留成川◇[546]。慶尙左道[547]觀察使金晬・右道[548]觀察使金誠一, 狀啓齎持人過此[549], 欲知嶺南賊勢, 稟于東宮開見, 後還封上送。至爲未安[550]。

十四日(辛丑)。

◇[551]又封狀啓一道于行在所。○[552] ◇[553] 臣等陪侍東宮, 時留成川◇[554]。目今平壤之賊, 過半上去黃海一路, 留屯之數, 亦不爲多。而京畿賊數[555], 前見楊州牧使高彦伯馳報, 則多數屯聚, 四處結陣云[556]。湖南之兵勢, 難直擣京城◇[557], 若由延安・白川之

---

543 賓廳

544 ○: 附

545 兪大健: 兪大建

546 爲白在果

547 慶尙左道: 慶尙道右道

548 右道: 左道

549 過此: 過去于此

550 至爲未安: 未安事

551 賓廳

552 ○: 附

553 宗薄寺主薄兪大建 回來之後 未審聖候何如 閔慮之至

554 爲白齊

555 數: 段

556 云: 是如爲白去等

557 是白昆

路, 先勦海西之賊, 直指中和, 則平壤之賊, 蕩平不難◇[558]。此意[559]使[560]豐德郡守邊應軫◇[561], 通諭于全羅兵使崔遠·義兵將金千鎰等◇[562]。而[563]東宮將士, ◇[564]絶少控弦之卒, 侍衛孤單, 了無可倚之勢, 募民搜兵, 無一應者, 雖有一二之得, 皆是殘弱之類, 聚集精銳, 百計無策。臣等竊念, 武士之樂赴, 莫如科擧◇[565], 而取人重事, 勢難擧行, 若[566]所住近邑◇[567], 行移知會, 定規觀射, 居首者直赴殿試, 次者[568]直赴會試, 又次者[569]禁軍除授, 則人必爭先聚兵, 亦多。允爲便當◇[570], 妄料敢稟◇[571]。◇[572] 而[573]緊關守令塡差處及他[574]權差之官, 亦[575]爲別錄上送矣[576]。

---

558 乙仍于

559 此意: 右良辭緣

560 使: 新除授

561 乙用良

562 爲白齊

563 而: 초서본에는 없음.

564 手下

565 一事

566 若: 초서본에는 없음.

567 良中

568 次者: 之次者

569 次者: 之次者

570 爲白乎去

571 爲白齊

572 行在所備邊司

573 而: 초서본에는 없음.

574 他: 他餘

575 亦: 초서본에는 없음.

十五日(壬寅)。

◇⁵⁷⁷又封狀啓二道于行在所。○⁵⁷⁸近日伏審，上體若何，不勝憫慮⁵⁷⁹之至。臣等陪侍東宮，時留成川◇⁵⁸⁰。鄭希賢⁵⁸¹，平山府使官敎來到◇⁵⁸²，而右人⁵⁸³，江東淺灘，防守辭緣，曾已啓達⁵⁸⁴。平山府使，則⁵⁸⁵急於抄兵捕賊，尹士憲權差已久◇⁵⁸⁶。且⁵⁸⁷行次侍衛將士，他無倚仗之人，只有鄭希賢⁵⁸⁸・金友皐二人◇⁵⁸⁹，勢難移換守令，姑留于此◇⁵⁹⁰。而⁵⁹¹司圃韓濩，本月十四日來此◇⁵⁹²，文書事緊，卽令起送矣⁵⁹³。○⁵⁹⁴ ◇⁵⁹⁵ 臣等陪侍東宮，時留

---

576 矣: 爲白去乎

577 賓廳

578 ○: 附

579 憫慮: 閔慮

580 爲白齊

581 鄭希賢: 鄭希玄

582 爲白在果

583 而右人: 同人段

584 啓達: 狀啓爲白有旀

585 則: 段

586 爲白沙餘良

587 且: 초서본에는 없음.

588 鄭希賢: 鄭希玄

589 爲白去等

590 爲白齊

591 而: 초서본에는 없음.

592 爲白有去乙

593 矣: 爲白置

594 ○: 右

成川◇[596]。平壤賊數[597]，雖未[598]詳知，◇[599]似爲不多。而今月初
六日，接戰之後，今幾十箇日，而更不擧事，賊益無忌[600]，散出焚
掠，四野田禾，幾盡刈取◇[601]。而[602]側聞京中之賊，往來松京，關
北各邑留屯之賊，處處充滿，或與平壤賊[603]，相聚合勢，則將來之
憂，◇[604]不可勝言。勦除此賊，一日爲急，而漸至延緩，極爲憫
慮[605]。近處各邑[606]，貢納細木，俵給侍陪臣僚事，曾因有旨捧上，
則綿布◇[607]本道元無[608]，江東・三登・成川貢紬，合內需司所納
二千七百四十匹內，分給陪侍宗室・百官・將士外[609]，扈駕[610]軍
人及從征之卒。猶是[611]本道土著◇[612]，而[613]他道遠來之人，　經

---

595 宣傳官李繼命回還時 曾已狀啓爲白有在果 卽今未審聖體若何 無任伏慮之至
596 爲白齊
597 賊數: 賊勢
598 未: 不能
599 其數
600 賊益無忌: 彼賊益無忌憚
601 爲不喩
602 而: 초서본에는 없음.
603 或與平壤賊: 如或與平壤之賊
604 有
605 憫慮: 悶慮爲白齊
606 各邑: 各官
607 段
608 元無: 無
609 外: 之外
610 扈駕: 護駕
611 猶是: 초서본에는 없음.
612 是如爲白在果

賊[614]焚蕩，喪失父母妻子◇[615]，當此寒凜◇[616]之時，露體呼寒[617]，
至爲矜惻◇[618]。◇[619] ◇[620]李鎰‧鄭希賢[621]軍中[622]，從略分送，使
之俵給尤甚衣薄之軍，而餘在之紬，尚有十同。當此事變搶攘之
日，各官所儲[623]，散失[624]可慮[625]，速命[626]處置，似爲便當◇[627]
◇[628]。近日及時論功賞職，及不得已權差政目，開錄上送。此處
無吏曹堂上郎廳，朝諭[629]皆未成給◇[630]，從速成送[631]敢稟◇[632]。
引儀高應潛‧李應吉等來現◇[633]，似聞有華人接待之奇，兩人起

---

613 而: 초서본에는 없음.

614 經賊: 聞經賊兵

615 爲白遣

616 漸緊

617 呼寒: 號寒

618 是如

619 望諫陳達 請給紬匹 使之換衣穿著爲白去乙

620 李贄

621 鄭希賢: 鄭希玄

622 軍中: 軍良中

623 所儲: 所儲之物

624 散失: 終至散失

625 可慮: 極爲慮爲白昆

626 速命: 從速命

627 爲白乎去

628 妄料爲白齊

629 朝諭: 朝謝

630 爲白有昆

631 成送: 成送事

632 爲白齊

633 爲白乎等用良

送矣[634]。

十六日(癸卯)。

王世子出大門外，犒慰將士。◇[635]

十七日(甲辰)。

○是日，得見行人司行人薛藩奏文及許儀後條開。附。○行人
司行人職薛藩，爲倭情狡猾可虞，調兵征討當急，并陳一二事宜，
以備聖明採擇事。先該兵部，爲虜叛交訌，倭情叵測，懇乞聖明，
急遣文武大臣，經略征討，以伐狂謀，以弭急患事，奉聖旨："朝鮮
被倭奴陷沒，國王請兵甚急，旣經多官會議，倆部裏又探聽得實，
便酌量應行事宜，速去救援，他無待緩不及事，致貽我他日邊疆
之害。設官遣將，俱依擬宣諭。已知道了。"隨該兵部咨，行禮部，
以職藩題請差職齎勅，宣諭朝鮮國王。職欽此欽遵，卽馳至朝鮮，
開勅宣諭該國君臣，莫不感泣，咸謂："皇恩矜恤小國，眞若覆載
之仁。"而引領王師，又若大旱之望雲霓矣。據其君臣哀籲迫切之
辭，又目覩其困苦流離之狀，誠有存亡係於呼吸間者。顧事勢之
可憫者，不在朝鮮，而在吾國之疆場，職愚之所深慮者，不止疆

---

634 矣: 爲去乎

635 是日 賓廳又封狀啓一道于行在所 ○近日 未審上體若何 悶慮之至 臣等陪侍東
　　宮 時留成川白齊 本月十六日 淸川君韓準進去時 他餘辭緣段 曾已狀啓爲白
　　有在果 尹先覺李洸李墍金玏等狀 啓陪持人過此 急於欲知各道賊勢 稟于東宮
　　開見 封送 極爲未安爲白置事

場, 而恐內地之震驚也。其調兵征討, 可容頃刻緩乎? ◇[636]請料其
必至之勢, 預當添兵, 防守地方事宜, 爲皇上[637]陳之。遼鎭, 京師
之左臂, 而朝鮮者, 卽遼鎭之藩籬也, 永平, 畿輔之重地, 而天津
又京師之門庭也。二百年來, 福浙常遭倭患, 而遼陽・天津, 不聞
有倭寇者, 以朝鮮爲之屛蔽耳。鴨綠一江, 雖有三道, 然近西二
道, 水淺江狹, 馬可飛渡, 其一道, 東西相去, 不備[638]貳箭之路, 豈
能據爲防守? 若使倭奴據有朝鮮, 則遼陽之民, 不得一夕安枕而
臥矣。風汛一便, 揚帆而西, 永平・天津, 首受其禍, 京師其無震
驚否乎? 職不勝[639]其憂過計, 足跡所至, 卽詳詢訪, 又差人直至平
壤地方哨探。據其還報, 皆云:"倭寇各占人家婦女, 配爲家室, 繕
治房舍, 多積糧子, 爲久駐之計; 添造兵器, 搜括民家弓矢, 爲戰
征之用."此其志不在小也。臣到之日, 聞其聲言西向, 觀兵鴨綠,
朝鮮臣民, 彷徨無措。幸得游擊沈惟敬, 奮不顧身, 單騎通言, 約
以五十日, 緩其侵犯, 以待我兵之至。然我以此術愚彼, 亦安知彼
非以此術而愚我乎? 其人狙詐狡猾, 方陷沒平壤之日, 則云:"欲
假道而復仇", 今則云:"欲假道而朝貢矣."方以不能與中國抗衡,
爲千古遺忿, 又以得沈惟敬, 可通朝貢爲幸矣。倏然而爲嫚罵之
辭, 倏然而爲恭順之語, 此其奸詐難憑, 自可槪見矣。且十年一

---

636 職
637 皇上: 我皇上
638 不備: 不滿
639 不勝: 勝

貢，自有常期；入貢向由寧波府，自有常地。今挾朝鮮，以要我盟，
竊恐重譯來王者，不如是也。尙可置之，不問乎？臣料其謀，不過
如許朝，詐願招安，以緩我兵之計耳。或俟河凍，以犯遼陽；或俟
春期，以犯天津，俱⁶⁴⁰未可知。若非及是時，速以大兵臨之，則彼
以爲侵犯所至，莫敢誰何，其肯帖然而返棹者，吾不信也。今朝鮮
垂亡，危在朝夕，然綸音一布，鼓其忠義之心，作其敵愾之氣，彼
國之人，莫不以恢復爲念，誓不與倭奴⁶⁴¹俱生。乘此人心，加以精
兵，與彼夾攻，則倭奴必可期⁶⁴²勦滅。苟俟歲時，則彼招集貧窮，
安撫流離，朝鮮之人，厭起甲兵，樂有新主。雖有百萬，其能濟
乎？或謂："興兵往征，徒速其來."職謂："征之固來，不征亦來."
征之則牽掣於平壤之東，其來遲而禍小；不征則肆意於平壤之外，
其來速而禍大。速征則我藉朝鮮之力，以擒倭；遲征則倭率朝鮮
之人，以敵我。故臣誠謂調兵征討，不可頃刻緩者。縱大兵一時
未能齊集，亦宜陸續調來，以爲朝鮮聲勢之助，庶幾萬一可奪犬
羊之魄也。顧興兵之費，莫甚糧餉。職詢其今所積，僅可足七八
千一月之糧。有不足者，資我繼之，其國君臣，亦願多發人馬，在
於鴨綠江邊接運。克定平壤之後，其國君臣，亦幸我兵爲其父母
兄弟報仇⁶⁴³，樂輸粟餉，自可隨地資糧矣。況有倭賊之所慎者⁶⁴⁴

---

640 俱: 具
641 倭奴: 倭賊
642 期: 計期
643 報仇: 赴仇
644 所慎者: 所積者

乎? 至如寬奠·大奠·靉陽等處地方, 西北則鄰猍虜[645], 東南則枕
鴨綠, 延袤五百餘里, 原額官兵, 數已極少。今除各營調去選鋒·
哨馬·及節年逃故軍丁[646]外, 寬奠實在營軍, 止一千三百餘名; 靉
陽實在營軍[647], 止七千五百餘[648]名; 大奠[649]實在營軍, 止三百三
十餘名, 旣欲防倭, 又欲防虜, 守堡不可無兵, 堵截不可無人, 設
倭果來, 何以禦之? 職謂寬奠等處官兵, 不可不速爲之添設也。
北人善於禦虜, 南人善於禦倭, 若與倭戰, 非得南兵二萬, 其何以
挫其鋒而折其銳乎? 則南兵不可不速調。我之長技在騎射, 倭
之長技在鳥銃。弓箭之所及者, 盔甲可避; 鳥銃所發者, 士馬難
當。況有藤牌, 旣可蔽身, 亦可蔽馬, 則藤牌·鳥銃, 皆當速爲置
造也。臣之所言, 諒諸臣皆先言之, 何待臣之陳瀆? 顧念早一日,
則朝鮮免一日覆亡之患; 遲一日, 則貽我疆場一日之憂。懇乞聖
明睿斷, 勅下該部查議, 轉行當事諸臣, 催促兵馬前來, 則疆場幸
甚, 宗社幸甚。職不勝杞人之慮, 柰偶冒風寒, 患病途中, 不能[650]
疾趨奔走? 顧一念款款之忠誠, 恐緩不及事, 爲此具本, 先差家人
薛志齎奉, 謹具奏聞。◇[651] ○是日, ◇[652]又封狀啓一道于行在所。

---

645 鄰猍虜: 隣達虜

646 軍丁: 軍士

647 營軍: 官軍

648 七千五百餘: 七百五十餘

649 大奠: 長奠

650 不能: 未能

651 抄錄許儀後條開 日本事情 陳機密事人許宜後 爲協忠報國事 後等辛未年 過廣
   東 連船被虜 幸以小道 見愛於日本薩摩之君 苟存性命 每恨不逞徒引倭 我大國

商漁 攄掠變賣 愁苦萬狀 乙酉年 後等協俱 哀告子薩摩之君 殺死陳和吾錢少峯
等十餘酋 沒其妻子 餘賊走入柬埔寨暹羅宋等處 於是 寇船寢焉 丁亥 關白破薩
摩肥前肥後 又潛出寇船 後隨薩君入覲 冒死泣訴 關白乃下令斬首解京尙走二
賊酋 未獲 是以至今海上昇平 及聞關白又欲入寇 後等坐臥不安 幸際差船訪探
此正食祿者之良謀 爲國爲民者之本心也 然日本久住唐人 皆賊寇餘黨 想無一
人肯 且皆市肆村居 不達國務 亦無一人能言眞者 後不避罪 九月初三日 逐開日
本情 送平戶 付奉曾船主 送淸望親覽 道阻水長 不知到否 九月初七日 又聞實
信 來年春 渡高麗 征遼東 取北京城 故後復開條款 九月初九日 付新船主 轉送
淸望 未知得以到否 日夜憂思 仰天長嘆而已 幸而朱均旺 忠情激切 義心發見
自願以身報國 抱此狀詞上告 後乃喜躍 詳具上陳 九月二五日 因列國有不欲行
之意 君臣獻議串通 東海同反 未知成否 若有一國謀反 則關白入寇之兵 不得行
矣 然未來之事 難以定測 宜先用意防之 伏乞奏聞 聖天子陛下 庶君其弊而不憂
臣知其弊而預防 則國家幸甚 生靈亦大幸矣 謹惶恐具陳
一。陳日本國之詳
日本六十六國 卽我大明六府也 若論其戶口錢粮總計 無我十府之多 原有皇帝
代代相傳 不敢少任政事 卽大漢之末 列國各據形勢 互相征奪 生養十歲 則學
刀學弓 學我大明文字 四書周易古文韜略 唐詩通鑑雜記等書 然雖學而文理不
通 以病終爲辱 以陣亡爲榮 平日敎子弟曰 十歲百歲 皆同一死 寧可殺賊而死
不可退縮而生 短衣短袖 跣足剃頭 長刀短匕隨於身 鬪銳鬪弓以贏錢 名曰賭
射箭 負重以奉身 名曰賽愿 其守國也 高山爲城 開池爲河 寇至則食粮者 上城
守禦 無粮者 戮盡不顧 其戰取也 自兵自粮 將彼兵先 善用伏兵之計 不識詐敗
之機 多張旗旛 以壓敵氣 一兵十旗者有之 異粧服色 以驚敵心 牛頭鬼面者有
之 勝則長驅不顧 敗則喪膽亂奔 勝不思取 敗不思復 長於陸戰 惟知亂殺 短於
水戰 不熾火攻 將有定數之兵 無踰月之粮 空國出兵 不知襲後之禍 負重遠戰
不思待勞之兵 善行賂金反間之計 勝則奪之 善結同生同死之盟 得則忘之 善
假和詐降 以敗敵國 善築城圍 以陷敵城 假仁仗義 貪婪無厭 法無大小 毫罪斬
首 黃金買國 刻剝虐民 最恐虛攻 惟善緩戰 戰急則措手不及 緩則從容養威 薩
摩及關東之人 剛直而善戰 京路畿甸之人 柔奸而善謀敵 敵寡則氣倍 敵衆則
自危 有戰無陣 有殺無製 虛張聲勢 以使人驚 兵能戰萬能五千 其船隻 又最不
便 廣面尖底 難以動搖 少有輕重 則擺欲覆 兵走難立 甚易攻也 呼我大明 曰大
唐 呼我國之人 曰唐人 久住倭地者 曰舊唐人 蓋以唐之威令 素行於夷狄故也
講堯舜文王秦皇 漢高項羽 何平韓良樊周故事 凡衣服語言 皆浮虛無實 未戰

皆能浮言 臨陣則各心寒 未戰皆能捨死 臨陣則各圖生 我大明 宜明此情 示諸
將帥 告諸軍士 使天下咸知其弊 而防之可也
一。陳日本國入寇之由
關白添㐌列國 惟關東未下 去年六月初八日 集衆諸侯於殿前 命將卒兵十萬征
東日 重圍其城 四面匝築小城 以守之 吾卽欲渡海侵唐 遂命肥前守造船 越十
日 琉球遣僧入貢 賜金百兩 囑之曰 吾欲遠征大唐 以汝琉球引道 旣而 召曩時
王五峰之黨 而問之 答曰 大唐執五峰時 吾輩三百餘人 自南京地 劫掠橫行 下
福建 過一年 全甲而歸 唐畏日本如虎 欲大唐如反掌也 關白曰 以吾之智 行吾
之兵 如大水崩沙 利刀破竹 何城不破 何國不亡 吾帝大唐矣 但恐水兵嚴密 不
能句履唐地耳 五月 高麗國貢驢入貢 亦以囑琉球之言囑之 賜金四百兩 高麗
之貢倭 自去年五月始也 七月廣東蠔境澳佛郞機人 進大明國之圖一幅 地圖一
幅 犬一對 大馬一匹 絲段香寶等物 共銀五萬餘兩 後薩摩時 道遇之 不知如何
囑付 後等疑其發此渡唐之大言 欲以壯士志 以驚東心耳 抑亦欲使列國遠出
彼將襲其後 而滅國爲郡 是未可知也 及八月 關東後㐌不聞此言 然今聞之 入
寇之事眞矣 今秋七月初一日 高麗國遣使入貢爲質 催關白速行 九月初七日
文書行到薩摩 命薩摩 整兵二萬 大將二人 到高麗 會取唐 六十六國五十餘萬
關白親率兵五十萬 共計百萬 大將一百五十員 戰馬五萬匹 大鋤五萬柄 斬刀
十萬 長槍十萬 斧刀十萬 斫柴刀十萬 長刀五十萬 鳥銃三十萬 三尺長刀人人
在身 限來年壬辰春起事 關白三月一日開船 而薩摩君素尊大明 關白不知其意
命薩摩君之弟 武庫領兵 而薩摩相 名曰幸侃 亦素敬畏大明 意欲抽兵 密逃呂
宋淡水等處 旁觀其成敗 不意機露 事乃不諧 今皆與武庫同行 武庫爲人 素貪
而劫 薩摩之兵 素能死戰而無謀 素有兵而無粮 惟歷記其弊而禦之 則萬幸矣
一。陳禦寇之策
夫高麗小也 與日本對馬島 相去三百里 中隔大海 水程二日 順風則一日而已
爲大國父母計 切宜命忠義智謀之士 統有敎勇略之兵 或二百萬 或三百萬 盡
屯高麗 盡殺其官長 其有不從者 皆勸之 伏大兵於麗之左右四畔 命麗之人與
我國同心者 假之官 誘入重圍 四面火破 爲號攻而殺之 山東遼東 各出兵五
十萬 望烟火爲號 以擊倭奴之後 水陸互攻 日夜倂殺 斯時也 倭不及飽 麗不及
爲應 途分主客 後無援兵 不習水戰 不敵火攻 倭奴雖有長刀 不爲用 弓銃不爲
使 大將可以盡殺 關白可生擒矣 倭奴百萬 片甲無回矣 此正以逸待勞 以主待
客之勢也 切不可曰 敵鋒正銳 未可遽犯 此非銳也 夫遠勞之兵 豈有精銳之理
哉 若使之捉營任寨 養成利器 則難圖也 又當別差良將 別率兵五十萬 入遼東

教練爲援 又當請御金 懸於軍中示賞 使人心見利而效死 切不可泥也 孟子仁
義之言也 今之時非孟子之時也 且經權不同也 至於廣西郊兵最勇 亦可召而用
之 然倭奴之心不常 或分道而進 亦可知自兩京 山東浙江福廣一帶海邊 皆宜
日夜鍊兵 多出戰船以防之 方爲萬全 又當嚴禁接濟之禍 去海邊之民 接濟之
禍 齎盜粮也 海邊之民 藉寇兵也 萬一倭奴履我大華 須宜火速攻之 勿停一刻
日夜倂殺 可全勝也 不可坐謀待斃 養成狼威 倘至倭寇臨城 則求援兵 外築土
城以圍之 重疊築城開池 以銃攻之 所謂內外挾攻 無不勝也 切不可坐守 日久
則危 至於禁船閉糴之事 則又大不可也 禁船閉糴 民飢而死 我將自亂 況禦寇
乎 又當謹防掘城 夫關白每陣 則送買和 屯兵十里 夜出寨 候兵安得息 而暮夜
築城周圍 近而圍之 今日近 明日近 則築高寨 以觀敵兵虛實 高提鳥銃攻城 下
穿士窟 以掘城脚 使敵城自陷 或多置黃金 以置內應 或百出奸謀 以善取之 一
得則奪其金而戮之 其人我父母 宜知此弊 不可誤中其計 日本爲將官者 皆富
貴子弟 不禁艱辛 卽我國書生也 眞才眞能者 百無一人 惟知亂戰而已 不懼而
已 至於所謂行兵 不飮酒者 則又不可也 論將則固宜 論兵則不宜 夫日本之兵
全酒爲腆 臨陣之時 一醉而倍氣忘生 此法宜用之 後等本欲親奔告陳 不得離
側 且妻兒重累 恐我國父母 不察後等報國之心 而遽加重罪 欲使一片忠義 枉
死無聞也 後也乃不敢 惟淸臺之留意焉
一。陳日本關白之由
日本關白 卽漢大將軍號也 挾天子 凌諸侯 擅據京洛 今之關白 初乃民家之僕
以採薪之役 遇正關白於道 左右欲殺之 關白釋而用之 爲前部刀手 出征鄰國
遂斬首獲功 關白說之 賜姓木下 賜名十吉次郎 每以詔俀 事關白 累出捷 關白
以爲大將 兼相員 更賜名執前 次年遂殺關白 逐其子而自立 僭號關白 卽初之
十吉次郎 而今之關白也 東征西伐 幷日本諸國 然未嘗有戰 一陣勝一陣 惟皆
以甛言大話 黃金詭計得之也 去年十一月 其弟死 今年七月 其子死 內外無親
一身而已 我國盡殺倭奴 卽移得勝之兵五十萬 經迫而入倭地 倭奴心碎膽寒
束手待擒 前攻後追 前招後取 不數月而盡平日本諸國也 惟我國之留意焉
一。陳具日本六十六國
日本諸國 五畿內 又曰京洛 山城 大和 河內 和泉 攝津 東海道卽關東也 伊河
伊勢 志摩 尾張 三河 遠江 駿河 伊豆 甲斐 相模 武藏 安房 上總 下總 常六
東山道近江。美濃 飛驒 信儂 上野 下野 陸奧。出羽 北六道。若扶 越前 加
賀。能登 越中 越後 佐渡 山陰道。丹波 丹後 但馬 因幡 伯耆 出雲。石見 隱岐
山陽道 播磨 美作。備前 備後 安藝 周防 長門。南海道 紀伊 淡路 阿波 讚

岐。伊豫 土佑 西海道 筑前 筑後。豊前 豊後 肥前 肥後 日向。大隅。薩摩 古
六十六國終

雜島各有小王 鎭之 盡候關白 壹岐對馬 此島與高麗相近 每相往來 長岐平戶
五島種子島七島 此島近琉球 右六十六國 卽我國六十六府也 其人勇弱 卽我
國人同論 其智慮 不及我國之人萬一 其槍刀 卽我國槍刀同 其用法 不及我國
槍刀之萬一 惟精製常磨而已 我國人 能勿懼而禦之 萬無一失也 伏乞加意 萬
祝 萬曆十九年 九月日 陳情人許儀後郭國安 報國人朱均旺 敢復陳未盡之事
以竭赤心報國之情 夫巖穴草莽之士 濱海魚鹽之夫 履難久而不諳序次 廢文字
遠 而不成文章筆墨 雖不可以奉天覽 寸心實可以告天地鬼神可知也 關白貪淫
暴虐 過於桀紂 詭謀百出 莫測其眞 去年命列國 築城於肥前壹岐對馬三處 以
爲渡磨館驛 命對馬太守 扮作商人 渡高麗 以觀地勢 十月二十日回報 麗王退
兵二十一日之程 以候關白 其國內不服者多 只有□縣之衆與對馬相近者來耳
然欲攻之 可唾手可得也 十一月十八日 文書遍行列國 應辨三年之粮 先征高
麗 盡移日本之民於麗地 耕種以爲敵唐之基 若得大唐一縣 是吾日本之名得矣
唐之天下 在吾袖內也 倭奴無知 坐井算天 良可笑也 又今列國之兵 到麗岸 焚
舟破釜 日取麗國 暮夜築城 不許掠人取財 凡築城及征戰之人 不許小停一刻
拾取一芥 縱有黃金 不許視之 臨陣不許一人回頭 遇山則山 遇水則水 陷穽則
落陷井 不許開口停足 進前死者留其後 退後者不論王侯將卒 斬首示衆 盡赤
其族 其法令之嚴 有如此 十二月 强占豊後王之妻爲妾 下令西海道九國 爲先
鋒 南海道六國 山陽道八國應之 罄國而行 父子兄弟 不許一人留家 此數國 皆
生疑變曰 此擧非正大唐 乃襲我等之後 滅我 族耳 各密謀 未果叛也 倘謀叛之
事偕 則入寇之事不成矣 未知後來如何 我大國能命忠勇之士 多率精兵 先到
高麗 迎而擊之可也 切不可自喪已膽而懼之 夫倭奴無些才能 只將一勇强 卽
暴虎憑河之類耳 我大國能知其弊 勿懼而日夜挾攻之 今日加將添兵 以繼之
明日加將添兵 以繼之 懸金示賞 援兵蜂至 如此則我兵之氣壯 敵兵之氣弱 首
陣一破 倭奴百陣皆破 可盡殺倭奴 片甲無歸 雖關白 亦可生擒矣 伏乞俯納芻
蕘之言 用心加意 萬幸 至禱至祝萬曆 二十年 正月日 許儀後 再具 郭國安 報
國士 朱均旺

倭情考略

欽差總督京營戎政太子太保臨淮候 李 暨營協理京營戎情兵部左侍郎 王 爲倭
情事 照得 兵法有云 知彼知己 百戰百勝 蓋知之眞 則應之當也 倭夷僻處海洋
人不習見 情狀叵測 詐僞多端 遂其剽悍 難制抑 或誤墮奸謀 不知倭奴 外勇中

劫 外實內虛 識其情形 易於取勝 除兵將已選要害 已守械器火炮之屬 已備淵
謀秘計 臨時指示 外今據所聞 參以己見 爲此考梓 授典兵者 戒諭三軍 凡倭夷
情狀 莫不畢具 俾我將士 知其情而善應之 毋爲虛聲所恐 毋爲奸計所誘 度彼
已運籌略 因敵變化 以奏百戰百勝之功 詎不在玆 一 日本關白 卽中國大將軍
號也 挾山城君倭王號 以凌諸道 擅據京洛倭王畿地久矣 今聞關白者 不知其
初姓名 常爲人奴 以採薪 遇先關白於途 左右欲刃之 關白釋 爲前部刀手 會從
戰有功 賜姓木下 名十吉次郎 無何用爲將 多克捷 居恒以詔佞事關白 日見寵
幸 迺用爲大將 兼相事 更賜姓羽柴 名執前 大擅威柄 陰有簒立意 居一年 遂殺
先關白 逐其子 而自立爲關白矣 然疑人有異志 每以威利 脅唱諸道至今 庚寅
十一月 其弟死 辛卯七月 其子死 關白孑然一身而已 豈非天亡之兆哉 ○日本
之國 五畿七道 郡統于州 曰山城 曰大和 曰河內 曰和泉 曰攝津 是爲五畿 卽
所謂京洛也 曰東海 卽關東道 曰東山 曰北陸 曰山陰 曰山陽 曰南海 曰西海
是爲七道 東海之屬十五 爲伊賀 爲伊勢 爲志摩 爲尾張 爲參河 爲遠江 爲駿河
爲伊豆 爲甲壯反 爲相模 爲武藏 爲安房 爲上總 爲下總 爲常陸 東山之屬八
爲近江 爲美濃 爲飛驒 爲信濃 爲上墅 爲下墅 爲陸奧 爲出羽 北陸之屬七 爲
若扶 爲越前 爲加賀 爲能登 爲越中 爲越後 爲佐渡 山陰之屬八 爲丹後 爲丹
馬 爲因幡 爲伯者 爲出雲 爲石見 爲隱岐 山陽之屬八 爲播磨 爲美作 爲備前
爲備中 爲備後 爲安藝 爲周防 爲長門 南海之屬六 爲紀伊 爲淡路 爲阿波 爲
讚岐 爲伊豫 爲士佑 西海之屬九 爲筑前 爲肥後 爲日向 爲大隅 爲薩摩 外有
島七 各有小王 鎭之曰壹岐 曰對馬 此島 近高麗國三百里 順風一日可到 曰長
岐 曰平戶 曰五 曰種子 曰七 此島 近琉球國 以上諸國 各郡也 然土地人民 不
足以當中國之百一 關白不量其力 而狡啓封疆之思 何異蝸蜒螳臂 自取枯斃也
一倭之通中國也 實自遼東 今乃從南浮海 自溫州寧波以入 風東北 則訊自彼
來 約可四五日程 蓋其去遼遠 而去閩浙近 若盡其國界 則東西也 長行可四五
月 南北也短 行三月 而皆極于海 其西北 至高麗也 必由對馬島 開洋順風 僅一
二日 南至琉球也 必由薩摩州 開洋順風 七日 貢使之來 必由博多開洋 歷五島
而入中國 以造舟水手 皆在博多故也 貢舶回 則經收長門抽分司官在焉 若其
入寇 則隨風所之 東北風猛 則由薩摩或五島 至大小琉球 而仍視風之變遷 北
多則獨廣東 東多則犯福建 彭湖島分舡 或之泉州等處 或之梅花取長樂縣等處
若正東風猛 則必由五島 歷天堂官渡水 而視風之變遷 東北多 則至烏沙門 則
觟或過韭山海開門 而犯溫州或 由丹山之南 而犯定海 經大猫洋 入金塘蛟門
犯象山奉化 由東西廚 入湖頭渡 犯冒國 入石浦門 犯台州 入桃渚海門松門諸

港 止東風多 則至李西興山壁 下陳錢 分或由洋山之南 而西犯臨觀 過漁陽山
雨頭洞 三姑山 樫浦 則犯紹興之臨山 三山 過霍山洋五島 列表 平石 則犯寧波
之龍山 觀海 犯錢塘 過大小衡 徐山 鱉子門 赭山 薄省城 或由洋山之北 而犯
青村南滙 過馬跡潭而西 犯太倉 過馬跡潭而西北 或過南沙 而入大江 過茶山
入曉月嘴 涉水瀆山 而犯瓜儀常鎭 若在大洋 而風欻東南 則犯淮陽登萊 過步
洋辭沙 入鹽城口 則淮安 入廟彎港 犯楊州 再越而北 則犯登萊 若五島開洋
而南風方猛 則趍遼陽天津 大抵倭船之來 恒在淸明之後 前乎此 風候不常 淸
明後 東北風方多 且積久不變 過五月 風自南來 不利於行矣 重陽後 風亦有東
北者 過十月 風自西北來 亦非所利 故防海者 以三四五月爲大汛 九十月爲小
汛 其停橈焚劫 雖曰在倭 而其帆檣所向 一視乎風 有備者率勝之 前此入寇者
多薩摩肥後長門三州之人 其次則大隅竺後 博多日向 攝摩津州 紀伊種子島
而豐前豐後 和泉之人 亦間有之 蓋因商於薩摩而附行 恐山城君號令 久不行
於諸島 而山口豐後出雲 又各專一軍 如中國總督府 相吞噬 今惟豐後頗强 將
垃肥前等六島而有之 關白又殺其主而自立 威脅諸道 倭蓋無定主矣 薩摩關東
之人 剛而直 京洛畿內之人 柔而奸 子生十歲 則學刀學弓 書惟足記姓名而已
以陣亡爲榮 以刀匕爲佩 匹夫之勇也
一。倭奴 單衣短袖 不能當中國之矢石 跣足跳躍 一遇蒺藜 拒馬鎗 則仆矣
一。倭奴 所持者長刀 浪戰死鬪爾 制以狼 以先翼以鎗牌 夾以弓弩鳥銃鎗 減
虜諸砲 迭施垃發 倭無能爲矣
一。倭奴入寇 自裹粮 將無定額之兵 人無隔月之餉 長驅遠鬪 而不慮深入之禍
以逸待勞 以飽待飢 可立斃也
一。倭奴 長於陸鬪 短於水戰 不知佯北之機 不識火攻之妙 墅戰浪驅 非有節
制之兵也
一。倭奴 慣張虛聲 詭爲神怪 如牛頭鬼面之類 以恐敵人 且多旗旛 以亂人眼
目 以少爲多 飾虛爲實 兵雖能戰 實無幾何 虛聲恐嚇 不足畏也
一。倭奴 利緩戰而畏急攻 緩則從容生 謀急則措手不及 敵寡則氣倍 敵衆則氣
奪 乘其未定 以大兵臨之 可立破也
一。倭奴 善用金行間 得勝則殺而奪之 假作詐降 以懈敵心 批亢擣虛 掩人無
備 知其奸謀 則不墮術中矣
一。關白攻城 先於十里外 自築小壘 日築日近 漸逼城下 遂爲高壘 以觀虛實
或提鳥銃下攻 或穿土穽陷城 若乘其築壘之時 出兵擾之 多設鎗砲 不使相近
則倭之奸謀阻矣

一。倭船 闊面尖底 欹側不定 人皆搖蕩眩暈 若以福蒼舡 犁之中流 而以漁船
夾擊其左右 鎗砲竝攻 倭奴羞粉矣

一。倭奴之戰 勝則猇突 敗則狼奔 勝不慮敗 敗不思復 奮勇剿殺 一戰勝之 則
倭夷氣奪 勢如破竹矣

一。倭奴將領 勇者百無二三 其餘多富貴子弟 不耐艱辛 罔知韜略 卽如薩摩君
之弟 曰武庫者 見在將兵 其人貪而㤼 皆易與爾

一。關白以積威 制脅諸道 又奪豊後州官之妻爲妾 荒淫暴虐 人心共憤 且山陰
南海西海三道 尙未肯附 乃空國遠戰 所謂逐麋之虎 不虞熊之將據其穴也

一。關白所統者 惟薩摩之兵最强 然薩摩君 與其相幸侃 素尊中國 不欲入犯
今雖質侃於軍中 而人心終未誠服也

一。倭奴稱中國 曰大唐 人曰唐人 久居倭國者 曰舊唐人 所居之地 曰大唐街
蓋以唐之威令 素行於夷狄 故畏之 而至今稱焉 況我 大明 甲兵士地 勇將謀臣
十倍於唐乎

一。倭奴 出兵禁忌 子日 休行辰地 辰係正東傍南 丑日 莫犯酉方 酉係正丙 寅
日 切怕逢亥 亥乃西北 卯日 須忌未軍 未係正南傍西之 辰日 必防申上 申是西
南 戌日 不走寅場 寅乃東北地 巳日 忌行戌處 戌方乃正西傍北之地 未日 索慮
子殃 子方正地在北 彼國甚忌 亥日 不宜巳巽 巳在東南 酉日 偏忌午科 午正南
方 午日 自愁見丑 丑地在正北傍東 申日 愁會卯傍 卯係正東

已上係倭國出征出行之切要 爲將者 不可不知之 永樂十九年 倭犯遼東馬雄島
總兵劉江 殲其衆於望海窩 初江至遼東 巡視諸邊 相覘形勢 得金州衛金錄島西
北 望海窩者 其地極高 可望諸島 爲濱海咽喉之地 築城堡 立烟墩 以便瞭望
旣完 一日瞭者 東南夜 擧火有光 江度倭寇將至 急調兵步官軍 起窩上小堡 備
之 命都指揮徐剛 伏兵山下 百戶姜隆 帥壯士 潛燒賊舡 截其歸路 與之約曰
旗擧伏起 砲鳴奮擊 不用命者 軍法從事 翌日 倭寇二千餘 乘海艘 直趣窩下
登岸一賊 貌甚醜惡 揮刃率衆而進 江惟犒師秣馬 略不爲意 旣而賊至 江被髮擧
旗 鳴砲伏起 賊衆大敗 死者橫仆草莽 餘寇奔櫻桃園空堡內 將士皆奮勇 請入剿
殺 不許 特開西門 以縱之出 仍命帥 分兩翼夾擊 生擒數百人 斬首千餘 間有潛
脫入艘者 實爲隆等所縛 無一人得脫 覡還將士 請曰 明公見寇 適思安閑 臨陣
作眞武被髮狀 追賊入堡 不殺而縱之出 何也 江曰 寇始遠來 必饑且勞 以逸待
勞 以飽待饑 固禦敵之道也 賊始魚貫而來 作長蛇陣 我故眞武形 以厭伏之 雖
愚士人之耳目 亦可以壯兵氣 賊入堡 若急攻 必死戰 我故縱其生路 此圍師必闕
之之意也 兵法皆有之 顧諸君未察耳 自國初 禦倭類數十年來 無如此役之大捷

○⁶⁵³ ◇⁶⁵⁴邇來, 聖體若何? 憫慮之至⁶⁵⁵。臣等陪侍東宮, 時留成川◇⁶⁵⁶。廣州◇⁶⁵⁷貢生李雲龍等⁶⁵⁸, 本月十七日, 來此言⁶⁵⁹: "東蠶室近處◇⁶⁶⁰, 私奴頭里·佛世等, 六月望間⁶⁶¹, 說道⁶⁶²宣陵之上莎土, 爲倭賊所破壞"云。傳聞之言, 未知虛的◇⁶⁶³, 而⁶⁶⁴聞之不勝驚痛⁶⁶⁵。東宮卽遣烏山都正鉉·宣傳官李應仁, 率射手軍人五名, 馳往⁶⁶⁶奉審次◇⁶⁶⁷, 當日發送, 回還⁶⁶⁸後, 更當馳啓◇⁶⁶⁹,

---

江以功 封爲廣寧伯 食祿二千石 子孫世襲 將士有功者 賞賚有差 倭又賞寇 金山衛 登岸指揮 同知候端 與主師 分兵出戰 主帥出南門軍覆 端以孤軍 馳東門 衆不能繼 與賊巷戰數十合 身被箭 如蝟毛 轉益奮 賊驚曰 好將軍也 乃以所掠染家布 橫於街 欲生致之 端以一劍挑布 一劍截而斷之 敵仆地而笑 端由是得出 東門 次於揚家橋 鳴鼓 招散卒 得百人 適潮退 舟膠 下令人 持草一束 與砲俱進 至海灘 焚賊船十餘艘 賊不得歸 遂大敗之 萬曆 二十年 六月日

652 賓廳
653 ○: 附
654 伏未審
655 憫慮之至: 無任悶慮之至
656 爲白齊
657 自募從軍人保人李克開
658 等: 초서본에는 없음.
659 來此言: 到此來言
660 居生
661 望間: 望時
662 說道: 矣身茂火說道內
663 爲白良置
664 而: 초서본에는 없음.
665 驚痛: 驚痛之至
666 馳往: 馳進
667 以

而⁶⁷⁰事甚驚悼, 姑先啓聞◇⁶⁷¹。奉審之臣, 當送爵高⁶⁷²朝士, 而賊徒今方結陣於其處, 無可合得達之人, 烏山都正鉉, 年少有武才◇⁶⁷³, 玆以差送矣⁶⁷⁴。

十八日(乙巳)。

王世子下書諸道, 使之訪問避亂士大夫⁶⁷⁵, 隨便恤濟。

十九日(丙午)。

詣賓廳, 得見高敬命討賊檄書。○⁶⁷⁶ ◇⁶⁷⁷ ○是日, ◇⁶⁷⁸又封狀

---

668 回還: 還來

669 爲白喩在果

670 而: 초서본에는 없음.

671 爲白齊

672 爵高: 秩高

673 爲白乎亦用良

674 玆以差送矣: 差送爲白臥手事

675 士大夫: 士大夫家

676 ○: 附

677 萬曆二十年 六月日 行副護軍高敬命 致告于諸道守令 及士民軍人等 頃緣國軍中否 島夷外猘 始效逆亮之渝盟 終逞句吳之荐食 乘我不戒 擣虛長驅 謂天可欺 肆意直上 秉將鉞者 徘徊岐路 纍郡印者 投竄林幽 以賊虜 遺君親 是可忍也 使至尊憂社稷 於汝宇乎 何圖百年休養之生民 曾無一介義氣之男子 孤軍深入女眞 本不知兵 中行未笞 大漢自是無策 長江遽失其天塹 鹵鋒已薄於神京 南朝無人之譏 誠可痛矣 北軍飛渡之語 不幸近之 肆我聖上 以太王去邠之心 爲明皇幸蜀之擧 蓋亦出於宗社之至計 玆不憚於方岳之暫勞 鞏洛路驚塵 玉色屢形於深軫 峨岷危機翠華 遠涉於脩程 天生李生 肅清正賴於元老 詔草陸贄哀痛 又下於聖朝 凡有血氣而含生 孰不憤惋而欲死 奈何人謀不善 國步

啓一道于行在所 ○[679]本月十八日, 問安人回還, 伏審聖體安康,
無任喜幸之至。臣等陪侍東宮, 時留成川◇[680]。臣等得見備邊司
通關, 乃金友皐[681] 咸鏡道防禦使差定, 劃卽起送事◇[682]。而平壤
之賊, 尙未蕩平, 東宮行次, 到成川之翌日, 卽送李鎰, 使與李薲
夾擊, 本月十三日·十六日, 連次接戰, 雖未快捷, 殺傷甚多。今
方更戰, 期將勦滅◇[683], ◇[684] 恐失事機, 李鎰不可召還[685], 此處陪

斯頻 奉天之駕未回 相州之師已潰 蠢玆蜂蠆之醜 尙稽鯨鯢之誅 假息城闉回
翔 何異於幕燕 竊據畿輔跳擲 有同於檻猿 雖天兵掃蕩有期 亦兒徒迸逸難保
敬命丹心晩節 白首腐儒 聞半夜之鷄 未堪多堪擊中流楫 自許孤忠 徒懷犬馬
戀主之誠 不量蚊虻負山之力 玆乃糾合義旅 直指京都 奮袂登壇 灑泣誓衆 批
熊拉豹之士 雷厲風飛 超乘蹺關之徒 雲合雨集 蓋非迫而後 應强之使趨 惟臣
子忠義之心 同出至性 在危急存亡之日 敢愛微軀 兵以義名 初不係於職守 師
以直壯 非所言於脆堅 大小不湛而同辭 遠近聞風而齊奮 咨我 列郡守宰 諸路
士民 忠豈忘君 義當死國 或藉以器仗 或濟以糗糧 或躍馬先驅於戎行 或釋耒
奮起於農畝 量力可及 惟義之歸 有能捍王子艱 竊願與子偕作 緬惟行宮 逖矣
西土 風俗之美 遠自仁賢俎豆之餘 士馬之强 曾挫隨唐百萬之衆 廟謨行且有
定 王業夫豈偏安 善敗不亡 福德方臨於吳分 殷憂以啓謳吟 益思於謹家 豪俊
匡時 不作新亭之對泣 父老徯后 佇見舊都之回鑾 想宜出氣力而先登 是用敷
心服而忠告 以今月二十五日 領兵發礪山郡 登途北上 次次相傳 毋滯一刻 忠
淸道傳之京畿 京畿傳之海西 海西傳之關西者
678 賓廳
679 ○: 附
680 爲白在果
681 得見備邊司通關 乃金友皐: 因備邊司金友皐
682 通關
683 爲白去等
684 遽卽召還
685 李鎰不可召還: 초서본에는 없음.

侍之將, 只有金友皋一人, 撥送未安◇[686]。而[687]北方之事, 亦爲
緊急, 不得已起送◇[688]鄭希賢, 則[689]近因江灘水落◇[690], 處處可
渡。平壤之賊, ◇[691]出城橫突, 極爲可慮◇[692]。故[693]使之領軍把
截。若撤此備, 則此處留住◇[694], 亦甚孤危◇[695], 他人◇[696]改差,
似爲便當◇[697]。◇[698] 京畿巡察使權徵狀啓過去[699], 急於欲知京畿
賊勢, 稟于東宮開見, 後還爲[700]封送, 極爲未安◇[701]。

二十日(丁未)。

二十一日(戊申)。

---

686 爲白乎矣
687 而: 초서본에는 없음.
688 爲白乎旀
689 則: 段
690 亡淺
691 亦南
692 乙仍于
693 故: 초서본에는 없음.
694 人
695 爲白有昆
696 以
697 爲白齊
698 內禁衛李忠
699 過去: 齎持過去爲白去乙
700 後還爲: 則
701 事

◇[702]又封狀啓一道[703]于行在所。○[704]近日◇[705]聖體[706]若何，日夜憂慮。臣等陪侍東宮，時留成川◇[707]。前吏曹參議李廷馣，多聚義兵，在[708]於延安近處◇[709]。前授招討使稱號，使之討賊緣由，曾已狀啓◇[710]。◇[711] 聞[712]江陰縣監崔永澂，逃遁已久，使賊路要衝，全[713]委之賊藪，極爲可慮◇[714]。以京畿觀察使[715]權徵，軍官兪淵權差◇[716]，移文本道，催促赴任矣[717]。

二十二日(己酉)。
兵曹參議洪麟祥，回自大朝。

---

702 賓廳

703 一道: 二道

704 ○: 附

705 伏未審

706 聖體: 聖候

707 爲白有齊

708 在: 초서본에는 없음.

709 是如爲白去乙

710 爲白有如乎節

711 所送狀啓 欲知其處賊勢 稟于東宮開見爲白有在果

712 聞: 초서본에는 없음.

713 全: 今至

714 仍于

715 以京畿觀察使: 前矣京畿前觀察使

716 爲白有置

717 矣: 事

二十三日(庚戌)。

◇[718]又封狀啓一道于行在所。○[719]今月[720]二十二日，因召募官朴東彦過去[721]，伏審聖體安寧[722]，不勝喜抃[723]。臣等陪侍東宮，時留成川◇[724]。近日平壤之賊[725]，似無遁去[726]之意。日日散出，刈稻燒屋[727]，且[728]築城造幕於牧丹峯上[729]，極可痛惋◇[730]。李薲·李鎰等軍，◇[731]累次接戰，雖未快捷，射殺亦多。李鎰每抄精銳，散布埋伏於賊來之路，今月二十二日，遇賊分運多出，無數射中，使賊蒼黃[732]遁入，以挫其鋒◇[733]，稍[734]可慰幸◇[735]。此中諸處[736]，避亂勇士，連續來現，這這發送[737]，使之助戰，勦滅之期，

---

718 賓廳

719 ○: 附

720 今月: 本月

721 因召募官朴東彦過去: 司瞻寺僉正朴東彦 以召募官 過去爲白去乙

722 聖體安寧: 聖候平安

723 喜抃: 喜忭之至

724 爲白在東

725 平壤之賊: 平壤賊勢

726 遁去: 遁歸

727 燒屋: 燒闊於遠逝諸處哛不喩

728 且: 至於

729 於牧丹峯上: 牧丹之上

730 爲白齊

731 前在者

732 蒼黃: 蒼皇

733 是如爲白臥乎所

734 稍: 聊

735 爲白乎旀

日夜苦待◇[738]。而但觀都元帥金命元狀啓辭緣[739], 則[740]以李鎰文移施措之間, 多有錯謬失體之事, 措語之際, 似有詬恨之意。李鎰, 雖不無所失, 其意全出於討賊[741]爲急之心。◇[742]當此國家危急之秋, 兩將協勢, 滅賊有期[743]。而若因此獲譴, 不能保其職任, 則李鎰手下褊裨精銳[744]及所統千餘之兵, 竊恐一時潰散, 更難復聚[745]。諸處將士, 亦皆因此解體◇[746], 至爲憫慮[747]。李鎰自領兵以來, 雖累次敗衄, 而[748]近觀其辭氣, 則頗有慷慨爲國討賊之意, 非如失軍逃匿者之比, 俾收[749]桑楡之效, 似爲便益◇[750]。前[751]聞兩將有不協之意, 東宮◇[752]遣兵曹參議洪麟祥, 察其實狀, 則兩

---

736 此中諸處: 此處京中及諸處

737 發送: 入送

738 爲白齊

739 而但觀都元帥金命元狀啓辭緣: 唯只都元帥金命元 牒呈及狀啓草封送爲白有去乙 觀其狀啓內辭緣爲白乎矣

740 則: 초서본에는 없음.

741 全出於討賊: 不出於以討賊

742 而

743 兩將協勢 滅賊有期: 兩將挾擊據城之賊 日竢蕩滅之期

744 褊裨精銳: 偏裨驍銳五六等人

745 復聚: 聚合

746 爲白乎去

747 憫慮: 悶慮爲白齊

748 而: 초서본에는 없음.

749 收: 輸

750 爲白齊

751 前: 前此

752 不勝憂慮

將別無大段所失，其爭端[753]，只在[754]於約束期會之間云矣[755]。侍
講之官，闕員甚多，◇[756] 而◇[757]賓客則無一人在此，似爲未安。
韓準職帶賓客，行在所如無緊關職事◇[758]，使之來此，以裨勸講
之任，亦爲[759]便當◇[760]。

二十四日(辛亥)。

◇[761]又封狀啓一道于行在所。○[762]宣傳官李繼命之來，伏審聖
體康寧，不勝欣喜[763]。臣等陪侍東宮，時留成川◇[764]。平壤之
賊[765]，初以爲厥數[766]不多，◇[767]不久可以盪滅，而尙未決捷[768]，益
肆兇鋒，四散焚掠。本府距平壤密邇，陪侍[769]不可單虛，而各邑

---

753 其爭端: 其端
754 只在: 出
755 云矣: 是如爲白齊
756 只有二三員
757 至於
758 爲白去等
759 亦爲: 允爲
760 白乎去妄料
761 賓廳
762 ○: 附
763 欣喜: 欣喜之至
764 爲白在果
765 平壤之賊: 平壤賊勢
766 初以爲厥數: 當初以爲
767 殘賊
768 決捷: 得快捷

之軍, 皆已從征, 更無抄出之兵。本府, 七八月關防退立之軍,
◇[770]九十月當番軍士, 使之除防留此, 以爲護衛[771], 似爲便當
◇[772], 而[773]不敢擅便, 敢稟◇[774]。慶尙左兵使朴晉, 捕倭馳報狀啓
過去◇[775], 欲知嶺南賊勢, 稟于東宮開見, 後[776]還封上送。北道
聲息, 絶未得聞, 憫慮[777]之際, 今見德原府使[778]申景禧◇[779]牒報
◇[780], 各官賊倭, 或三·四百, 或二·三[781]百, 時方留在◇[782], ◇[783]
抄發軍人[784], 多定伏兵, 勦捕計料云[785]。

二十五日(壬子)。

---

769 陪侍: 侍陪
770 及
771 護衛: 諸衛之軍
772 爲白乎矣
773 而: 초서본에는 없음.
774 爲白齊
775 爲白去乙
776 後: 초서본에는 없음.
777 憫慮: 閔慮
778 府使: 新府使
779 赴任後
780 爲白乎矣
781 二三: 一二
782 爲白置
783 各處良中
784 抄發軍人: 軍人抄發
785 云: 초서본에는 없음.

二十六日(癸丑)。

◇[786]又封狀啓于行在所。○[787] ◇[788] 臣等陪侍東宮, 時留成川◇[789]。前防禦使李薦, 在平康·鐵原等處, 召聚軍兵◇[790], 聞永興府使除授之奇, 馳進陽德地, ◇[791]知已見遞。◇[792] 今二十六日來現[793], 而[794]東宮行次護衛將官, 李鎰·李時彦·金友皐·鄭希賢[795], 皆承差出去, ◇[796]無一人可仗, 脫有緩急, 至爲憫慮[797], 故[798]李薦護衛次, 姑留于此[799]。黃海道觀察使及防禦使李時彦·瑞興府使南嶷等文報, ◇[800]連續來到。今月二十三日, 倭賊[801]自龍川◇[802]來向鳳山, 或稱萬餘名, 或稱三千餘名, 厥數不同, 而

---

786 賓廳

787 ○: 附

788 昨日前廣州牧使閔仁伯進去時 曾已狀啓爲白有在果 未審卽目 聖體若何 伏慮不已

789 爲白有齊

790 爲白如可

791 見金友皐

792 來現是如

793 來現: 來到爲白有昆

794 而: 초서본에는 없음.

795 鄭希賢: 鄭希玄

796 此處

797 憫慮: 悶慮

798 故: 上項

799 姑留于此: 以姑留此處爲白齊

800 自昨日

801 倭賊: 賊倭

802 多數

勢[803]似浩大[804]。◇[805]文報三張[806]輸送[807]。賊若添兵於平壤, 四散衝突, 則東宮行次, 仍留在此, 距賊不遠, 極爲可慮。雖欲移避, 他無乾淨之地。◇[808] 如有逼近[809]之勢, 移往安州等處大軍[810]之後, 觀勢處置計料◇[811]。而[812]如此莫重之事, 不敢自擅, 敢此仰稟[813]。朴慶新久在李鎰幕下, 不但[814]備諳軍情[815]◇[816], 銳於進取, 頗有激發主將之力, 不意遞去, 軍中不無沮撓之心。◇[817] 俾令◇[818]仍察◇[819], 似爲便當◇[820]。

---

803 勢: 大槪賊勢

804 似浩大: 似爲浩大

805 各項

806 張: 丈竝以

807 輸送: 政院輸送爲白置

808 欲更俟詳探之報

809 逼近: 近逼

810 大軍: 大兵

811 爲白良置

812 而: 초서본에는 없음.

813 不敢自擅 敢此仰稟: 臣等妄料罔以 不知合當與否 敢稟爲白齊

814 不但: 초서본에는 없음.

815 軍情: 一軍之情

816 罔不喩

817 如是緊關

818 而

819 本任

820 爲白置

二十七日(甲寅)。

◇⁸²¹又封狀啓一道于行在所。○⁸²²西塞早寒, 上體若何? 無任憫慮⁸²³之至。臣等陪侍東宮, 時留成川◇⁸²⁴。平壤之賊, 見有添兵之跡, 而久不擧事, 漸至鴟張。本府距箕城不遠, 江東淺灘, 定將防守◇⁸²⁵, 而⁸²⁶灘多軍少, 難保萬全。移住◇⁸²⁷大軍之後, 觀勢進退之意⁸²⁸, 前已啓稟⁸²⁹, 而⁸³⁰東宮行次, 駐在⁸³¹近賊之地, 護衛將卒, 不可單虛, 而本道將卒⁸³², ◇⁸³³抄發之餘, 皆是疲弱⁸³⁴, 徒費饋糧, 而了無實用。須得控弦精銳之士, 可以◇⁸³⁵攻守, 而◇⁸³⁶無因收聚⁸³⁷。其所激勸⁸³⁸, 只在科擧一事, 而科擧重事, 不可輕

---

821 賓廳
822 ○: 附
823 憫慮: 悶慮
824 爲白在果
825 爲白良置
826 而: 초서본에는 없음.
827 迤西
828 進退之意: 進退
829 前已啓稟: 昨日妄料啓稟爲白在果
830 而: 초서본에는 없음.
831 駐在: 住在
832 本道將卒: 本道之軍
833 皆是
834 皆是疲弱: 所得皆疲弱民兵
835 爲益於
836 此人等
837 收聚: 收拾
838 激勸: 歡動者

議[839], 前以[840]觀射直赴之意[841], 啓稟◇[842], 欲待回批[843]以爲定奪
◇[844]。洪麟祥, 初向行在所, 來謁東宮◇[845], 時陪[846]諸臣, 率多老
病, ◇[847] 幹事無人, 故[848]兵曹參議權差矣[849]。◇[850]

二十八日(乙卯)。

二十九日(丙辰)。

　領相崔興源, 承召向義州。○防禦使捷書, 來自平壤。○是日,
◇[851]又封狀啓一道于行在所。○[852]伏未審聖體[853]何如? ◇[854]伏慮
之至。臣等陪侍東宮, 時留成川◇[855]。都監關字內, 應敎李尙毅,

---

839 不可輕議: 似不可輕議是白在果

840 前以: 前矣

841 直赴之意: 直赴殿試事

842 爲白有如乎

843 回批: 回示

844 爲白齊

845 爲白在乙

846 時陪: 侍陪

847 至於興務之地

848 故: 초서본에는 없음.

849 矣: 초서본에는 없음.

850 仍留爲白如乎 以久未還朝爲未安 陳疏上送爲白置

851 賓廳

852 ○: 附

853 聖體: 上體

854 無任

以迎接◇[856]郎廳入來云[857], 而[858]東宮侍講之官, 兼弼善李有中
◇[859], 病重見遞, 弼善沈友正·司書尹㵢, 出使未還。今方逐日進
講[860], 而[861]講官[862] ◇[863]缺乏, 將至廢講[864], 極爲未安[865], ◇[866]李
尙毅姑爲仍留, 敢稟◇[867]。◇[868]

---

855 爲白齊

856 都監

857 云: 초서본에는 없음.

858 而: 亦爲

859 段

860 進講: 書筵進講爲白去等

861 而: 초서본에는 없음.

862 講官: 勸講之官

863 如或

864 將至廢講: 廢講

865 極爲未安: 未安

866 同

867 爲白置

868 ○是日 詣備邊司 得見監司李元翼狀啓錄後

一。監司與沈遊擊 問答之辭

小人因譯官 聞沈遊擊以倭奴通貢奏聞事 向北京 小人恐實有此意 無意進兵
不勝驚駭之至 與兵使李薲請見 則許於房內相見 卽令譯官 慰謝昨日爲下邦
冒險周旋之意 且問昨日問答大意所在 答曰 昨日向斧山時 倭賊又致一封書於
我 其書卽付伴儅 送于修똥將 未及示于此處將官矣 其書以謂日本人曩日多被
殺戮於大明南邊 大明亦不許進貢 而獨於朝鮮許貢 今又來護如此 日本豈得無
恨云云 往見行長接話 行長不解文字 有年老和尙許文 年少和尙寫字 問答大
意 具在所錄中 小人等問曰 老爺欲向北京云 不知爲何事耶 答曰 吾計有三 倭
本喜飮 近城閭家 多儲酒瓮 倭人出而群飮 乘醉擊之 則蔑不勝 吾於浙江已試
之 此第一計也 而儞國貧甚 此計 □□不施矣 多埋火箭三萬于要路 竢其出而
齋發 則可以殲盡 此第二計也 而儞國無器械 此計不可施矣 許貢講好 以緩師
期 此計之三也 而出於不得已 蓋假說而已 豈眞乎哉 俺責彼以據平壤 卽令移

去 則彼以謂大明君許朝貢 則當移云故 俺亦以奏聞北京爲辭 以實其事 而實
欲但向遼■ 見巡按調兵出來爾 小人等曰 此處軍民望老爺 如望泰山 如望父母
老爺離■ 則人情無所恃 不勝缺然 請留駐此近地 江上炮手年 先爲打發 使屯
於此 何如 答曰 俺則不可駐 南兵二千四百 不久當到江上 待齊到 當發送 昨日
倭將謂俺 東路往來時 中間多爲朝鮮所殺 道路阻梗 請爲書 以布一路 使勿相
殺 幸甚云 俺答云 平壤以西 則本中國地方 以東則朝鮮地 我不得管矣 圖平壤
後 漸圖進取 此俺之意也云 小人等問曰 與賊約期五十日 賊謀變作百出 決不
可保 無他慮於五十日之內 且假令此賊能守約信 倘北賊過嶺入腹內 則將之若
何 答曰 雖期以五十日 俺之調兵來到 豈至五十日之久乎 其間北賊來到 亦未
之何 小人等問曰 提數千殘贏之兵 與劇賊對壘 天兵之來 日夜懸望 未知天兵
的於何時來到 且倭賊自斧山 至平壤各府州縣 許多人民 父母妻子 皆被殺戮
人皆思奮 處處截殺 不特發軍而己 兇賊要犯上國 下邦君臣上下 誓死不與共
戴一天 故致有今日之窘厄 使朝鮮民 庶盡爲魚肉 靡有孑遺 而萬無與倭奴講
和之理 答曰 俺到遼 調發兵馬 其遲速 不可必 似可於本月 盡頭來到 不可講和
俺亦知道 亦豈得使偁國講和乎 云云

一。大將榜辭 一紙
謹答 大明遊擊將軍 沈公閣下 回示之旨 幸甚 會期指來日 不雨天 則莫誤期
互從一僕 於後則好矣 餘付來日面話 恐懼頓首 不宣 壬辰 八月二十八日 豊臣
行長 着署 天將見此報 卽於小紙書榜辭 付小人等曰 此榜辭大書 掛示於彼我
中間十里許之地云云 其榜辭曰 天朝大將有令 此界口二國 且各不許過界 亦
不許交戰 大明遊擊將軍沈 傳示貴國日本先鋒大將 煩轉傳 與王京等處日本來
將知悉 本府親往天朝 請旨通貢等情 面與先鋒大將 議定五十日 不可與朝鮮
兵馬交戰 亦不可殺害百姓 燒毀民房 且各暫守住處 毋得逞强 偏特見以使本
府 亦先鋒大將失信于朝鮮 決不可違惇

一。斧山回答之辭
譯官秦孝男言內 斧山問答之辭 天將問來倭曰 朝鮮有何罪 日本敢動干戈 侵
擾士地 殺戮良民乎 倭答曰 朝鮮曩日 曾討對馬島 又曾差陪臣 入日本朝貢 留
半年 其後貢亦不進 人亦不去 以此起兵來犯矣 天將曰 大同江以東 則皆是朝
鮮地方矣 任汝來犯 大同以西至義州 則本大明地方 大明使王代治故 天朝遣
使 則國王必來迎於平壤 一路館舍 天朝使价板上詩話 汝不見之乎 且楊摠兵
曾送一千兵馬 哨探之時 偁們何敢下手乎 倭答云 其時雨中 遼兵衝城入門 多
殺把門者 不得已應之 豈知哨探軍乎 天將曰 城中偁將 幾人乎 倭答曰 五人矣

天將曰 備寫其名 倭答云 名則不知 只書其職名 一高山 一大村 一五島 一平戶
松浦 一小西德寺 卽大將也 天將又問 在王城者 何人耶 倭答云 關伯之孫 小田
八郎 八郎雖尊重 而用事則在行長矣 近欲合聚諸處散兵 守城 城中之兵 欲下
義州矣 天將曰 俺今當奏聞 息丙國之兵 儞們從前刈草處 則已矣 勿出十里之
外 俺亦令我兵 及朝鮮兵 勿殺刈草之倭 以待旨下可也 來倭處 卽給銀一兩 饋
酒而送。天將到順安後 卽問于秦孝男曰 彼所謂遣陪臣朝貢者 何耶 孝男答曰
安有朝鮮朝貢日本之理乎 頃日倭人致書于我 其書曾送于天朝 老爺不見乎 其
書則以謂要犯上國 不爲假道 及老爺問之 則以謂不爲貢云 其反覆詐謊 可知
矣 天將笑曰 兵出無名 事故不成 彼賊執此 而爲辭矣云云
一。因驛官秦孝男聽得 沈遊擊云 前日與倭將對話時 倭將謂皇朝若許朝貢 且
令日本朝鮮兩國通好 則朝貢之路 欲於朝鮮內往來 俺答云 通貢之事 俺今轉
奏 定得皇帝准下矣 至於道路 則浙江寧波府 自是昔日通貢之舊路矣 倭將云
寧波海路 險且遠 不若打此往來之爲便 且問朝鮮國國王 通好與否 俺答云 國
王今在夾江 時未相問 何以知許和與否 遊擊且謂 俺回到此地後 倭將若問通
好事 則俺當以國王乘船 已向南方 答之爲計云云 又秦孝男追記來言 倭人問
曰 國王今在何地 天將答曰 國王今入遼東 王子在北京矣 以失地之故 天將責
國王 國王兩難矣 此斧山問答之辭 天將書 與此處諸將 天朝遊擊將軍沈 挑選
精兵 急修器械 謹守要路 時刻不可忘戰

찾아보기

피난행록 상
避難行錄 上

출처 : 《약포선생문집》 권4, 1760, 서울대학교 규장각한국학연구원 소장

여기서부터는 影印本을 인쇄한 부분으로 맨 뒷 페이지부터 보십시오.

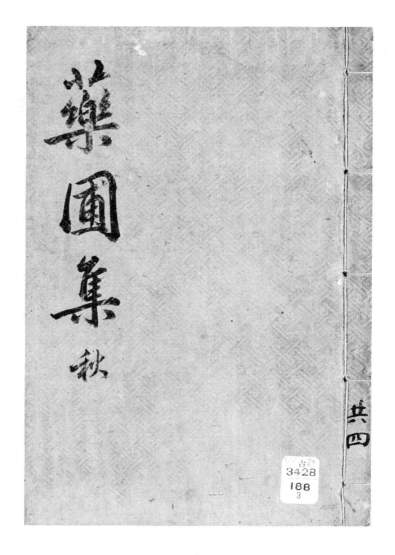

學洪順一享九幼學鄭時亨亨甫別將權仁龍雲

叟山人智演萬曆三十一年癸卯九月初吉同游

避難行錄上

萬曆壬辰四月三十日己未丑時

大駕由敦化門敦義門出駐碧蹄館宿東坡館是日

大雨宮嬪或有冒雨徒步以白衫蓋頭而行者當初

上出城時一路坊坊多出哭聲琢時在藥房仍

扈從至臨津日暮風濤甚惡不及渡醫官南應命引

宿江店

五月初一日庚申自臨津追至東坡館是日　上宿

2

開城府〇司諫院駁領相李山海 命削官

初二日辛酉崔興源爲右相 上御南城樓慰諭父老 上命罷左相柳成龍先是已 命鄭澈等若干人皆敍用

初三日壬戌畱

初四日癸亥 上午駐興義館過平山府宿寶山館

初五日甲子 上午駐龍泉過劍水宿鳳山

初六日乙丑 上踰銅仙峴宿黃州

初七日丙寅 上午駐中和宿平壤仍畱

初八日丁卯鄭彥智金宇顒洪宗祿等敍 命下

初九日戊寅　上命遞右相李陽元崔興源爲領相

尹斗壽爲左相俞泓爲右相李恒福爲刑曹判書申

礦爲吏曹參判琢初寓庶尹衙舍至是移寓于隆興

府東知印金億龍家是日風雨

初十日己巳朝微雨奉安　廟社主位版于　永崇

殿　上是日　命去尊號

十一日庚午雨

十二日辛未大雨巳正三刻　王世子嬪宮解産○

申從壽自寧邊來見與苧戎衣裏衣一襲兵使李潤

德寄白苧戎衣一襲

十三日壬申雨鄭崑壽爲大諫

十四日癸酉進 永崇殿○李聖任以巡邊副使領

兵向臨津嘉山郡守沈信謙寄三色物品

十五日甲戌進 永崇殿

十六日乙亥自金億龍家移寓土官李仁壽家是日

與鄭汝仁謁 襄忠表節祠二賢堂

十七日丙子書生康仁立來見 命李山海中道付

處三陟定配

十八日丁丑

十九日戊寅雨柳祖訒爲 世子翊衛司翊衛監檢

5

內醫院藥物各種

二十日己卯雨

二十一日庚辰微雨申硈兵敗於臨津大衆一時盡

潰劉克良死之

二十二日辛巳

二十三日壬午

二十四日癸未是日前左相鄭澈自江界謫所來謁

行在所

二十五日甲申

二十六日乙酉雨

二十七日丙戌雨

二十八日丁亥有僧來傳子允穆書

二十九日戊子雨

六月初一日己丑臨津失守都巡察使金命元狀

啓至 行在所戒嚴前領相柳成龍復敍爲豐原府

院君

初二日庚寅

初三日辛卯大雨譯官朴仁祥自中朝出來與焦氏

易林四冊卜筮全書六冊淵源子平五冊

初四日壬辰 上御大同館外門招諭父老仍 御

十三

練光亭試才江邊土民等卽 命直赴殿試○奴莫

同自定州還連福亦來連福馬見奪于肅川官云

初五日癸巳唐官來大雨 上迎見唐官於西閣

初六日甲午以推馬事送連福於肅川是日 內殿

發行向咸興府俞泓崔滉陪行唐官還○自李仁壽

家移寓于官奴應吉家是夜患痢幾絶而蘇

初七日乙未洪渾元來訪

初八日丙申倭賊來現大同江越邊

初九日丁酉 大駕將發向寧邊府本府軍民成群

遮道力請不發未果行

初十日戊戌詣政院請對一啓曰國運不幸海寇憑
凌大駕西幸苟保一隅臣不勝痛哭然而駐蹕
本府固守城池以圖恢復此實得計而朝議不一或
以爲賊鋒已過不可不避自 上亦以爲然雖有大
臣之言不見聽納將以今日 啓行臣食不下咽京
都不守已矣無及唯幸此府城郭粗完人民衆庶府
庫糧餉猶可支持而浿江一水所謂長江天塹且觀
人民勉勵 聖躬咸懷敵愾之心城中男女老幼盡
出守城人心如此此實大吉之兆况今李鎰引兵已
至唐兵亦將來援以此破深入之賊而中興之功可

9

立而待舍此之他大事去矣不特此也大駕一動
則本府軍民一時潰散城陷必矣兇賊追鋒恐或莫
過而中路不測之變難保其必無豈不寒心其所以
請上移蹕者恐或不思之甚也伏惟聖裁必須
停行臣惠暑癨累日今始來啓惶恐不已答曰
賊鋒不得不避

十一日己亥　大駕發行宿肅川府

十二日庚子　上宿安州〇連福來現

十三日辛丑　大駕至寧邊是夕雨

十四日壬寅　命金應南起復　大駕發向義州了

10

路　命王世子向江界領議政崔興源刑曹判書李

憲國副提學沈忠謙刑曹參判尹自新同知柳自新

兵曹參議鄭士偉承旨柳希霖及琢承　上教分扈

東宮謫衛柳祖詗亦至自此遂爲分司是夕　東

宮宿雲山郡

十五日癸卯　東宮宿開平院是日陰雨

十六日甲辰　東宮宿熙川郡

十七日乙巳疆崔滉自寧邊承　命陪　中殿向咸

興末至而中路陪　嬪宮是日來從　東宮之行

十八日丙午　東宮發行是日俞泓來扈　東宮泓

藥圃先生文集卷之四

十五

承 命 初從 中殿向咸興中路承 命停行 中

殿還從 大駕泓至是 啓請從 東宮一行承

命當直向江界而卒從泓議便途取捷宿于長洞仍

欲向雲寒嶺了路

十九日丁未 東宮發行宿嶺下人家扈從臣僚皆

露宿是夕微雨

二十日戊申 東宮宿寧遠地人家是日發行至天

壇縣聞賊大衆直向咸鏡道議者或言還向江界地

一如 大朝之命或言進向關東春川原州等地收

合人心以圖恢復羣議不一囂時莫決卒從泓議決

向東路蓋當初朝議之要往江界者欲令觀便踰雪
寒嶺北據險而既聞賊入關北遂停關北之行則苟
保江界或云非計故從泓議

二十一日己酉宿寧遠地民家

二十二日庚戌晴

二十三日辛亥以朴宗男拜兵曹參知　東宮發行
宿院坡臣僚皆露宿

二十四日壬子　東宮午後發行踰大嶺宿寧遠郡

二十五日癸丑晴

二十六日甲寅　東宮發行宿孟山縣

二十七日乙卯　東宮發行宿陽德縣地麻希山院

人家瑑宿縣吏李秀光家

二十八日丙辰雨

二十九日丁巳　東宮發行宿楚川驛是夜大雨

七月初一日戊午䨙

初二日己未　東宮發行宿中大院

初三日庚申　東宮發行宿陽德縣

初四日辛酉　東宮發行宿谷山盤巖坊人家

初五日壬戌䨙雨

初六日癸亥䨙雨

14

初七日甲子　東宮發行宿谷山人家

初八日乙丑　東宮發行踰水多嶺宿谷山地人家

山路險惡十步九顛一行大小皆甚苦之

初九日丙寅　東宮發行又踰一峴宿伊川地人家

伊川縣監俞大禎出迎于境上

初十日丁卯䨓雨

十一日戊辰　東宮發行涉楡洞川犯夜始至伊川

縣是日下三道監司狀　啓始至

十二日己巳䖝午後雨〇以不向江界事具由狀

啓于行在所〇六月二十七日狀　啓回還人持來

15

有旨祇受後　大駕留駐處更未得聞日夜西望

拊膺罔極　行次陪來人員厥數本少而老病居多

落後者亦有之驅馳峽嶺人馬疲頓驛路又絕道路

梗塞　行枉問安自不能如意前往三人亦皆不返

尤爲憫泣江界咸興難往辭緣曾已　啓聞而兩黃

兩道中欲擇駐形便之地頻聞　大駕消息而兩道

賊兵克斥頓無寄足之處間關顚仆今到伊川欲向

關東安便之地而側聞京賊由鐵原路向金化等處

遂安谷山諸處亦有聲息欲更體探以定所向姑留

本縣召集兵糧第念牧攬人才唯在爵賞而當此板

蕩之時無尺布斗粟可以俵給至於除拜一事雖有
便宜從事之 命而 東宮深以爲未安陪行微官
陞補外一切不敢若如是徒執謙讓則人心難定國
勢日孤更無恢復之望欲一一仰稟 大朝則道里
阻夐往復之間動經數月坐失事機極爲惶悶不得
已及時應補之官姑爲權差一邊任事一邊 啓稟
雖枉搶攘之中講官不可不備員故以本道召募御
使許筬兼文學前縣監黃愼權差司書前承旨姜紳
亦依起復人例付職收用而各道守令時存隱避者
及身死與陣亡之人亦未塡差一道之事無人收拾

十八

17

欲爲聞見久曠之邑除授可堪之人而事涉重大不

敢便行亦爲可憫各道狀啓過此急於欲知邊報

稟于 東宮開見後還爲封送極爲未安向前各項

之事有所未安路遠事急不得隨事 啓稟至爲惶

恐

十三日庚午雨是日留平康縣監南楫來謁 東宮

十四日辛未雨留巡察使李鑑來謁 東宮

十五日壬申朝陰雨 王世子稍集將士面告恢復

之意

○長興庫鄭僉正婢子彦介嫁來此縣吏家來見問

安時時饋饌極精幹濯衣衫執勞頗勤

十六日癸酉招撫官李貴以招募事告行出去夜雨

十七日甲戌朝雨夕晴是日與賓廳諸宰又封狀

啟一道于 行在所○項因義禁府都事韓應禮之

歸憑修狀 啟道路阻夐音聞久曠未審 大駕平

安消息日夜憫泣 東宮行次崎嶇山峽從官散落

艱苦萬狀及到伊川近邑避亂朝士稍稍來會同知

丁胤福吏曹參議洪渾前注書朴文敍前待教黃克

中直長崔浚奉事具坤源前郡守金殼輝等及宗室

原川君西興、都正等相繼來到戶曹判書韓準自寧

藥圃先生文集卷之四　　十九

邊追到正言尹洞亦爲來到人士稍集粗成體貌大
抵自西京失守之後一國人民未知 大駕所在顒
望悲慕及聞 東宮來臨人心歡悅有若再生逃竄
守令漸復官守號令亦行恢復之機稍有可望李鎰
募軍方住兎山地初欲令直進平壤近地與都元帥
椅角聲綴賊鋒矣非但其鳥合孤弱之兵難犯大敵
行次在群盜四圍中而無一旅之卒極爲憫慮故
召來于此其後李貴及明城都正募得丘數百餘人
幷本道兵合千餘人軍勢比前稍振而列邑皆蕩殘
官無升穀一行支供許多軍糧百計無策將有自潰

之患勢不獲已近邑步兵價布減半作米捧上令年
貢木亦爲作米輕歇捧上之意已爲行移至於軍士
上番前雖有姑停之　命而卽今聚兵極難且念經
亂無知之民不知有國家漸至渙散無統亦爲可慮
故近道不爲被兵處令依法上番而黃海道則近於
關西使之起送　行在事許爲知委矣李鎰戰士非
但屢經戰陣不爲逃散勤勞可矜而或有已受賞職
而未得告身者或有　啓聞軍功而中路未達者乎
召使黃廷或募軍時約以平民則禁軍除授公私賤
則許令免役焚香成誓今若失信則軍情解體將至

二十

離散故略示褒賞而兵曹非俚侍衛關重聚兵漸多

不可專委宗男姜紳參知權差鄭希賢曾以軍功副

正除授而并無官教朴宗男姜紳鄭希賢三人官教

成送何如金化金城兩邑守令自變初遠道平康縣

監亦爲逃竄麻田郡守不知去處谷山郡守　行次

過來之時全不出待已被臺劾永興德原陣亡已久

淮陽府使亦爲倭賊所殺其他如忠州安東等大處

亦爲久曠如此許多郡邑委之賊手無人收拾極爲

可慮而　行次所駐處切近郡縣外差出未安姑待

朝廷　命令大黎被兵處各邑守宰莫不望風逃竄

而兒山縣監李希愿鐵原府使金俠盡心官事召聚
民兵毅然有固守之計一邑之人恃以不散伊川縣
監俞大禎居官處事頗有幹辦之才支供饋餉盡力
無欠弁爲可嘉自南兵上來之後連得捷獲賊勢頓
挫城中菑倭甚少云流播之言未知虛的今方偵探
而海西之賊屯各邑傍肆抄略其勢浩大一行次
所駐處未得安便之地至爲憫慮姑爲菑此遠遠偵
探觀賊勢緊歇以定去就計料
十八日乙亥晴牛溪成渾浩源書来到右合○是時
賊勢鴟張三面皆然不得前進仍菑滯行大小人員

歸咎當初建議者○是日乞膠米一升於李欽哉付

奴莫同澣濯垢污

十九日丙子兩是日聞倭賊本月十七日已入谷山

云

二十日丁丑柳訒之求訪是夕入直摠府

二十一日戊寅 王世子引見備邊堂上

二十二日己卯兩姜紳爲兵曹參知朴宗男爲春川

府使

二十三日庚辰朝兩是日又封狀 啓一道于 行

在所○近日一向未聞 行在消息日夜憫迂 東

24

宮行次尚住伊川本縣四面如谷山牛峰金化麻田
皆有賊耗而只賴雨水連縣江川漲溢恃以爲防若
江灘漸縮則極爲可慮觀賊勢緊歇隨便移避伏計
近觀各道形勢列邑守令或陣亡或棄邑或身死無
非無守之邑民皆散亂殺掠攻刧當今急務莫如各
邑守令隨關塡差使之經理邑務召聚民兵而
在遙遠聲聞難通　東宮行次傍近守令外其他諸行
邑不敢除差以此空曠之邑極多討賊了無頭緒誠
非細慮春川爲嶺西大邑久不被兵本道方伯據此
而措置防備若春川失守則如加平楊根等處亦難

25

保守最爲關防要害之地而京畿監司權徵馳報內

府使趙仁後身有重病累次逃避使本邑將爲棄地

云故朴宗男府使權差使之把守驪州牧使元豪與

賊戰爲賊所害而本邑在歸賊要衝之地不可一日

無主軍卽接京畿監司馳報則前承旨成泳募兵千

餘人在本州地云故仍爲權差牧使前府使金千鎰

倡義起兵自湖南到近畿忠義可尙而尙無職名無

以號令所部且兩南倡義之人相繼而起激勸之方

亦不可不慮故金千鎰陞授中樞府事至爲未安春

川府使朴宗男驪州牧使成泳官敎幷爲成送何如

廣州聚兵多至數千邊彥璛率兵屯駐遇賊猝至彥
璛不能成陣不見賊面而先走京畿監司馳狀請罪
使之白衣從事以責後效南兵則來駐仁川安山云
而兵數多寡未能的知勝捷之言時或有傳而不可
準信京中之賊再度偵探則厥數比前甚少唐兵則
已渡鴨綠云而只是傳聞未知見到何處至爲憫慮

二十四日辛巳

二十五日壬午有人來自 大朝因聞臺諫論劾當
初請往東路建議之人云

二十六日癸未金仲叔子命男避亂于朔寧地來見

二十七日甲申金命男告歸朔寧○江原監司柳永

吉來謁 東宮○是夕自金世弘家移寓崔晉昫家

○是日又封狀 啓二道于 行在所○臣等聞兩

司以臣等虐 王世子棄江界入危地爲非摘發首

倡削奪官職云臣等待罪宰相一行動靜無非出於

臣等臣等當膺首倡之罪而賊滿衆區皆爲危地當

跋涉之際博採衆議或自計畫安有首倡之人首倡

之罪全在臣等惶恐喘息藁待罪固不敢容一辭

於其間而方在危急之際循例容默則 國家之勢

漸危恢復之望無期敢於終始以畢其說當初 命

世子入江界時自 上以 宗社之主付諸 世子
聖意蓋以恢復之責望於 世子而江界一隅也 朝廷
朝廷之命不通於四方四方之人莫知有 朝廷
舉國人民必皆諭脅於賊中誰與爲恢復哉況在熙
川曾以此意狀聞已得量宜進退之 旨乎顧瞻四
方無非賊鋒之所在雖在相勢擇地避危就安使民
望有所係號令有所施以成萬一之效此 宗社之
慶臣民之幸臣等所以忘身 世子所以從臣計也
自古爲天下國家者孰不危然後安雖在盡天下之
計成國家之務而已止道乃興王之地臣等過計莫

藥圃先生文集卷之四

二十四

若先出止方抄發南止之兵擁截鐵嶺之險號令於
江原慶尚以過京畿忠清全羅庶幾收効不幸聞賊
兵已踰鐵嶺不得已從衆情來于古寧邊從衆情所
以順天意也間道潛行令達于伊川適遭大雨三面
有長江之阻後一面亦有大川恃以留駐人間世
子之來莫不感激至有垂涕者畿甸義兵處處蜂起
爭相捕賊賊勢小挫欲待兵勢大振前進據勢勦捕
殘賊以過南軍計料而臣等負此重罪指揮三軍有
妨事體極爲未安惶恐待罪○臣等自分離·大駕
之後陪 東宮久在寧遠孟山陽德窮僻險塞之地

人卒散亡從官內人有時徒步至於　東宮牽馬之

人亦或不備人馬瘦病僵仆相繼以此　大駕問安

亦未得以時今到伊川人士稍集故連次送人而皆

未得報方為憫泣之至宣傳官羅守謹主簿方士豪

相繼以來伏審　聖體康寧無任感泣　東宮行次

時畱伊川細採賊報收合軍卒欲向稍安之地伏計

全羅義兵將管下來傳曲折甚詳金千鎰義兵及兵

使崔遠所領之軍方在江華接戰日期時未決定前

府使高敬命前提督趙憲亦率義兵上來而先擊湖

西湖南之　賊未能趁期戾洛云千鎰軍中　王世子

二十五

親筆下諭諸軍感激至有垂涕者開城及京城連次
偵採則賊勢視前稍減而往來之言未委虛的孝賞
自平壤失守之後來在京畿積城地收聚軍兵故招
致行次而竊聞黃海一道之民久陷賊中不堪毅
虐皆思奮起而無將領可以依歸日夜嗚望故遣李
賚使之往鎮谷山遂安等地一以收拾海西一路一
以應接西京聲援而孝賚手下無見卒散亡之軍收
聚未易極爲可慮正言尹泂引嫌見遞諫官不可久
曠故黃愼權差而陽德縣監馳報金貴榮黃廷彧書
狀及他道書狀十九張政院付送詮次善　啓

二十八日乙酉 王世子發行至江津天始明渡江
停行于民家夜踰風壁峴遂寓民家○是日陰童崔
愼已以瓶酒來饋○是日又封狀 啓二道于 行
在所○慶尚右道觀察使金誠一所送軍官持狀
啓來過急於欲知邊報稟達 東宮開見至爲惶恐
近日黃海江原之賊與京城之賊互相往來而郡縣
皆空自行自止遍滿官舍村店我民被其殺虐日望
官軍之至物情皆以爲先出空邑守令使之把守然
後事有統緒故高陽郡守李慤積城縣令李蘊交河
縣監成永遇楊口縣監申應泗等權差而京畿水使

戍應吉尚無去處或云已死此時水使久關防備蕩
然機關甚重 行在隔遠事勢急迫不得已權差至
爲未安全羅監司李洸以勤王後時爲本道儒生所
疏論專廢號令奉身縮坐慶尚左道監司金睟積失
人心號令不行無一卒空坐兩南勤王之兵似無可
望至爲憫廬○前因沈岱伏審 王體稍愆不勝驚
廬之至未委卽今 聖體若何 東宮行次移駐成
川之由曾已 啓聞 行次暫駐伊川畿甸之民歡
悅歸附 朝廷氣艵旁通於諸道獻級日至各起義
兵馳報相續頗有恢復之望而伊川一息程王洞驛

賊兵現形乘夜放砲不知賊勢衆寡不得已還向成
川傍近諸邑民情莫不失望而適李時言遇賊百餘
人於新溪只率疲兵三十餘名突陣斬其先鋒我軍
無一人被傷以此威名甚著民情皆願爲將救活一
方民命故以時言爲黃海防禦使以沈友正爲巡按
使使之調給兵糧勤除黃海之賊慰答民望前以李
薦黃海防禦使差遣事狀 啓而旣差之後聞王洞
賊警使李薦姑往把截而薦以無兵可守率爾還歸
亦不來現故以李時言代送矣 行次嘉駐處成川
雖近於平壤而平壤之賊近似挫縮且前有江防姑

駐此府欲爲觀勢進退伏計

二十九日丙戌發行宿谷山地驛吏家

三十日丁亥雨發行宿于文巖

八月初一日戊子發行宿于谷山○是日又封狀

啓二道于 行在所○全羅道觀察使 啓本來過

急於欲知邊報禀于 東宮開見還封授送至爲惶

恐湖城監柱都檢察使李陽元處秘密牒呈內徐夢

麟謀逆一款事繫重大故同封上送內醫院官南應

命言內到价川地無馬落後與同行趙英瑞及本院

庫直相失渠獨湯藥器銀鼎一天字銀湯罐一黃字

銀平招兒一銀鎖招兒一賫持來納云欲爲入送而
當此群賊遍滿之時恐有逢賊見失之患還授應命
姑爲留置尚瑞副直長成澳持符驗來現與義禁府
都事韓應禮一時入送未知無事得達與否至爲憫
慮○伏見兼司僕李希貞所持文書則金友臯咸鏡
防禦使差下而 東宮行次侍陪将官李時言前因
本道民情黃海道防禦使差送李鎰率部下將士夾
擊平壤之賊前四日己爲發行鄭希賢近因江東灘
水漸淺賊路可虞使之率軍防守亦令相機進退
行次護衛之将只仗友臯一入今若發送 行次孤

危極爲憫慮李薦伊川落後不來之由曾已 啓聞

而前見咸鏡道巡察使宋言愼則令其子李希聖催

促其父劃卽赴任于永興府云而道路阻遠臨急措

處之事不得一一啓稟致此抵牾極爲惶恐李薦

黃海防禦使差除 諭旨姑畱于此以待 朝廷處

置他文書則黃海道監司處卽爲馳送使之施行矣

初二日己丑發行宿于谷山地民家

初三日庚寅發行宿于谷山地蚾蜊城民家〇是日

初四日辛卯發行到成川〇是日見崔彦明書來自

政丁胤福爲兵曹參知姜紳爲江原監司

熙川鄭弘遠訃音來自孟山縣○寓金守天家

初五日壬辰

初六日癸巳江原監司姜紳兼巡察使

初七日甲午姜紳拜辭巡邊使李鎰率兵向江東夜

雨

初八日乙未夕吏曹佐郎許筬來訪

初九日丙申順寧君來訪○是日又封狀　啓一道

于　行在所○江原道觀察使柳永吉近因本道賊

勢克所窺伏山谷無意策應　行次畱在道內而託

以道梗久不來謁已被臺諫彈斥故兵曹參議姜紳

依前 論旨巡察使差下使之權兼觀察使職事委
紳官敎及 諭敎書成送何如兵曹守衛其重堂上
不可無一員丁胤福參判除授朴宗男曾已春川府
使差送 行次無侍衛之人金友皋仍留侍衛巡邊
使李鑑使之領部下諸將及黃海平安兵四百名前
進平壤與李資橋角夾擊而捕賊軍功他皆施行其
中宜城都正王潤月串僉使李頲江華府使尹湛幷
浦萬戶安匡國前宣傳官田仁龍宣傳官李賢等當
有陞遷之賞而自 行次擅斷爲未安高陽私奴明
福明會兄弟憤其父兄被害射殺賊七十餘名斬首

十六級會已許通羽林衛除授如此特異之功論賞

恐不止此京畿水使身死已久以崔夢星差遣之意

前已狀聞而嚴後見　行在朝報則以邊彥瑈差下

彥瑈前以敗軍之罪白衣從軍事已狀聞大抵軍功

論賞小小除拜若一一稟裁於　行在則往來之際

動經時月有乖賞不踰時之義故這這差除他餘除

拜似難擧行而賊兵熾盛處或槀官或身死久不差

出一邑人民委之賊手收復無期不得已隨所聞差

出開錄上送京畿觀察使權書狀內請趙儆邊應

星敗軍之罪依律治罪而當此賊變孔棘之時一將

藥圃先生文集卷之二四　　三十

41

有闕姑從寬典李艤崔夢星朴己百一擇依軍令決
杖之意回答李時言旣爲防禦使仁川府使久曠以
都摠經歷尹健權差發送矣
初十日丁酉又封狀　啓二道于　行在所○問安
人回伏審　行在平安消息不勝欣幸　東宮行次
時畱成川平壤賊勢連次偵探則或云還向中和城
中畱在之賊城內外無數放火江東近地民家連續
焚蕩賊徒狡譎去畱難測巡邊使李鎰領兵由江東
路直抵平壤與李薲欲爲夾擊似或遮蔽江東賊來
之路故姑畱于此近觀賊勢以定所向計料安邊儒

生金景禎德原儒生朴期齡等徒步遠來詳言此賊
聲息兼獻兵級且云本道民人等欲團結擊賊而郡
邑多空無人将領懇乞差出曠官守令故德原府使
永與判官僅得差出此外安邊文川亦爲緊急而苦
無可合之人遠方之人道路阻隔赴任極難未得塡
差高陽避亂人進士李櫓自變初奮義勤賊屢獻首
級今又率其同志李逢春張應男安功等來報京畿
賊形止故皆已論功除職而李逢春張應男則起送
李鎰處使同擊平壤賊李櫓安功則還送本邑使之
捕賊守令差除臣等固知未安而事機甚急　行在

隔遠未及稟　裁先已權差之後與　行在政目互

相重疊若未赴任之員自當依　行在節目施行而

其中春川府使朴宗男因本府將陷急急差遣赴任

已父驪州牧使成泳聚軍本邑境內故因爲除授牧

使想已赴任而祇恐成泳短於弓馬且因本州民願

以朴已百爲助防將使之協力勤賊麻田連川則前

監司權徵以兩邑父曠爲慮以李亨男金驪爲假守

頗有禦賊之功故仍爲權差今方寮任德原府使則

因本府儒生遠來懇請差出主倅　行次陪下人申

景禍權差令已發行仁川府使尹健則京畿監司沈

貸力言仁川不可久曠而且薦尹健可合故即爲差

送黃海防禦使李時言不得已差遣之意前已狀

啓臣等妄料當此 國勢岌岌之日塡差空邑守令

一日爲急擇其最急處多數權差至於疊授極爲惶

恐近日不得已權差人別錄上送吏曹參議李純仁

本月初十日身死 廟社主陪行緊急以李瑾權差

矣〇京畿都巡察使權徵狀 啓及慶尙左兵使朴

晉狀 啓過此欲知京畿嶺南賊勢稟于 東宮開

見後封送而畿甸賊勢熾盛勤捕將官亦無可伐之

人極爲憫慮趙儆邊應星曾以加平敗軍之罪未減

夬杖後　啓聞蓋臣等愚意當此事變孔棘之時若

一從軍律則更無完全之人固宜從輕論罪以責後

敎故京畿水使成應吉之代以崔夢星差出具由狀

一　啓催促赴任之意通關于京畿監司權徵矣觀此

狀辭恐是未及見知而然也兹以崔夢星赴任與否

急速四報之意已爲行移于京畿監司處矣

十二日己亥

十三日庚子又封狀　啓一道于　行在所〇本月

十二日宗薄寺主薄兪大健回還伏審　聖候康寧

不勝忻抃之至　東宮時雷成川慶尚左道觀察使

金晬右道觀察使金誠一狀 啟賫持人過此欲知

嶺南賊勢禀于 東宮開見後還封上送至爲未安

十四日辛丑又封狀 啟一道于 行在所○臣等

陪侍 東宮時囿成川目今平壤之賊過半上去黃

海一路囷屯之數亦不爲多而京畿賊數前見楊州

牧使高彦伯馳報則多數屯聚四處結陣云湖南之

兵勢難直擣京城若由延安白川之路先勤海西之

賊直指中和則平壤之賊蕩平不難此意使豐德郡

守邊應軒通諭于全羅兵使崔遠義兵將金千鎰等

而 東宮將士絶少控弦之卒侍衞孤單了無可倚

三十三

之勢募民搜兵無一應者雖有一二之得皆是殘弱
之類聚集精銳百計無策臣等竊念武士之樂赴莫
如科擧而取人重事勢難擧行若所住近邑行移知
會定規觀射居首者直赴殿試次者直赴會試又次
者禁軍除授則人必爭先聚兵亦多允爲便當妄料
敢稟而緊關守令塡委處及他權差之官亦爲別錄
上送矣

十五日壬寅又封狀　啓二道于　行在所〇近日
伏審　上體若何不勝憫慮之至臣等陪侍　東宮
時畺戍川鄭希賢平山府使官敎來到而右人江東

淺灘防守辭緣曾已 啓達平山府使則急於抄兵
捕賊尹士憲權差已久且 行次侍衞將士他無倚
伏之人只有鄭希賢金友皐二人勢難移換守令姑
畱于此而司圖韓護本月十四日來此文書事緣卽
令起送矣〇臣等陪侍 東宮時畱成川平壤賊數
雖未詳知似爲不多而今月初六日接戰之後令幾
十箇日而更不擧事賊益無忌散出焚掠四野田禾
幾盡刈取而側聞京中之賊往來松京關止各邑畱
屯之賊處處克滿或與平壤賊相聚合勢則將來之
憂不可勝言勦除此賊一日爲急而漸至延緩極爲

憫慮近處各邑貢納細木俵給侍陪臣僚事曾因有
旨捧上則縣布本道元無江東三登成川貢紬合
內需司所納二千七百四十匹內分給陪侍宗室百
官將士外毫　駕軍人及從征之卒猶是本道土著
而他道遠來之人經賊焚蕩喪失父母妻子嘗此寒
凜之時露體呼寒至爲矜惻李鎰鄭希賢軍中從略
分送使之俵給尤甚衣薄之軍而餘在之紬尚有十
同當此事變搶攘之日各官所儲散失可慮速　命
處置似爲便當近日及時論功賞職及不得已權差
政目開錄上送此處無吏曹堂上郎廳朝　諭皆未

50

成給從速成送敢稟引儀高應潛李應吉等來現似

聞有華人接待之奇兩人起送矣

十六日癸卯 王世子出大門外犒慰將士

十七日甲辰○是日得見行人司行人薛藩奏文及

許儀後條開

附○行人司行人職薛藩爲倭情狡猾可虞調兵

征討當急并陳一二事宜以備 聖明採擇事先

該兵部爲虜叛交訌倭情叵測懇乞 聖明急遣

文武大臣經略征討以伐狂謀以弭急患事奉

聖旨朝鮮被倭奴陷没國王請兵甚急旣經多官

會議備部裏又採聽得實便酌量應行事宜速去
救援他無待緩不及事致貽我他日邊疆之害設
官遣將俱依擬宣諭已知道了隨該兵部咨行禮
部以職藩題請差職齎勅宣諭朝鮮國王職欽此
欽遵卽馳至朝鮮開 勅宣諭該國君臣莫不感
泣咸謂 皇恩矜恤小國眞若覆載之仁而引領
王師又若大旱之望雲霓矣據其君臣哀籲迫
切之辭又目覩其困苦流離之狀誠有存亡係於
呼吸間者顧事勢之可憫者不在朝鮮而在吾國
之疆場職愚之所深慮者不止疆場而恐內地之

震驚也其調兵征討可容頃刻緩乎請料其必至

之勢預當添兵防守地方事宜為　一　皇上陳之遼

鎮京師之左臂而朝鮮者即遼鎮之藩籬也永平

畿輔之重地而天津又京師之門庭也二百年來

福浙常遭倭患而遼陽天津不聞有倭寇者以朝

鮮為之屏蔽耳鴨綠一江雖有三道然近西二道

水淺江狹馬可飛渡其一道東西相去不備貳箭

之路豈能據為防守若使倭奴據有朝鮮則遼陽

之民不得一夕安枕而卧矣風汛一便揚帆而西

永平天津首受其禍京師其無震驚否乎職不勝

其憂過計足跡所至卽詳詢訪又差人直到平壤
地方哨探據其還報皆云倭冠各占人家婦女配
爲家室繕治房舍多積糧子爲火駐之計添造兵
器搜括民家弓矢爲戰征之用此其志不在小也
臣到之日聞其聲言西向觀兵鴨綠朝鮮臣民彷
徨無措幸得游擊沈惟敬奮不顧身單騎通言約
以五十日緩其侵犯以待我兵之至然我以此術
愚彼亦安知彼非以此術而愚我乎其人狙詐狡
猾方陷没平壤之日則云欲假道而復仇今則云
欲假道而朝貢矣方以不能與中國抗衡爲千古

遺念又以得沈惟敬可通朝貢爲幸矣倏然而爲
嫚罵之辭倏然而爲恭順之語此其奸詐難憑自
可槩見矣且十年一貢自有常期入貢向由寧波
府自有常地今挾朝鮮以要我盟竊恐重譯來王
者不如是也尚可置之不問乎臣料其謀不過如
許朝詐願招安以緩我兵之計耳或俟河凍以犯
遼陽或俟春期以犯天津俱未可知若非及是時
速以大兵臨之則彼以爲侵犯所至莫敢誰何其
肯帖然而返棹者吾不信也今朝鮮垂亡危在朝
夕然綸音一布皷其忠義之心作其敵愾之氣

藥圃先生文集卷之四　三十七

彼國之人莫不以恢復爲念誓不與倭奴俱生乘

此人心加以精兵與彼夾攻則倭奴必可期勦滅

苟侯歲時則彼招集貧窮安撫流離朝鮮之人厭

起甲兵樂有新主雖有百萬其能濟乎或謂興兵

住征徒速其來職謂征之固來不征亦來征之則

牽制於平壤之東其來遲而禍小不征則肆意於

平壤之外其來速而禍大速征則我藉朝鮮之力

以擒倭遲征則倭率朝鮮之人以敵我故臣誠謂

調兵征討不可頃刻緩者縱大兵一時未能齊集

亦宜陸續調來以爲朝鮮聲勢之助庶幾萬一可

奪犬年之餽也顧興兵之費莫甚糧餉誚其今
所積僅可足七八千一月之糧有不足者資我繼
之其國君臣亦願多發人馬在於鴨綠江邊接運
克定平壤之後其國君臣亦幸我兵爲其父母兄
宗報仇樂輸粟餉自可隨地資糧矣況有倭賊之
所憤者乎至如寬奠靉陽等處地方西止則
隣猰虜東南則枕鴨綠延衰五百餘里原額官兵
數已極少今除各營調去選鋒哨馬及節年逃故
軍丁外寬奠實在營軍止一千三百餘名靉陽實
在營軍止七千五百餘名大奠實在營軍止三百

三十餘名旣欲防倭又欲防虜守堡二不可無兵堵
截不可無人設倭果來何以禦之職謂覽眞等處
官兵不可不速爲之添設也址人善於禦虜南人
善於禦倭若與倭戰非得南兵二萬其何以挫其
鋒而折其銳乎則南兵不可不速調也我之長技
在騎射倭之長技在鳥銃弓箭之所及者盤甲可
避鳥銃所發者士馬難當況有藤牌旣可蔽身亦
可蔽馬則藤牌鳥銃皆當速爲置造也臣之所言
諒諸臣皆先言之何待臣之陳瀆顧念早一日則
朝鮮免一日覆亡之患遲一日則貽我疆場一日

58

之憂懇乞一 聖明審斷 勅下該部查議轉行當

事諸臣催促兵馬前來則疆場幸甚宗社幸甚職

不勝杞人之慮柰偶冒風寒患病途中不能疾趨

奔走顧一念款款之忠誠恐緩不及事爲此具本

先差家人薛志賫奉謹具奏聞

是日又封狀 啟一道于 行在所○邇來 聖體

若何憫慮之至臣等陪侍 東宮時留成川廣州貢

生李雲龍等本月十七日來此言東萊室近處私奴

頭里佛世等六月望間說道 宣陵之上莎土爲倭

賊所破壞云傳聞之言未知虛的而聞之不勝驚痛

藥圃先生文集卷之四

三十九

東宮卽遣烏山都正鉉宣傳官李應仁率射手軍
人五名馳往奉審次當日發送回還後更當馳啓
而事甚驚悼姑先啓聞奉審之臣當送爵高朝士
而賊徒令方結陣於其處無可合得達之人烏山都
正鉉年少有武才茲以差送矣

十八日乙巳 王世子下書諸道使之訪問避亂士
大夫隨便恤濟

十九日丙午詣賓廳得見高敬命討賊檄書〇是日
又封狀啓一道于 行在所〇本月十八日問安
人回還伏審 聖體安康無任喜幸之至臣等陪侍

東宮時臺成川臣等得見備邊司通關乃金友皐
咸鏡道防禦使差定劃即起送事而平壤之賊尚未
蕩平 東宮行次到成川之翌日即送李鎰使與李
贊夾擊本月十三日十六日連次接戰雖未快捷殺
傷甚多今方更戰期將勦滅恐失事機李鎰不可召
還此處陪侍之將只有金友皐一人撥送未安而北
方之事亦爲緊急不得已起送鄭希賢則近因江灘
水落處處可渡平壤之賊出城橫突極爲可慮故使
之領軍把截若撤此備則此處留住亦甚孤危他人
改差似爲便當京畿巡察使權徵狀一啓過去急於

藥圃先生文集卷之四　四十

欲知京畿賊勢稟于 東宮開見後還爲封送極爲
未安

二十日丁未

二十一日戊申又封狀 啓一道于 行在所○近
日 聖體若何日夜憂慮臣等陪侍 東宮時雷成
川前吏曹參議李廷馣多聚義兵在於延安近處前
授招討使稱號使之討賊緣由曾已狀 啓聞江陰
縣監崔永徽逃遁已久使賊路要衝全委之賊數極
爲可慮以京畿觀察使權徵軍官俞淵權差移文本
道催促赴任矣

二十二日己酉兵曹參議洪麟祥回自 大朝
二十三日庚戌又封狀 啓一道于 行在所○今
月二十二日因召募官朴東彥過去伏審 聖體安
寧不勝喜朴臣等陪侍 東宮時雷成川近日平壤
之賊似無遁去之意日日散出刈稻燒屋且築城造
幕於牧丹峰上極可痛惋李贇李鎰等軍累次接戰
雖未快捷射殺亦多李鎰每抄精銳散布埋伏於賊
來之路今月二十二日遇賊分運多出無數射中使
賊蒼黃遁入以挫其鋒稍可慰幸此中諸處避亂勇
士連續來現這發送使之助戰勸滅之期日夜苦

藥圃先生文集卷之四　四十一

待而伹觀都元帥金命元狀　啓辭緣則以李鎰文
移施措之間多有錯謬失體之事措語之際似有詿
恨之意李鎰雖不無所失其意全出於討賊爲急之
心當此國家危急之秋兩將協勢滅賊有期而若因
此獲譴不能保其職任則李鎰手下編禅精銳及所
統千餘之兵竊恐一時潰散更難復聚諸處將士亦
皆因此解體至爲憫慮李鎰自領兵以來雖累次敗
衄而近觀其辭氣則頗有慷慨爲國討賊之意非如
失軍逃匿者之比伻收桑楡之效似爲便益前聞兩
將有不協之意　東宮遣兵曹參議洪麟祥察其實

狀則兩將別無大段所失其爭端只在於約束期會
之間云矢侍講之官關員甚多而賓客則無一人在
此似為未安韓準職帶賓客　行在所如無緊關職
事使之來此以禆勸講之任亦為便當

二十四日辛亥又封狀　啓一道于　行在所○宣
傳官李繼命之來伏審　聖體康寧不勝欣喜臣等
陪侍　東宮時雷成川平壤之賊初以為厭數不多
不久可以盪滅而尚未快捷益肆兇鋒四散焚掠本
府距平壤密邇陪侍不可單虛而各邑之軍皆已從
征更無抄出之兵本府七八月關防退立之軍九十

月當番軍士使之除防畱此以爲護衞似爲便當而

不敢擅便敢稟慶尙左兵使朴晉捕倭馳報狀　啓

過去欲知領南賊勢稟于　東宮開見後還封上送

止道聲息絶未得聞憫慮〈際今見德原府使申景

禑牒報各官賊倭或三四百或二三百時方畱在抄

發軍人多定伏兵勤捕計料云

二十五日壬子

二十六日癸丑又封狀　啓于　行在所○臣等陪

待　東宮時畱成川前防禦使李又薦在平康鐵原等

處召聚軍兵聞永興府使除授之奇馳進陽德地知

已見遞今二十六日來現而 東宮行次護衛將官
李鑑李時彥金友臯鄭希賢皆承差出去無一人可
仗脫有緩急至爲憫慮故李薦護衛次姑雷于此黃
海道觀察使及防禦使李時彥瑞興府使南嶷等文
報連續來到今月二十三日倭賊自龍川來向鳳山
或稱萬餘名或稱三千餘名厥數不同而勢似浩大
文報三張輪送賊若添兵於平壤四散衝突則 東
宮行次仍雷在此距賊不遠極爲可慮雖欲移避他
無乾淨之地如有逼近之勢移往安州等處大軍之
後觀勢處置計料而如此莫重之事不敢自擅敢此

仰稟朴慶新又在李鎰幕下不但備諳軍情銳於進
取頗有激發主將之力不意遽去軍中不無沮撓之
心俾令仍察似爲便當

二十七日甲寅又封狀　啓一道于　行在所○西
塞早寒　上體若何無任悶慮之至臣等陪侍　東
宮時醫成川平壤之賊見有添兵之跡而久不擧事
漸至鵙張本府距箕城不遠江東淺灘定將防守而
灘多軍少難保萬全移住大軍之後觀勢進退之意
前已　啓稟而　二　東宮行次駐在近賊之地護衛將
卒不可單虛而本道將卒抄發之餘皆是疲羸徒費

饋糧而了無實用須得控弦精銳之士可以攻守兩

無因收聚其所激勸只在科舉一事而科舉重事不

可輕議前以觀射直赴之意　啓禀欲待　回批以

爲定奪洪麟祥初向　行在所來謁　東宮侍陪諸

臣率多老病幹事無人故兵曹參議權差矣

二十八日乙卯

二十九日丙辰領相崔興源承　召向義州○防禦

使捷書來自平壤○是日又封狀　啓一道于　行

在所○伏未審　聖體何如伏慮之至臣等陪侍

東宮時雷成川都監關字內應教李尚毅以迎接郎

廳入來云而

東宮侍講之官兼弼善李子有中病重

見遞弼善沈友正司書尹洞出使未還今方逐日進

講而講官缺乏將至廢講極爲未安李尚毅姑爲仍

雷政稟

藥圃先生文集卷之四

피난행록 상
避難行錄 上

출처 : 《약포선생문집》 권4, 1760, 서울대학교 규장각한국학연구원 소장

여기서부터 영인본을 인쇄한 부분입니다. 이 부분부터 보시기 바랍니다.

역주자 신해진(申海鎭)

경북 의성 출생
고려대학교 국어국문학과 및 동대학원 석·박사과정 졸업(문학박사)
전남대학교 제23회 용봉학술상(2019) ; 제25회·제26회 용봉학술특별상(2021·2022)
현재 전남대학교 인문대학 국어국문학과 교수

저역서   『중호 윤탁연 북관일기(상·하)(보고사, 2022), 『취사 이여빈 용사록』(보고사, 2022)
          『양건당 황대중 임진창의격왜일기』(보고사, 2022)
          『농아당 박홍장 병신동사록』(보고사, 2022), 『청허재 손엽 용사일기』(보고사, 2022)
          『추포 황신 일본왕환일기』(보고사, 2022), 『청강 조수성 병자거의일기』(보고사, 2021)
          『만휴 황귀성 난중기사』(보고사, 2021), 『월파 류팽로 임진창의일기』(보고사, 2021)
          『검간 임진일기』(보고사, 2021), 『검간 임진일기 자료집성』(보고사, 2021)
          『가휴 진사일기』(보고사, 2021), 『성재 용사실기』(보고사, 2021)
          『지헌 임진일록』(보고사, 2021), 『양대박 창의 종군일기』(보고사, 2021)
          『선양정 진사일기』(보고사, 2020), 『북천일록』(보고사, 2020),
          『쾌일록』(보고사, 2020), 『토역일기』(보고사, 2020)
          『후금 요양성 정탐서』(보고사, 2020), 『북행일기』(보고사, 2020)
          『심행일기』(보고사, 2020), 『요해단충록 (1)~(8)』(보고사, 2019, 2020)
          『무요부초건주이추왕고소략』(역락, 2018), 『건주기정도기』(보고사, 2017)
          이외 다수의 저역서와 논문.

약포 정탁 피난행록 _상
藥圃 鄭琢 避難行錄

2022년 11월 30일 초판 1쇄 펴냄

원저자 정탁
역주자 신해진
펴낸이 김흥국
펴낸곳 도서출판 보고사

책임편집 이경민
표지디자인 김규범

등록 제6-0429호
주소 경기도 파주시 회동길 337-15 보고사
전화 031-955-9797(대표)
팩스 02-922-6990
메일 bogosabooks@naver.com
http://www.bogosabooks.co.kr

ISBN 979-11-6587-412-4 94910
　　　 979-11-6587-411-7 (세트)
ⓒ 신해진, 2022

정가 22,000원
사전 동의 없는 무단 전재 및 복제를 금합니다.
잘못 만들어진 책은 바꾸어 드립니다.